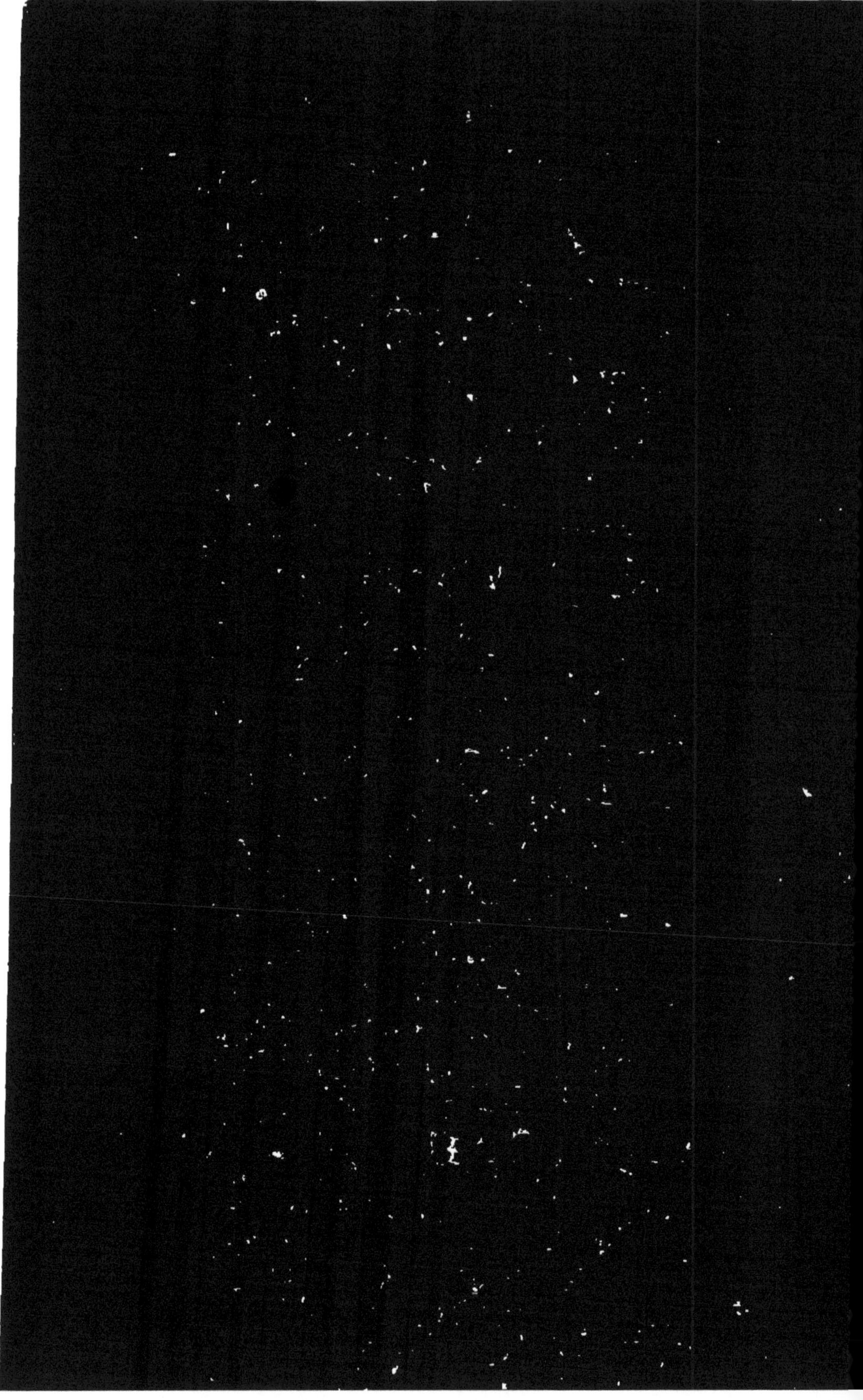

RECUEIL

DES

ACTES DE PIE IX.

Paris. — Typographie de Firmin Didot Frères, rue Jacob, 56.

RECUEIL

DES ACTES

DE N. T. S. P.

LE PAPE PIE IX.

(TEXTE ET TRADUCTION.)

—

TOME SECOND.

CONTENANT

Les Actes de Pie IX, depuis le 1er janvier 1848
jusqu'au 18 novembre 1848.

Publié par le Comité pour la défense de la liberté religieuse.

DIEU ET NOTRE DROIT.

PARIS,

JACQUES LECOFFRE ET Cie, LIBRAIRES,

RUE DU VIEUX-COLOMBIER, 29,

Ci-devant rue du Pot de Fer Saint-Sulpice, 8.

—

1852.

AVERTISSEMENT.

Ce second volume des actes de **N. S. P.** le Pape Pie IX contient toutes les pièces et documents publiés depuis le 1er janvier 1848 jusqu'au 18 novembre de la même année, date funeste où l'auguste Pontife assiégé dans son propre palais, ayant vu son premier ministre lâchement assassiné, l'un de ses prélats tué presque sous ses regards, fut obligé de s'éloigner de sa capitale ingrate et rebelle.

Ce volume sera divisé en trois sections principales. La première renferme les actes relatifs au gouvernement général de l'Église : ce sont les actes du Souverain Pontife. La seconde comprendra les actes relatifs au gouvernement temporel des États romains : ce sont les actes du Prince.

Enfin la troisième contiendra les actes relatifs à des faits particuliers, soit dans les matières religieuses, soit dans les matières politiques.

Dans les trois sections, on a toujours observé l'ordre chronologique. La suite des dates est, pour un recueil de pièces, la première condition de clarté et d'exactitude.

Le texte latin et le texte italien sont joints à la traduction, autant qu'il a été possible : et on peut dire que pas un seul document important ne manque de ce double caractère d'authenticité. Grâce à ce soin, le présent recueil peut être utilement consulté partout ; car il n'est pas une nation civilisée où la connaissance des langues latine, italienne ou française ne soit généralement répandue.

ACTES DE PIE IX.

PREMIÈRE PARTIE.

AFFAIRES RELIGIEUSES GÉNÉRALES.

LETTRE

DE N. T. S. P. LE PAPE PIE IX

AUX CHRÉTIENS DE L'ORIENT.

(6 janvier 1848.)

PIUS PAPA IX

AD ORIENTALES.

In suprema Petri Apostoli Sede, meritis licet im-
paribus, disponente Domino, constituti, et sollici-
tudine onerati omnium Ecclesiarum, respeximus inde
ab exordio Pontificatus nostri in diversas Orientis ac
finitimarum Regionum Nationes Christianas cujuscumque ritus, quæ non uno quidem ex capite peculiarem a Nobis curam exposcere videbantur. In

Oriente enim Unigenitus Dei Filius propter nos homines Homo factus apparuit, et per vitam, mortem, et resurrectionem suam opus humanæ Redemptionis perficere dignatus est. In Oriente a divino eodem Redemptore, ac subinde ab ejus Discipulis prædicatum initio est Evangelium lucis et pacis; et quamplurimæ inclaruerunt Ecclesiæ Apostolorum, qui illas instituerant, nomine insignes. Sed insequenti etiam tempore, et longo plurium sæculorum intervallo, floruere in Orientalibus Nationibus Episcopi, Martyres, aliique sanctitate ac doctrina præstantissimi viri, quos inter communi totius Orbis præconio celebrantur Ignatius Antiochenus, Polycarpus Smyrnensis, Gregorius Neocæsareensis, ejusdemque nominis Nyssenus, ac Nazianzenus, Athanasius Alexandrinus, Basilius Cæsareensis, Joannes Chrysostomus, bini Cyrilli Hierosolymarius et Alexandrinus, Gregorius Armenus, Ephræmus Syrus, Joannes Damascenus, nec non Slavorum Apostoli Cyrillus, et Methodius : ut taceamus porro de cæteris prope innumeris, qui effuso similiter pro Christo sanguine, aut sapientibus scriptis, eximiæque virtutis operibus nomina sua perenni item posteritatis memoriæ commendarunt. Pertinent quoque ad Orientis laudem frequentissimi Episcoporum Conventus, præsertim vero OEcumenica vetustiora Concilia ibidem celebrata, in quibus Romano Pontifice præeunte Catholica Fides contra illius ætatis novatores vindicata fuit solemnique judicio roborata. Denique posteriori etiam ævo, quamvis haud exigua Christianorum Orientalium pars a communione Sanctæ hujus Sedis, atque adeo a Catholicæ Ecclesiæ unitate recessisset, et in Oriente ipso rerum summam obtinuerint Gentes a Christiana Religione alienæ, numquam tamen defuere illic homines bene multi, qui divinæ gratiæ auxilio freti suam in vera Fide et Catholica unitate constantiam inter multiplices calamitates, et diuturna eorum præsertim temporum pericula comprobarunt. Heic autem abstinere non possumus, quominus commemoremus singulari cum laude illorum Patriarchas, Primates, Archiepiscopos, et Episcopos, qui sedulam contulere operam suis ovibus in Catholicæ veritatis professione custodiendis; et quorum proinde curis, Deo benedicente, factum est, ut mitigata postea temporum asperitate tantus inibi inventus sit eorum numerus, qui in Catholica unitate manebant.

Itaque ad Vos primum verba nostra convertimus, Venerabiles Fratres, Dilecti Filii, Catholici Antistites, et cujuscumque Ordinis Clerici ac Laici, qui perseverastis firmiter in fide et communione Sanctæ hujus Sedis, vel qui ad eam postmodum, errore cognito, non minori quidem virtutis laude convenistis. Etsi enim rescripserimus dudum ad multos ex Vobis, a quibus gratulatorias de nostra ad Summum Pontificatum electione Litteras acceperamus, et inde a die 9. Novembris anni 1848, omnes totius Catholici Orbis Antistites per Encyclicam Epistolam allocuti fuerimus; consilium tamen est alio hoc peculiari sermone certiores vos facere studiosissimæ caritatis, qua de Vobis, rebusque vestris solliciti sumus. Opportunam vero de his scribendi occasionem habuimus in missione Ven. Fratris Innocentii Archiepiscopi Sidensis, qui a Nobis Constantinopolim legatus est ad Celsissimam Othomanam Aulam, ut Potentissimum Turcarum Imperatorem nostro nomine conveniat, et pro Oratore ab illo ad salutandos Nos antea allegato plurimas nomine nostro gratias persolvat. Ipsi quidem Ven. Fratri diligenter mandavimus, ut Vos, et quæcumque ad vestram, Catholicæque Ecclesiæ causam in amplissima Othomana Ditione pertinent, eidem Imperatori nostris verbis impensissime commendet. Nec dubitamus, quin Imperator ipse, sua jam sponte erga Vos benevolus, majori porro benignitate rebus vestris faveat, et neminem ex suis subditis Catholicæ Religionis causa vexari permittat. Jam vero memoratus Sidensis Archiepiscopus nostræ in Vos caritatis studia uberius declarabit illis ex Sacris Præsulibus, Primoribusve Nationum vestrarum, quos Constantinopoli adesse contigerit: atque inde postmodum ad Nos rediturus divertet, prout res et occasio tulerit, ad nonnulla alia Orientis loca, ut, quemadmodum in mandatis a Nobis habuit, Ecclesias Catholicorum cujusque ritus inibi sitas Notro nomine invisat, nostrisque verbis amantissime alloquatur et consoletur nostros Ven. Fratres, Dilectosque Filios, quos in locis illis invenerit.

Idem vero et ipsis tradet, et cum reliquis Vestrum communicandas curabit nostras hasce Litteras, testes, uti diximus, nostræ in Catholicas vestras Nationes propensissimæ voluntatis, et per quas Vobis omnibus notum facimus, et confirmamus, nihil potius Nobis fore, quam ut de Vobis ipsis, et de Catholicæ apud Vos Religionis statu quotidie magis bene mereamur. Quare cum inter alia relatum ad Nos sit, in regimine ecclesiastico vestrarum Nationum quædam esse, quæ ob anteacti temporis calamitatem incerta adhuc manent vel minus apte constituta, libenter equidem aderimus auctoritate nostra Apostolica, ut ad normam sacrorum Canonum, servatisque SS. Patrum institutis, rite omnia componantur et ordinentur. Omnino autem sartas tectas habebimus peculiares vestras Catholicas Liturgias; quas plurimi sane facimus, licet illæ nonnullis in rebus a Liturgia Ecclesiarum latinarum diversæ sint. Enimvero Liturgiæ ipsæ vestræ in pretio pariter habitæ fuerunt a Prædecessoribus nostris; utpote quæ et commendantur venerabili antiquitate suæ originis, et conscriptæ sunt linguis, quas Apostoli aut Patres adhibuerant, et ritus continent splendido quodam ac magnifico apparatu celebrandos, quibus fidelium erga divina mysteria pietas et reverentia foveatur.

Ad hanc Sedis Apostolicæ rationem erga Catholicas Orientalium Liturgias plura spectant Romanorum Pontificum Decreta, et Constitutiones, quæ de illis conservandis latæ sunt : inter quas laudare sufficiet Litteras Apostolicas Benedicti XIV, Decessoris nostri, eas præsertim, quarum initium « Allatæ sunt » datas die 26. Julii 1755 (1). Eodem pertinet, quod Sacerdotibus Orientalibus in Occidentem venientibus nedum liberum est, proprio Nationis suæ ritu celebrare in sacris Latinorum Ædibus, sed patent etiam diversis in locis, ac Romæ præsertim Templa in peculiarem ipsorum usum ædificata. Insuper nec monasteria defuerunt orientalis ritus, nec domicilia alia excipiendis Orientalibus destinata; nec etiam Collegia in eum finem condita ut Orientalium filii, sive soli, sive cum aliis adolescentibus, ad Litteras, sacrasque scientias, atque ad clericalem disciplinam informentur, et idonei fiant Ecclesiasticis muneribus deinceps in sua cujusque natione obeundis. Quamvis autem aliqua ex his institutis recentiorum temporum calamitate perierint, nonnulla tamen adhuc supersunt, ac florent; in quibus, Venerabiles Fratres, Dilecti Filii, præclarum sane documentum habetis singularis benevolentiæ, qua Sedes Apostolica Vos, resque vestras prosequitur.

Ceterum scitis jam, Ven. Fratres Dilecti Filii, Nos in vestris religiosis negotiis procurandis adjutrice opera uti nostræ Congregationis plurium S. E. Romanæ Cardinalium, cui a Propaganda Fide nomen est. At vero studium bene de Vobis merendi commune est et aliis plurimis, tum Romanis tum exteris, qui in Alma hac Urbe morantur. Quo in numero

(1) Extant Tom. IV. Bullarii Benedicti XIV. n. 47. Aliæ ea de re ejusdem Pontificis Constitutiones habentur Tom. I. memorati Bullarii n. 87. et Tom. III. n. 44.

nonnulli ex latino, atque etiam ex vestris orientalibus ritibus Præsules, piique alii viri consilium nuper inierunt de pia societate eum in finem insti-
tuenda, ut sub auctoritate memoratæ nostræ Congregationis cultum apud Vos Catholicæ Religionis, et
uberiores ejusdem progressus quotidianis piis precibus, collata aliqua stipe, et omni ope atque opera
sua juvare conniterentur. Qua de re cum relatum ad
Nos fuerit, commendavimus equidem et probavimus
pium illorum consilium, ac suasores ipsis fuimus ut
ei Operi sine mora manum admoveant.

Post hæc, ad vos speciatim verba nostra convertimus qui aliis præestis, VV. FF. Catholici Orientalium
Antistites cujusque gradus; ut collaudato iterum
vestro, et vestri etiam Cleri zelo in sacris ecclesia-
sticisque muneribus obeundis, hac porro hortatione
nostra addamus Vobis animos ad virtutem. Itaque
obtestamur Vos in Domino Deo nostro, ut cœlesti
Ejus auxilio freti advigiletis majori usque alacritate
ad custodiam dilectarum ovium, nec desistatis præ-
lucere ipsis verbo et exemplo, ut ambulent digne Deo
per omnia placentes, in omni opere bono fructifican-
tes. Incumbant alacriter in eamdem curam Presbyteri, qui sub Vobis sunt, et animarum præsertim
Curatoribus instate, ut decorem diligant Domus Dei,
foveant populi pietatem, Sancta sancte administrent,
et minime neglectis ceteris officii sui partibus, peculiari utantur diligentia in informandis pueris ad ru-
dimenta Christianæ doctrinæ, atque in reliqua fideli
plebe verbi Dei pabulo cum sermonis facilitate pro

ejus captu enutrienda. Summa autem illis Vobisque ipsis sedulitate curandum est, ut fideles omnes solliciti sint servare unitatem spiritus in vinculo pacis, gratias agentes Deo luminum et misericordiarum Patri, quod in tanto rerum discrimine constantes per ejus gratiam permanserint in Catholica communione unicæ Christi Ecclesiæ, vel reversi porro ad illam fuerint, dum alii ex popularibus suis vagantur adhuc extra unicum idem ovile Christi, a quo illorum patres jamdudum misere exiverant.

Post hæc, abstinere non possumus, quominus caritatis et pacis verba his etiam loquamur Orientalibus Christum colentibus, qui a communione sanctæ hujus Petri Sedis alieni sunt. Etenim urget Nos Christi caritas, ut juxta ejus monita et exemplum dispersas oves sequi per invia quæque et aspera, atque illarum infirmitati succurrere connitamur, ut in septa Dominici gregis tandem aliquando regrediantur.

Audite igitur sermonem nostrum Vos omnes, quotquot in Orientalibus ac finitimis plagis Christiano quidem nomine gloriamini, sed cum Sancta Romana Ecclesia communionem minime habetis; ac Vos potissimum, qui penes illos sacris muneribus estis addicti, aut majori etiam ecclesiastica Dignitate fulgentes ceteris præsidetis. Recogitate ac memoria repetite veterem Ecclesiarum vestrarum conditionem, quum mutuo inter se, et cum reliquis Catholici Orbis Ecclesiis unitatis vinculo conglutinabantur: et considerate deinceps, num quidquam Vobis profecerint divisiones quæ postmodum subsequutæ sunt, et quibus factum est ut nedum cum Ecclesiis occidentalibus, sed neque inter Vos ipsos retinere potueritis antiquam sive doctrinæ, sive sacri regiminis unitatem. Memineritis Symboli Fidei, in quo Nobiscum profitemini, credere Vos « Unam Sanctam Catholicam et Apostolicam Ecclesiam : » atque hinc perpendite, num ipsa hæc Sanctæ et Apostolicæ Ecclesiæ Catholica unitas in tanta illa vestrarum Ecclesiarum divisione, inveniri possit; dum Vos ipsi eam agnoscere abnuitis in communione Romanæ Ecclesiæ, sub qua aliæ per totum mundum frequentissimæ Ecclesiæ in unum corpus coaluere semper, et coalescunt. Atque ad rationem ejus unitatis, qua fulgere Catholica Ecclesia debet, penitius intelligendam, memoria recolite orationem illam in Joannis Evangelio consignatam (1) in qua Christus Unigenitus Dei Filius Patrem pro suis Discipulis ita precatus est : « *Pater sancte, serva eos in nomine tuo, quos dedisti mihi, ut sint unum, sicut et nos;* » et subinde adjecit : « *Non pro eis autem rogo tantum, sed et pro eis qui credituri sunt per verbum eorum in me; ut omnes unum sint, sicut tu, Pater, in me et ego in te, ut et ipsi in nobis unum sint, ut credat mundus quia tu me misisti : et ego claritatem, quam dedisti mihi, dedi eis, ut sint unum sicut et nos unum sumus : Ego in eis, et tu in me, ut sint consummati in unum : et cognoscat mundus, quia tu me misisti, et dilexisti eos sicut et me dilexisti.* »

(1) Joannis XVII. 11, 20 et seqq.

Verum idem humanæ salutis Auctor Christus Dominus, unicæ illius, adversus quam portæ inferi non prævalebunt, Ecclesiæ suæ fundamentum posuit in Apostolorum principe Petro; cui claves dedit Regni cœlorum (1); pro quo rogavit, ut non deficeret fides ejus, addito etiam mandato ut fratres in ea confirmaret (2); cui denique pascendos commisit agnos et oves suas (3), atque adeo totam Ecclesiam, quæ in veris Christi agnis atque ovibus est. Atque hæc pertinent pariter ad Romanos Antistites Petri Successores; quandoquidem, post Petri mortem, Ecclesia usque ad consummationem sæculi duratura fundamento, super quod ædificata a Christo fuit, carere non potest. Quare S. Irenæus Polycarpi qui Joannem Apostolum audierat Discipulus ac deinde Lugdunensis Episcopus, quem Orientales non minus quam Occidentales inter præcipua Christianæ antiquitatis lumina recensent, dum adversus hæreticos sui temporis referre vellet doctrinam ab Apostolis traditam, supervacaneum existimavit omnium Ecclesiarum apostolicæ originis enumerare successiones, affirmans satis sibi esse, ut allegaret contra illos doctrinam Ecclesiæ Romanæ, propterea quod « *ad hanc Ecclesiam propter potiorem principalitatem necesse est omnem convenire Ecclesiam, hoc est eos qui sunt undique fideles, in qua semper ab his, qui sunt*

(1) Matthæi XVI. 18, 19.]
(2) Lucæ XXII. 31, 32.
(3) Joannis XXI. 15. et seqq

undique, conservata est ea quæ est ab Apostolis traditio (1). »

Novimus commune Vobis studium esse, ut doctrinæ adhæreatis a vestris Majoribus custoditæ. Sequimini igitur veteres Antistites, et Christifideles orientalium omnium Regionum de quibus innumera prope monumenta demonstrant, ipsos cum occidentalibus consensisse in reverenda Romanorum Pontificum auctoritate. Inter præcipua ex Oriente ipso ejus rei documenta (præter Irenæi locum paulo ante laudatum) commemorare hic juvat quæ IV. Ecclesiæ sæculo gesta sunt in causa Athanasii Alexandrini Antistitis, sanctitate non minus quam doctrina et pastorali zelo clarissimi, qui ab orientalibus quibusdam Præsulibus in Concilio præsertim Tyri habito injustissime condemnatus, et ab Ecclesia sua pulsus, Romam venit; ubi venerunt etiam alii ab Oriente Episcopi a suis item sedibus per injuriam dejecti. « *Episcopus igitur Romanus* (qui erat Julius Decessor Noster) *cum singulorum causas cognovisset, omnesque in Nicænæ fidei doctrinam consentientes reperisset, tamquam idem cum ipso sentientes, in communionem recepit. Et quoniam propter Sedis dignitatem omnium cura ad ipsum spectabat, suam cuique Ecclesiam restituit. Scripsit etiam Orientalibus Episcopis, reprehendens eos, quod in supradictorum causis non recte judicassent, et quod Ecclesiarum statum tur-*

____

(1) Ipsa hæc sunt Irenæi verba *Lib. III. contra hæreses,* cap. 3.

barent (1). » Iuitio etiam sæculi V. Joannes Chrysostomus Constantinopolitanus Antistes, vir item longe clarissimus, qui Chalcedone in Synodo ad Quercum per summam injuriam condemnatus fuerat, confugit et ipse per Litteras et internuncios suos ad Sedem hanc Apostolicam et a Decessore nostro S. Innocentio I. innocens declaratus est (2).

Præclarum aliud veneratæ a vestris Majoribus Romanorum Pontificum auctoritatis documentum extat in Chalcedonensi Synodo anni 451. Enimvero Episcopi, qui in illam ad sexcentum convenerant, ac pene omnes (paucis scilicet exceptis) ex Oriente erant, post Litteras Romani Pontificis S. Leonis M. in secunda Concilii actione perlectas clamaverunt : « *Petrus per Leonem ita loquutus est.* » Subinde autem, Synodo ipsa pontificiis Legatis præsidentibus absoluta, iidem Concilii Patres in gestorum relatione ad Leonem missa, eum per memoratos Legatos congregatis Episcopis *sicut membris caput præfuisse* affirmarunt (3).

Ceterum non ex solis Chalcedonensis Concilii Ac-

(1) Verba hæc sunt Sozomeni Lib. III. Hist. Eccl. Cap. 8. Rem universam fusius exponit Athanasius ipse in sua *Apologia contra Arianos.*

(2) Binæ hac de re Chrysostomi litteræ ad Innocentium, et litteræ Innocentii tum ad Chrysostomum, tum ad Clerum et Populum Constantinopolitanum extant Tom. III. Operum Chrysostomi Edit. Maur. pag. 515. seqq.

(3) *Tom. IV. Concilior. edit. Labbeo-Venetæ Pag.* 1235 *et* 1755.

tis, sed ex reliqua etiam Orientalium veterum Synodorum historia proferre liceret monumenta alia quamplurima; ex quibus constat, Romanos Pontifices in Synodis præsertim œcumenicis primas habuisse partes, eorumque auctoritatem et ante Conciliorum celebrationem, et his porro absolutis fuisse imploratam. Atque etiam extra Conciliorum causam afferre possemus alia Patrum, veterumque Orientalium seu scripta seu gesta longe plurima; ex quibus item apparet supremam auctoritatem Romanorum Pontificum viguisse jugiter apud Majores vestros in Oriente universo. Sed quoniam nimis longum foret ea omnia hoc loco recensere; et quæ jam indicavimus satis sunt ad rei veritatem ostendendam : heic tantum coronidis loco memorabimus quemadmodum vetustissima ætate, ipso scilicet Apostolorum ævo, gesserunt se Corinthii fideles in dissensionibus, quibus ipsorum Ecclesia gravissime turbata fuerat. Nimirum Corinthii dissensiones illas suas per Litteras, et per Fortunatum ad eas perferendas huc profectum detulerunt ad S. Clementem, qui paucis post Petri mortem annis Romanæ Ecclesiæ Pontifex factus fuerat. Clemens autem, re graviter considerata, rescripsit per Fortunatum ipsum et per adjunctos ei internuncios suos Claudium Ephebum, et Valerium Vitonem : a quibus Corinthum perlata est celebratissima illa Sancti Pontificis Romanæque Ecclesiæ Epistola (1),

(1) Extat hæc Clementis Epistola in Bibliotheca Veterum Patrum Venetiis a Gallandio edita Tom. I. pag. 9. et seqq.

quæ tum penes Corinthios ipsos, tum penes alios Orientales tanto in pretio habita fuit, ut subsequenti etiam tempore in pluribus Ecclesiis publice legeretur (1).

Juxta hæc hortamur Vos, atque obtestamur, ut absque ulteriori mora redeatis ad communionem Sanctæ hujus Petri Sedis, in qua veræ Christi Ecclesiæ fundamentum esse et Majorum vestrorum aliorumque veterum Patrum traditio, et quæ antea commemoravimus Christi Domini verba in Sanctis Evangeliis relata demonstrant. Nec enim fieri umquam poterit, ut in Unius Sanctæ Catholicæ et Apostolicæ Ecclesiæ communione sint, qui divulsi esse voluerint a soliditate petræ, super quam Ecclesia ipsa divinitus ædificata est. Ac nulla sane ratio est, qua Vos ab hoc ad veram Ecclesiam, Sanctæque hujus Sedis communionem reditu excusare valeatis. Nostis enim, in rebus ad divinæ religionis professionem spectantibus nihil esse tam durum, quod pro Christi gloria, æternæque vitæ retributione non sit perferendum. At vero ad Nos quod attinet, testamur et confirmamus, nihil Nobis antiquius esse, quam ut Vos ad communionem nostram redeuntes nedum nulla, quæ durior videri possit, præscriptione affligamus, sed ex constanti Sanctæ hujus Sedis instituto peramanter, et paterna prorsus benignitate excipiamus. Itaque non aliud Vobis imponimus oneris,

____

(1) Ex Eusebio Historiæ Ecclesiasticæ Lib. III. Cap. 16., et ex Dionysio Corinthiorum Episcopo, cujus testimonium extat apud Eusebium ipsum Lib. IV. Cap. 23.

quam hæc necessaria; nimirum ut ad unitatem reversi consentiatis Nobiscum in professione veræ Fidei, quam Ecclesia Catholica tenet ac docet, et cum Ecclesia ipsa, supremaque hac Petri Sede communionem servetis. Hinc ad vestros sacros ritus quod attinet, rejicienda solummodo erunt si quæ in illo separationis tempore irrepserint quæ eidem Fidei et unitati Catholicæ adversentur : atque his demptis sartæ tectæque Vobis manebunt veteres Liturgiæ vestræ orientales ; quas pro illarum venerabili antiquitate et cæremoniis ad fovendam pietatem idoneis apud nostros Decessores in pretio fuisse, atque a Nobis pariter plurimi fieri in priori harum Litterarum parte jam declaravimus.

Insuper deliberatum fixumque Nobis est ut erga sacros Ministros, Sacerdotes, et Præsules, qui ex istis Nationibus ad unitatem catholicam revertantur, eamdem teneamus rationem, qua Decessores nostri tum proximæ tum superioris ætatis multoties usi sunt; ut illis scilicet servemus gradus, et dignitates suas; atque hinc illorum, non minus quam reliqui Catholici Orientalis Cleri, opera utamur ad cultum Catholicæ religionis inter populares suos tuendum ac dilatandum.

Denique tum ipsos tum laicos, qui ad communionem nostram redierint, eadem qua ceteros Orientis Catholicos benevolentia complectemur ; immo et jucundum Nobis erit omni studio conniti, ut de his æque ac de ipsis quotidie magis bene mereamur.

Utinam clementissimus Deus dare dignetur sermoni huic nostro vocem virtutis; utinam studiis benedicat Fratrum Filiorumque nostrorum, qui Nobiscum de salute vestrarum animarum solliciti sunt; utinam ea Humilitatem nostram consolatione lætificet, ut inter Orientales Christianos Catholicam unitatem restitutam videamus, et in unitate ipsa novum habeamus subsidium ad veram Christi Fidem in gentibus etiam a Christo alienis magis magisque propagandam. Nos quidem non intermittimus idipsum a Deo misericordiarum et luminum Patre per Unigenitum suum Redemptorem nostrum in omni oratione et obsecratione suppliciter poscere; eumdemque in finem invocare patrocinium Beatissimæ Deiparæ Virginis, et Sanctorum Apostolorum, Martyrum, Patrum, quorum prædicatione, sanguine, virtutibus et scriptis vera Christi Religio propagata olim per Orientem et conservata est. Desiderio autem desiderantes gratulari tandem de vestro reditu in Ecclesiæ Catholicæ gremium, Vobisque benedicere tamquam Fratribus Filiisque Nostris; interea cunctos, qui modo in Oriente locisque conterminis sunt, Catholicos Patriarchas, Primates, Archiepiscopos, Episcopos, Clericos, Laicos iterata nostræ flagrantissimæ caritatis testificatione prosequimur, eisque omnibus Apostolicam Benedictionem amantissime impertimur.

Datum Romæ apud S. Mariam Majorem die 6 Januarii 1848.

Pontificatus Nostri Anno Secundo.

PIUS PP. IX.

LE PAPE PIE IX AUX ORIENTAUX.

Placé, malgré Notre indignité, par la disposition divine, sur le siége suprême de l'apôtre Pierre, et chargé du poids de toutes les Églises, Nous n'avons cessé, depuis le commencement de Notre Pontificat, de jeter les regards de Notre amour aux nations chrétiennes de l'Orient et des pays limitrophes, quel que soit leur rit; car, pour bien des raisons, elles semblent réclamer de Nous une sollicitude toute particulière. C'est dans l'Orient qu'est apparu l'unique Fils de Dieu, fait homme pour nous autres hommes; c'est là que par sa vie, sa mort et sa résurrection, il a daigné accomplir l'œuvre de la rédemption humaine. C'est dans l'Orient que l'Évangile de lumière et de paix a d'abord été prêché par le divin Sauveur lui-même et par ses disciples, et que fleurirent de nombreuses Églises, illustres par le nom des Apôtres qui les ont fondées. Dans la suite des temps et pendant un long cours de siècles, des évêques et des martyrs fameux et beaucoup d'autres personnages célèbres par leur sainteté et par leur doctrine, ont surgi du sein des nations orientales; tout l'univers chante la gloire d'Ignace d'Antioche, de Polycarpe de Smyrne, des trois Grégoire de Néocésarée, de Nysse et de Nazianze, d'Athanase d'Alexandrie, de Basile de Césarée, de Jean Chrysostome, des deux Cyrille, de Jérusalem et d'Alexandrie, de Grégoire l'Arménien, d'Éphrem de Syrie, de Jean Damascène, de Cyrille et Méthodius, apôtres des Slaves, sans parler de tant d'autres, presque innombrables, qui répandirent aussi leur sang pour le Christ, ou qui, par leurs savants écrits et leurs œuvres de sainteté, se sont acquis un nom immortel. Une autre gloire de l'Orient est le souvenir de ces nombreuses assemblées d'évêques, et spécialement des premiers Conciles œcuméniques qui y furent célébrés, et dans lesquels, sous la présidence du Pontife romain, la foi catholique fut défendue contre les novateurs de cet âge, et confirmée par de solennels jugements. Enfin, même en ces derniers temps, depuis qu'une partie, hélas! trop nombreuse, des chrétiens de l'Orient, s'est éloignée de la communion de ce Saint-Siége, et par conséquent de l'unité de l'Église catholique, depuis que ces contrées sont tombées sous la domination de peuples étrangers à la religion chrétienne, il s'y est encore rencontré beaucoup d'hommes qui, par le secours de la grâce divine, ont fait preuve, au milieu de toutes les calamités et de périls sans cesse renaissants, d'une fermeté inébranlable dans la vraie foi et dans l'unité catholique. Nous voulons surtout louer d'une manière toute particulière ces Patriarches, Primats, Archevêques et Évêques, qui n'ont rien épargné pour tenir leur troupeau à l'abri dans la profession de la vérité catholique, et dont les soins, bénis de Dieu, ont été tels, qu'après la tempête et en des temps plus calmes, on a retrouvé se maintenant dans l'union catholique, en ces lieux désolés, un troupeau considérable.

C'est donc à vous d'abord que s'adressent Nos paroles, Vénérables Frères et fils bien-aimés, évêques catholiques, et vous, clercs de tout ordre, et vous, laïques, qui avez persévéré, inébranlables dans la foi et la communion de ce Saint-Siége, ou qui, non moins dignes de louange, lui êtes revenus après avoir reconnu l'erreur. Bien que Nous Nous soyons déjà empressé de répondre à plusieurs d'entre vous dont Nous avons reçu les lettres de félicitation pour notre élévation au souverain Pontificat, et bien que, par Notre Lettre encyclique du 9 novembre 1846, Nous ayons parlé à tous les évêques de l'univers catholique, Nous tenons à vous donner une assurance plus particulière de l'ardent amour que Nous vous portons et de Notre sollicitude pour tout ce qui vous regarde. Nous trouvons une occasion favorable de vous témoigner ces sentiments, au moment où Notre vénérable frère Innocent, Archevêque de Sidon, est envoyé par Nous, en qualité d'ambassadeur près la Sublime-Porte, afin de complimenter de Notre part le très-puissant empereur des Turcs et le remercier de la gracieuse ambassade qu'il Nous a envoyée le premier. Nous avons enjoint de la manière la plus pressante à ce Vénérable Frère de recommander instamment à cet Empereur et vos personnes et vos intérêts, et les intérêts de l'Église catholique dans toute l'étendue du vaste empire ottoman. Nous ne doutons point que cet Empereur, qui a déjà donné des preuves de sa bienveillance envers vous, ne vous soit de plus en plus favorable et n'empêche que, parmi ses sujets, personne n'ait à souffrir pour la cause de la religion chrétienne. L'Archevêque de Sidon fera encore mieux connaître les mouvements de Notre amour pour vous aux Évêques et Primats de vos nations respectives qu'il pourra entretenir à Constantinople ; avant de revenir vers Nous, il parcourra, selon que les temps et les circonstances le lui permettront, certains lieux de l'Orient, afin de visiter de Notre part, comme Nous le lui avons ordonné, les Églises catholiques de tout rit établies dans ces contrées, et de porter les témoignages de Notre affection et des paroles de consolation au milieu de leurs peines, à ceux de Nos Vénérables Frères et de Nos fils bien-aimés qu'il y rencontrera.

Le même archevêque vous remettra, et aura soin de porter à la connaissance de tous cette lettre que Nous vous adressons comme un témoignage de Notre amour pour vos nations catholiques ; vous y trouverez la preuve que Nous n'avons rien plus à cœur que de bien mériter chaque jour et de vous-même et de la religion catholique dans vos contrées. Et comme, entre autres choses, il Nous a été rapporté que dans le régime ecclésiastique de vos nations, certains points, par le malheur des temps passés, demeurent ou incertains ou réglés autrement qu'il ne conviendrait, Nous Nous emploierons avec joie, en vertu de Notre autorité apostolique, pour que tout soit désormais disposé et ordonné conformément aux règles des sacrés Canons et aux traditions des saints Pères. Nous maintiendrons intactes vos liturgies catholiques particulières ; car elles sont pour Nous d'un grand prix, bien qu'elles diffèrent en quelques choses de la liturgie latine. Nos prédécesseurs les eurent toujours en grande estime, à cause de la vénérable antiquité de leur origine, des langues employées par les Apôtres et les Pères, dans lesquelles elles sont écrites, et enfin de la magnificence de leurs rits, très-propres à enflammer la piété des fidèles et à imprimer le respect pour les divins mystères.

Divers Décrets et Constitutions des Pontifes romains rendus pour la conservation des liturgies orientales témoignent sur ce point des sentiments du Siége apostolique. Il suffit de citer les lettres apostoliques de notre prédécesseur Benoît XIV, et spécialement celle du 26 juillet 1755 (1), commençant par ces mots : *Allatæ sunt.* Aussi, les prêtres orientaux qui se trouvent en Occident ont-ils toute liberté de célébrer dans les Églises des Latins, selon le rit propre de leur nation, et trouvent-ils même, en divers lieux, mais surtout à Rome, des temples qui leur sont spécialement destinés. De plus, il ne manque pas de monastère du rit oriental, ni de maisons consacrées aux Orientaux, ni de colléges érigés pour recevoir leurs fils, ou seuls, ou mêlés à d'autres jeunes gens,

---

(1) V. le Bullaire de Benoît XIV, tome IV, n° 47 ; on peut consulter également d'autres constitutions du même Pontife sur le même sujet, tome I, n° 87, et tome III, n° 44.

afin qu'élevés dans les lettres et les sciences sacrées et formés à la discipline cléricale, ils puissent devenir capables d'exercer ensuite les fonctions ecclésiastiques, chacun dans sa propre nation. Et quoique les calamités des derniers temps aient détruit quelques-uns de ces instituts, plusieurs sont encore debout et florissants ; leur existence, Vénérables Frères et fils bien-aimés, n'est-elle pas une preuve manifeste de l'affection singulière que vous porte, à vous et à tout ce qui vous touche, ce Siége apostolique ?

Du reste, vous savez déjà, Vénérables Frères et très-chers fils, comment, pour mieux veiller à vos affaires religieuses, Nous Nous aidons des travaux de cette Congrégation de Cardinaux de la sainte Église romaine qui tire son nom du but pour lequel elle est établie, *à propaganda Fide*. Mais beaucoup d'autres encore, dans notre illustre cité, soit Romains, soit étrangers, travaillent dans vos intérêts. Ainsi, quelques évêques du rit latin, joints à d'autres évêques des rits orientaux et d'autres personnes religieuses, ont formé, il n'y a pas longtemps, sous l'autorité de la Congrégation dont Nous venons de parler, une pieuse association, dont le but est de contribuer de toutes manières, à l'aide de prières quotidiennes et d'aumônes, au progrès et au développement de la religion catholique parmi vous. Dès que Nous avons connu ce pieux dessein, Nous l'avons loué et approuvé, excitant ses auteurs à mettre sans retard la main à l'œuvre.

Ce que Nous venons de dire s'adresse à tous nos

fils de l'Orient; mais notre parole se tourne maintenant, d'une manière toute particulière, vers vous tous qui avez autorité sur les autres, et quelle que soit votre dignité, ô Vénérables Frères, évêques des catholiques de ces contrées! que cette exhortation vous soit comme un aiguillon, qu'elle excite encore votre zèle et le zèle de votre clergé. Nous vous exhortons donc, dans le Seigneur notre Dieu, de veiller, pleins de confiance dans le secours céleste, et avec une ardeur encore plus grande, à la garde de votre cher troupeau, d'être sans cesse sa lumière par la parole et par l'exemple, afin qu'il marche dignement selon le plaisir de Dieu, et produisant les fruits de toutes sortes de bonnes œuvres. Que les prêtres qui vous sont soumis se donnent tout entiers aux mêmes soins ; pressez surtout ceux qui ont la charge des âmes, afin qu'ils aient à cœur la décence de la maison de Dieu , qu'ils excitent la piété du peuple, qu'ils administrent saintement les choses saintes, et que, sans négliger leurs autres devoirs, ils mettent toute leur attention à instruire les enfants des éléments de la doctrine chrétienne et à distribuer aux autres fidèles le pain de la divine parole, selon la capacité de chacun. Ils doivent, et vous devez vous-mêmes déployer la plus grande vigilance pour que tous les fidèles soient jaloux de conserver l'unité de l'esprit dans le lien de la paix, rendant grâces au Seigneur des lumières et au Père des miséricordes de ce qu'il a daigné permettre, par un effet de sa grâce, dans un si grand bouleversement de toutes choses, qu'ils soient demeurés fermes dans la communion catholique de l'unique Église du Christ, ou qu'ils y soient rentrés, pendant qu'un si grand nombre de leurs compatriotes sont encore errants, hors de l'unique bercail du Christ, abandonné par leurs pères depuis un si long temps.

Après vous avoir ainsi parlé, Nous ne pouvons Nous empêcher d'adresser des paroles de charité et de paix à ces orientaux qui, quoique se glorifiant du nom de chrétiens, se tiennent éloignés de la communion du siége de Pierre. La charité de Jésus-Christ Nous presse, et suivant ses avertissements et ses exemples, Nous courons après les brebis dispersées par des sentiers ardus et impraticables, Nous efforçant de porter secours à leur faiblesse, pour qu'elles rentrent enfin dans le bercail des troupeaux du Seigneur.

Écoutez Notre parole, ô vous tous qui, dans les contrées de l'Orient ou sur ses frontières, vous faites gloire de porter le nom chrétien, et qui cependant n'êtes point en communion avec la sainte Église romaine; et vous surtout qui, chargés des fonctions sacrées ou revêtus des plus hautes dignités ecclésiastiques, avez autorité sur ces peuples. Rappelez-vous l'ancien état de vos Églises, lorsqu'elles étaient rattachées entre elles et avec les autres Églises de l'univers catholique par le lien de l'unité. Examinez ensuite à quoi ont servi les divisions qui ont suivi et dont le résultat a été de rompre l'unité soit de la doctrine, soit du régime ecclésiastique, non-seulement avec les Églises occidentales, mais encore entre vos propres Églises. Souvenez-vous du symbole de la foi, dans le-

quel vous confessez avec Nous croire l'*Église, une,
sainte, catholique, et apostolique ;* et voyez s'il est
possible de trouver cette unité de l'Église catholique,
sainte et apostolique, au sein d'une pareille division
de vos Églises, lorsque vous refusez de la reconnaître
dans la communion de l'Église romaine, sous l'autorité de laquelle un si grand nombre d'Églises sont
unies et le furent toujours dans toutes les parties du
monde. Et pour bien comprendre ce caractère de l'u-
nité qui doit distinguer l'Église catholique, réfléchis-
sez sur cette prière rapportée dans l'Évangile de saint
Jean (1), par laquelle le Christ, le Fils unique de
Dieu, prie son Père pour ses disciples : « Père très-
« saint, conservez dans votre nom ceux que vous
« m'avez donnés, afin qu'ils soient un comme nous-
« mêmes; » et il ajoute immédiatement : « Je ne prie
« pas seulement pour eux, mais aussi pour ceux qui
« croiront en Moi, par le moyen de leur parole, afin
« que tous soient un, comme Vous, Père, en Moi, et
« Moi en Vous, et afin qu'eux-mêmes soient en Nous,
« pour que le monde croie que Vous m'avez envoyé :
« La gloire que Vous m'avez donnée, je la leur ai
« donnée, afin qu'ils soient un, comme Nous som-
« mes un : Moi en eux, et Vous en Moi, afin qu'ils
« soient consommés dans l'unité, et pour que le
« monde connaisse que Vous m'avez envoyé et que
« Vous les avez aimés comme Vous m'avez aimé. »

Or, l'auteur même du salut de l'homme, le Christ,

____

(1) Joannis, xxii, 11, 20, et seqq.

Notre-Seigneur, a posé le fondement de son unique Église, contre laquelle ne prévaudront pas les portes de l'enfer, sur le Prince des Apôtres, Pierre, à qui il a donné les clefs du Royaume des cieux (1); pour qui il a prié, afin que sa foi ne défaillît jamais, lui commandant, en outre, de confirmer ses frères dans cette même foi (2); à qui il a confié la charge de paître et ses agneaux et ses brebis (3), c'est-à-dire toute l'Église que composent les agneaux et les brebis véritables du Christ. Et ces prérogatives appartiennent pareillement aux évêques romains, successeurs de Pierre; car, après la mort de Pierre, l'Église ne peut être privée du fondement sur lequel elle a été bâtie par le Christ, elle qui doit durer jusqu'à la consommation des siècles. C'est pourquoi saint Irénée, disciple de Polycarpe, qui avait lui-même reçu les enseignements de l'apôtre Jean, Irénée, ensuite évêque de Lyon, que les Orientaux, aussi bien que les Occidentaux, comptent parmi les principales lumières de l'antiquité chrétienne, voulant, pour réfuter les hérétiques de son temps, constater la doctrine transmise par les apôtres, crut inutile d'énumérer les successions de toutes les Églises d'origine apostolique; il lui parut suffisant d'alléguer contre les novateurs la doctrine de l'Église romaine, parce que, dit-il :
« C'est une nécessité que toute l'Église, c'est-à-dire

(1) Matthæi, xvi, 18, 19.
(2) Lucæ, xxii, 31, 32.
(3) Joannis, xxi, 15 et seqq.

« les fidèles répandus dans tout l'univers, convien-
« nent, à cause de sa suprématie souveraine, avec
« cette Église romaine, dans laquelle, selon le témoi-
« gnage universel, a toujours été conservée la tradi-
« tion qui vient des Apôtres (1). »

Vous tenez tous, Nous le savons, à conserver la
doctrine gardée par vos ancêtres. Suivez donc les anciens évêques et les anciens chrétiens de toutes les
contrées de l'Orient ; d'innombrables monuments attestent que, d'accord avec les Occidentaux, ils respec-
taient l'autorité des Pontifes romains. Entre les documents les plus remarquables que l'antique Orient
a laissés sur ce sujet (outre le témoignage d'Irénée,
que Nous venons de citer), Nous aimons à rappeler
ce qui se passa, au quatrième siècle, dans la cause
d'Athanase, évêque d'Alexandrie, non moins illustre
par sa sainteté que par sa doctrine et son zèle pastoral. Condamné injustement par des évêques de l'O-
rient, surtout dans le concile tenu à Tyr, et chassé
de son Église, il vint à Rome, où se rendirent aussi
d'autres évêques des contrées orientales, comme lui
injustement dépouillés de leurs siéges. « L'évêque de
« Rome (c'était Jules, notre prédécesseur) ayant exa-
« miné la cause de chacun d'eux, et les trouvant tous
« fidèles à la doctrine de la foi de Nicée, et d'accord
« en tout avec lui-même, les reçut dans sa commu-
« nion. Et parce que, à cause de la dignité de son
« siége, le soin de tous lui appartenait, il rendit son

(1) Iren. contra hæreses, lib. III, cap. 3.

2.

« Eglise à chacun de ces évêques. Il écrivit aussi aux
« évêques de l'Orient, les réprimandant, parce qu'ils
« n'avaient pas jugé selon la justice dans la cause de
« ces pontifes, et parce qu'ils troublaient la paix des
« Églises (1). » — Au commencement du cinquième
siècle, Jean Chrysostome, évêque de Constantinople,
non moins illustre qu'Athanase, condamné à Calcédoine, dans un concile, par une souveraine injustice,
eut recours, par ses lettres et par ses envoyés, à notre Siége apostolique, et fut déclaré innocent par notre prédécesseur saint Innocent Ier (2).

Le concile de Calcédoine, tenu en 451, est un autre et célèbre monument de la vénération de vos ancêtres pour l'autorité des Pontifes romains. Les six
cents évêques qui le composaient, presque tous de
l'Orient (sauf quelques rares exceptions), après avoir
entendu, dans la seconde session, la lecture d'une
lettre du Pontife romain, saint Léon le Grand, s'é-
crièrent tous d'une seule voix : *Pierre a parlé par la
bouche de Léon.* Et l'assemblée, que présidaient les
Légats pontificaux, s'étant ensuite séparée, les Pères
du concile, dans la relation des faits par eux envoyée

______

(1) Sozomène, *Hist. ecclés.*, lib. III, c. 8. Voyez aussi
saint Athanase, dans son *Apologie contre les Ariens, pas-
sim.*

(2) Voy. les lettres de saint Innocent Ier à saint Jean-Chrysostome, et les lettres de saint Jean-Chrysostome à saint Innocent, au clergé et au peuple de Constantinople, au t. III des
OEuvres de saint Jean-Chrysostome, p. 515 et suivantes, édi-
ion des Bénédictins de Saint-Maur.

à saint Léon, affirment que lui-même, dans la personne de ses légats, avait commandé aux évêques réunis, *comme la tête aux membres* (1).

Et ce n'est pas seulement les actes du concile de Calcédoine, mais encore les actes de tous les autres anciens conciles de l'Orient, que Nous pourrions alléguer, et par lesquels il est constant que les Pontifes romains ont toujours eu la première place dans les Conciles, surtout dans les Conciles œcuméniques, et que leur autorité a été invoquée et avant la célébration des Conciles et après leur dissolution. Du reste, en dehors des Conciles, nous avons grand nombre de passages des écrits des Pères et des anciens auteurs de l'Orient, ainsi que beaucoup d'actes de leur histoire, par lesquels il est évident que l'autorité suprême des Pontifes romains a toujours été en vigueur dans tout l'Orient, du temps de vos ancêtres. Mais il serait trop long de rapporter ici tous ces témoignages ; ceux que Nous avons indiqués suffisent, d'ailleurs, pour montrer la vérité ; Nous Nous contenterons donc de rappeler comment, au temps même des apôtres, se conduisirent les fidèles de Corinthe, à l'occasion des dissensions qui avaient si gravement troublé leur Église. Les Corinthiens s'adressèrent à saint Clément, qui, peu d'années après la mort de Pierre, avait été fait Pontife de l'Église romaine ; ils lui écrivirent à ce sujet, et chargèrent Fortunat de lui porter ces lettres. Clément, après avoir mûrement examiné l'af-

(1) Labbe. t. IV, p. 1235 et 1755, édit de Venise.

faire, chargea le même Fortunat, auquel il adjoignit ses propres envoyés, Claudius Ephèbe et Valère Viton, de porter à Corinthe cette fameuse lettre du saint Pontife de l'Église romaine (1), à laquelle les Corinthiens et tous les autres Orientaux attachaient tant de prix que, dans les siècles suivants, on la lisait publiquement dans beaucoup d'églises (2).

Nous vous exhortons donc, et Nous vous conjurons de ne plus tarder à rentrer dans la communion du Siége de Pierre, dans lequel est le fondement de la véritable Église du Christ, comme l'attestent et la tradition de vos ancêtres, ainsi que la tradition des autres anciens Pères, et les paroles mêmes de Notre-Seigneur Jésus-Christ, contenues dans les saints Évangiles et que Nous avons rapportées. Car il n'est pas, il ne sera jamais possible que ceux-là soient dans la communion de l'Église, Une, Sainte, Catholique et Apostolique, qui veulent être séparés de la solidité de la Pierre sur laquelle l'Église a été divinement édifiée.

Aucune raison ne peut donc vous excuser de ne pas revenir à la véritable Église et à la communion de ce Saint-Siége. Vous le savez bien, dans les choses qui touchent à la profession de la religion divine, il n'est

(1) Bibliotheca veterum patrum, a Gallandio edita, t. i, p. 9 et seqq.

(2) Euseb. Hist. Ecclésiast., lib. iii, cap. 16. — Voyez encore dans Eusèbe, liv. iv, ch. 23, le témoignage de Denys, évêque de Corinthe.

rien de si dur qu'on ne doive supporter pour la gloire du Christ et pour le prix de la vie éternelle. Quant à Nous, Nous vous en donnons l'assurance, rien ne Nous serait plus doux que de vous voir revenir à Notre communion; bien loin de chercher à vous affliger par quelque prescription qui pourrait paraître dure, Nous vous recevrons avec une bienveillance toute paternelle et avec le plus tendre amour, selon la coutume constante du Saint-Siége. Nous ne vous demandons que les choses absolument nécessaires : revenez à l'unité; accordez-vous avec Nous dans la profession de la vraie foi, que l'Église catholique retient et enseigne; avec l'Église même, gardez la communion du siége suprême de Pierre. Pour ce qui est de vos rites sacrés, il n'y aura à rejeter que les choses qui s'y rencontreraient contraires à la foi et à l'unité catholiques. Cela effacé, vos antiques liturgies orientales demeureront intactes; Nous avons déjà déclaré, dans la première partie de cette lettre, combien ces liturgies Nous sont chères, et combien elles l'ont toujours été à Nos prédécesseurs, à cause de leur antiquité et de la magnificence de leurs cérémonies, si propres à nourrir la piété.

De plus, Nous avons délibéré et arrêté, quant aux ministres sacrés, aux prêtres et aux pontifes des nations orientales qui reviendront à l'unité catholique, de tenir la même conduite qu'ont tenue Nos prédécesseurs en tant d'occasions, dans les temps qui ont immédiatement précédé celui où Nous vivons et dans les temps antérieurs; Nous leur conserverons leur rang et leurs dignités, et Nous compterons sur eux, non moins que sur les autres clercs catholiques de l'Orient, pour maintenir et propager parmi leurs peuples le culte de la religion catholique. Enfin, Nous aurons la même bienveillance et le même amour pour eux et pour les laïques qui reviendront à Notre communion, que pour tous les autres catholiques orientaux; Nous Nous appliquerons, sans relâche et avec le plus grand soin, à bien mériter des uns et des autres.

Daigne le Dieu très-clément donner à notre parole une vertu efficace! que ses bénédictions se répandent sur ceux de Nos frères et de Nos fils qui partagent Notre sollicitude pour le salut de vos âmes! Oh! si cette consolation Nous était donnée de voir l'unité catholique rétablie parmi les chrétiens de l'Orient, et de trouver dans cette unité un nouveau secours pour propager de plus en plus la foi véritable de Jésus-Christ parmi les nations infidèles! Nous ne cessons pas de le demander au Dieu des miséricordes, Père des lumières, par son Fils unique, notre Rédempteur, par les prières et les supplications les plus ardentes, invoquant la protection de la très-Sainte Vierge, Mère de Dieu, et des saints Apôtres, des Martyrs, des Pères, qui par leur prédication, leur sang, leurs vertus et leurs écrits, ont conservé et propagé dans l'Orient la véritable religion du Christ. Remplis du désir de vous voir revenir au bercail de l'Église catholique, et de vous bénir comme Nos frères et comme Nos fils, et en attendant le jour où cette joie Nous sera donnée, Nous témoignons de nouveau Notre affection et Notre tendresse aux catholiques répandus dans les contrées de l'Orient, à tous Patriarches, Primats, Archevêques, Évêques, clercs et laïques, et Nous leur donnons du fond du cœur Notre bénédiction apostolique.

Donné à Rome, près Sainte-Marie-Majeure, le 6 janvier 1848, la seconde année de Notre pontificat.

LE PAPE PIE IX.

DÉCRET

DE LA SACRÉE CONGRÉGATION DES RÉGULIERS,

PUBLIÉ PAR L'AUTORITÉ DE N. T. S. P. LE PAPE PIE IX,

Touchant l'admission des novices à la prise d'habit et à la profession religieuse.

(25 janvier 1848.)

DECRETUM.

Regulari disciplinæ instaurandæ, ubi collapsa fuerit, vel servandæ ubi vigeat, nihil magis conducit, quam in admittentis Novitiis ad habitum et ad professionem maximam curam adhibere, ut ii tantum recipiantur, qui superna vocatione ducti, morum honestate, ceterisque dotibus præditi religionem ingrediuntur cupientes Deo inservire, mundi pericnla evitare, et spirituali proximorum saluti qua exemplo, qua opere ad præscriptum Instituti, quod profitentur, consulere. Ex Novitiis enim Religionis bonum, vel malum prorsus pendet : quandoquidem hi sunt Religionum semina, hi sunt novi palmites Dei vineam novellantes; sed si semina, si novitiæ vites infectæ sint, nonnisi fructus mali colligi possunt. Quapropter Romani Pontifices et præsertim Sixtus V, Clemens VIII, Innocentius X, et Innocentius XII, saluberrima edidere decreta, quibus leges in admittendis Novitiis servandæ constituebantur. Cum igitur Sanctissimus D. N. Pius PP. IX ab ipsis Pontificatus sui primordiis pastoralis vigilantiæ studia convertenda esse duxerit ad Religiosarum Familiarum disciplinam totis viribus promovendam, Prædecessorum suorum vestigia sectando certam stabilemque legem constituendam esse existimavit, quæ in admittendis Novitiis ad habitum, et professionem servari omnino deberet. Re igitur demandata S. R. E. Cardinalibus hujus S. Congregationis de Statu Regularium a Sanctitate Sua institutæ, Eminentissimis Patribus, universa rei ratione sedulo, diligenterque perpensa, necessarium visum est in admissione Novitiorum ad habitum, et professionem partes concedendas esse nedum inferioribus Prælatis, et Superioribus Generalibus, verum etiam nonnullis aliis Religiosis viris probatæ vitæ, regularis disciplinæ zelo ferventibus, consilio et gravitate præstantibus, ut eorum, qui religiosæ familiæ nomen daturi sint, indolem, ingenium, mores, ceterasque necessarias dotes accurate explorent, et sedulo investigent, quo consilio, quo spiritu, qua ratione ad regularem vitam ineundam ducantur, et eos tantum probent, quos secundum Deum idoneos esse revera constiterit. Sententiæ S. Congregationis Sanctissimus in Christo Pater inhærens ea, quæ sequuntur, pro Italia, et Insulis adjacentibus hoc perpetuis futuris temporibus valituro decreto Apostolica sua auctoritate statuit atque decernit.

PARS PRIMA DECRETI.

De lege servanda in probandis iis, qui ad habitum Religiosum admitti postulant.

Art. 1. Qui duplici scrutinio juxta modum inferius exprimendum probatus non fuerit ad habitum nullo prorsus modo admittatur in quocumque Ordine, Congregatione, Societate, Instituto, Monasterio, Domo, sive in iis emittantur vota solemnia, sive simplicia, et licet agatur de Ordinibus, Congregationibus, Societatibus, Institutis, Monasteriis, ac Domibus, quæ ex peculiari privilegio etiam in corpore juris clauso vel alio quovis titulo, in decretis generalibus non comprehenduntur, nisi de ipsis specialis, individua et expressa mentio fiat.

Art. 2. In qualibet provincia habeantur octo Examinatores, scilicet Provincialis, et septem alii idonei religiosi probatæ vitæ, prudentia, gravitate ac zelo disciplinæ regularis præditi, a Capitulo seu Congregatione provinciali per secreta suffragia eligendi, ita tamen ut si in provincia sint Definitores, vel Consultores vel Assistentes, vel alii, quocumque appellentur nomine, Consiliarii provinciales¦, duo ex ipsis in Examinatores deligantur. Examinatores in præfato munere usque ad novum provinciale Capitulum seu Congregationem perdurabunt.

Art. 3. Cum aliquis ad habitum recipi postulaverit, Provincialis omnia exquirat documenta, et requisita ad præscriptum SS. Canonum, Constitutionum apostolicarum, Decretorum S. Congregationum, ac statutorum Ordinis, et diligenter inquirat circa illius qualitates, utrum nempe ab omni defectu, et impedimento immunis sit, et necessariis dotibus præditus, religioso statui idoneus ac etiam an amore perfectioris vitæ, et Deo liberius in religione serviendi, seu potius levitate, aut necessitate, vel alio inordinato fine ductus admitti postulet. Deinde omnia præfata documenta et informationes tradat saltem tribus Provincialibus examinatoribus, exclusis iis, qui postulanti sint consanguinei, vel affines, ut eas absque ullo partium studio serio perpendant. Indicto examinis die Provincialis cum delectis ab ipso Examinatoribus conveniet, et postquam ipse, et alii examinatores juraverint ad Sancta Dei Evangelia, *se quacumque humana affectione postposita fideliter munus executuros*, postulantem examinent, eoque ab examinis loco dimisso, ejus documenta, qualitates, et requisita, aliaque, quæ superius notata sunt, serio ex-

pendant, et deinceps per secreta suffragia judicent
an dignus sit, qui approbetur, super quibus omnibus Provincialis, et aliorum Examinatorum conscientia graviter onerata remaneat. Is autem probatus
dumtaxat intelligatur, qui saltem unum suffragium
supra medietatem obtinuerit. Si postulans præfato
scrutinio probatus fuerit, examen, et scrutinium
scripto fideliter exaratum Provincialis, et unusquis-
que ex Examinatoribus manu propria subscribet, declarando etiam sese omnia requisita a SS. Canonibus,
Constitutionibus et decretis Apostolicis et Regulis, et
Statutis respectivi Ordinis præscripta debito modo
examinasse; hujusmodi vero relationem examinis, et
scrutinii, et respectivam declarationem jurejurando
confirment. Quibus peractis Provincialis præfatam
relationem, et declarationem una cum authenticis
documentis ad Superiorem generalem, vel ad Procuratorem generalem, prout inferius in artic. 11 expli-
cabitur, transmittet. Ne autem hujus decreti execu-
tio differatur usque ad celebrationem proximi Capituli
vel Congregationis Provincialis, interim Examinatores Provinciales eligantur per secreta suffragia a
Provinciali, una cum suis Definitoribus, vel Assistentibus, vel aliis Consiliariis Provincialibus; et si
hujusmodi Definitores, Assistentes, Consiliarii in
aliquo Ordine desint, electio fiat a Provinciali una
cum quatuor Religiosis graduatis, vel gravioribus, si
graduati desint, ejusdem Provinciæ ab eodem Provinciali deputandis.

Art. 4. In Ordinibus, aliisque Institutis, in quibus

Provinciales non existunt, vel Provincialia Capitula seu Congregationes non celebrantur, Examinatores pro unaquaque domo Novitiatus eligantur juxta superius præscriptam methodum a Capitulo, Dieta, seu Congregatione generali et Superior ejusdem Domus loco Provincialis habeatur, cujus erit convocare Examinatores, et alia peragere, quæ in art. 3 statuta sunt. Verum cum hoc in casu ob pauciorem Religiosorum numerum contingere possit, ut septem Examinatores eligi minime valeant, Examinatores numero minores, non tamen citra quatuor, eligi poterunt. Si autem hujusmodi Capitula, Dietæ, et Congregationes Generales statim non convocentur, interim electio Examinatorum fiat juxta modum in art. 5 designandum.

Art. 5. Si Institutum constet aliquo tantum separato Monasterio, Conventu, vel Domo, nec in Congregationem erectum sit, et capitulum, dietam, congregationem generalem minime habeat; Examinatores capitulariter per secreta suffragia a Superiore, et Capitularibus ejusdem Monasterii, Conventus, vel Domus eligantur; et quoad eorum numerum serventur, quæ in art. 4 definita sunt, ac in officio ad triennium perdurent.

Art. 6. Præter memoratos Examinatores Provinciales in quolibet Ordine, Congregatione, Societate, Instituto alii septem Examinatores Generales constituantur, qui tamen ad quatuor reduci poterunt in iis Ordinibus, et Institutis, in quibus ob pauciorem Religiosorum numerum septem haberi nequeant. Hi ex gravioribus, et prudentioribus Religiosis Viris probatæ vitæ, ac zelo regularis disciplinæ præditis per secreta suffragia in Capitulo, Dieta, vel Congregatione generali eligentur, ita tamen ut si agatur de Ordine, in quo sint Definitores, Assistentes, Consultores, Visitatores, vel alii Consiliarii generales, duo ex ipsis in Examinatores deputentur. Examinatores generales in officio usque ad futurum Capitulum, Dietam, vel Congregationem generalem perdurabunt. Superior Generalis erit præses cum suffragio in consilio Examinatorum; et Procurator generalis uti Examinator natus præter electos habendus erit.

Art. 7. Examinatores Generales in intervallo quod intercedet a data hujus decreti usque ad celebrationem proximi Capituli, Dietæ, vel Congregationis generalis eligantur per secreta suffragia a Superiore generali una cum saltem tribus Religiosis graduatis seu gravioribus Ordinis ab eodem Generali Superiore deputandis, et deligendis ex Definitoribus, Visitatoribus, Assistentibus, vel Consultoribus generalibus si adsint.

Art. 8. Si agatur de Instituto, quod constituatur ex aliquo tantum separato Monasterio, Conventu, Domo, nec in congregationem erecto, et præter localem, alius major Superior non habeatur, Superior localis probum, et idoneum deputet Religiosum, ut primum scrutinium, de quo in art. 3, perficiat cum Examinatoribus electis juxta art. 5; et ipse Superior localis cum iis Capitularibus ejusdem domus, qui locum in eodem primo scrutinio non habuerunt, secundum scrutinium in art. 10 præscribendum exequetur.

Art. 9. Quod vero attinet ad Ordines, et Instituta, quæ licet in Congregationem, et Societatem erecta sint, tamen in iis Capitula, Dietæ, et Congregationes generales vel non celebrantur, vel raro convocantur, in iisdem Ordinibus, et Institutis auctoritas, quæ Capitulis, Dietis, et Congregationibus generalibus circa electionem Examinatorum superius attributa est, conceditur Superiori generali cum Definitoribus, Visitatoribus, Assistentibus, Consultoribus, aliisque, quocumque nomine appellentur, Consiliariis generalibus, ita tamen ut si Definitores, Assistentes, aliique Consiliarii generales non sint saltem quatuor, Superior generalis alios graves, et idoneos Religiosos eis adjungat ad enunciatum saltem numerum constituendum : quæ Religiosorum deputatio potiori ratione fieri debeat, si in Ordine, et Instituto Definitores, Assistentes, aliique Consiliarii generales non reperiantur. Quibus in casibus electio Examinatorum fiat per secreta suffragia quolibet triennio, nec electores teneantur duos Definitores, Assistentes, vel alios Consiliarios generales inter Examinatores adnumerare.

Art. 10. Cum autem Superior Generalis relationem examinis et scrutinii, ac enunciatam superius declarationem cum authenticis documentis ad præscriptum art. 3 receperit, ipse omnia accurate percurrat, ac per singulas partes expendat, per secretas etiam inquisitiones sedulo investigando num tenor hujus decreti servatus fuerit, et an adversus candidatum et primum scrutinium aliqua exceptio inveniatur. Quibus peractis Superior Generalis præfatam relationem, declarationem, et documenta ac requisita tradat Procuratori Generali, et saltem aliis duobus Examinatoribus Generalibus, qui cum candidato nullo consanguinitatis, vel affinitatis vinculo conjuncti sint; et quatenus Procurator Generalis non adsit, tribus saltem Examinatoribus generalibus, ut omnia perpendant juxta modum in art. 3 designatum. Postea vero indicto die conveniant, et præstito tam a Superiore generali quam a Procuratore generali et ceteris Examinatoribus, ut supra, juramento, reque mature perpensa, per secreta suffragia definiant an approbatio facta in primo scrutinio confirmanda sit, vel revocanda, super quibus omnibus conscientia Superioris generalis, et Examinatorum graviter onerata remaneat. Tunc autem approbatio confirmata intelligatur, quando ejus favore saltem unum suffragium supra medietatem habeatur.

Art. 11. Si Superior generalis Romæ non resideat, acta, de quibus in artic. 3, ad Procuratorem generalem Romæ morantem transmittenda erunt (valde enim expedire visum est secundum scrutinium Romæ fieri), dummodo tamen idem Procurator tres saltem Examinatores generales Romæ habeat, vel eos ad Urbem commode vocare possit. Quo in casu quoad præmissa omnia, vices Superioris generales nec Romæ degant, nec commode vocari possint, eadem acta ad Superiorem generalem, etsi alibi moretur, transmittantur, ut ea peragat quæ in art. 3 statuta sunt.

Art. 12. Superior generalis, sive ipse, sive Procurator generalis secundo scrutinio præfuerit, poterit Candidatum ex justis et rationalibus causis rejicere, licet fuerit ab Examinatoribus in utroque scrutinio probatus; numquam vero admittere eum, qui fuerit ab Examinatoribus reprobatus.

Art. 13. Ut vero Candidatus definitive ad habitum recipiatur, præter præscriptam legem, et formam, cui omnes omnino sese conformare debent, servanda etiam erunt, quæ a Constitutionibus et Statutis respectivi Ordinis circa receptionem ad habitum ulterius præscribuntur, in ea tamen parte dumtaxat, quæ huic decreto non opponitur.

Art. 14. Superiores quolibet semestri ad hanc Sacram Congregationem super statu Regularium summarie referant de Singulis Novitiis ad habitum receptis, de uniuscujusque ætate, patria, aliisque qualitatibus, et respectivis documentis, nec non de actis confectis pro receptione, deque observatione hujus decreti.

PARS SECUNDA DECRETI.

De lege servanda in admittendis Novitiis ad professionem.

Art. 1. Quicumque ex Religiosis, et Novitiis alicujus Ordinis, Congregationis, Societatis, Instituti, Monasterii, Domus, de quibus part. 1 decret. art. 1, cognoverit Novitium sui Instituti aliquo impedimento, vel gravi defectu præpeditum esse ad religiosum statum rite assumendum, impedimentum ipsum et defectum Superiori Conventus Novitiatus, vel Provinciali, vel Superiori generali manifestare teneatur. Superiores vero denunciantis nomen secretum retineant.

Art. 2. Prope terminum cujusque trimestris novitiatus Magister Novitiorum Provinciali de agendi ratione cujusque Novitii scripta referat.

Art. 3. Duobus mensibus ante professionem Provincialis sive per se, sive per alium idoneum Religiosum sibi benevisum Novitii voluntatem diligenter exploret an coactus, an seductus sit, quo spiritu ad statum religiosum ductus, an sciat quid agat, an obligationes status religiosi, et regulæ agnoscat : secreto audiat tum Magistrum Novitiorum, tum Novitios nec non Religiosos etiam Conversos Conventus seu Domus Novitiatus circa Novitium ad professionem admittendum. Quo facto Capitulum conventuale ejusdem Conventus, seu Domus convocet, ut Capitulares per secreta suffragia declarent an Novitius ad professionem admitti possit. Deinceps omnium actorum et resultantium relationem scripto exaratam propria manu subscribat, quin tamen eos, qui secreto deposuerint, ullo modo in aliquod discrimen adducat.

Art. 4. Hujusmodi relationem Provincialis tribus saltem Examinatoribus Provincialibus communicet; et condicto die convocet præfatos Examinatores et Novitiorum magistrum, et præstito ab omnibus superius enunciato juramento, Magister Novitiorum referat de Novitii agendi ratione in Novitiatu servata, de ejus libertate, vocatione et idoneitate ad statum religiosum, et declaret utrum ipse in Domino existimet novitium ad professionem tuto admitti posse. Si vero Magister Novitiorum vel ratione distantiæ, vel alia legitima causa ad locum scrutinii commode accedere nequeat, transmittat super præmissis relationem in scriptis, illamque juramento confirmet, et propria manu subscribat. Provincialis deinceps et Examinatores per secreta suffragia definiant an Novitius necessariis dotibus præditus sit, ut ad professionem tuto admitti possit, super quo eorum conscientia graviter onerata remaneat.

Art. 5. Si Novitius probatus fuerit, Provincialis de omnibus instructum reddat Superiorem Generalem, qui ulterioribus informationibus, quatenus necessarium judicaverit, requisitis, approbationem revocet, vel confirmet, prout in Domino judicaverit, quin tamen umquam permittere possit professionem Novitii, qui ab Examinatoribus Provincialibus reprobatus fuerit.

Art. 6. In iis institutis, in quibus Provinciales non existunt, sint illorum loco ad effectum, de quo agitur, Superiores Domus Novitiatus.

Art: 7. Si quid ulterius exigant Constitutiones, et regulæ alicujus Ordinis, et Instituti in admittendis Novitiis ad professionem, id servandum etiam erit in ea dumtaxat parte, quæ tenori hujus decreti minime contraria sit.

Ut autem suprascriptum decretum quoad utram- que ejus partem executioni omnino demandetur, San- ctitas Sua omnibus ad quos spectat etiam in virtute sanctæ obedientiæ districte præcipit plenam illius observantiam; et quemlibet Superiorem cujuscum- que gradus sit, et Instituti quantumvis exempti, et privilegiati, etiam de necessitate exprimendi, qui non servata hujus decreti forma Novitium ad habi- tum, vel professionem receperit, pœnæ ipso facto incurrendæ privationis omnium officiorum, vocisque activæ, et perpetuæ inhabilitatis ad alia in posterum obtinenda plane subjicit, a qua nonnisi ab Apostolica Sede poterit dispensari. Mandat etiam singulis Su- perioribus idem decretum quolibet anno in omnibus Monasteriis, Conventibus, Collegiis et Domibus die prima Januarii, et Dominica prima Julii in publica mensa legi, sub pœna privationis officii, ac vocis ac- tivæ et passivæ ipso facto incurrenda. Decernit in- super vi cujuscumque privilegii, facultatis, indulti, dispensationis, approbationis regularum, et constitu- tionum etiam in forma specifica, quam ab Apostolica Sede aliquis Ordo, Institutum, Superior, Religio- sus consequeretur, numquam huic decreto dero- gatum esse censeri, nisi ei expresse, et nominatim derogetur, licet in concessione derogatoriæ generales quamtumvis amplæ apponantur : quod si alicui In- stituto expresse, et nominatim dispensatio super eo- dem decreto aliquando concedi contigerit, aliis mi- nime extendi posse vi cujuscumque privilegii, et communicationis privilegiorum. Tandem Sanctitas

Sua ne hujus decreti observantia aliqua ratione titulo, prætextu impediatur quibuscumque in contrarium facientibus Constitutionibus, regulis, et statutis cujusvis Ordinis, Congregationis, Societatis, Instituti, Monasterii, Domus etiam in forma specifica
ab Apostolica Sede approbatis, nec non cuilibet privilegio licet in corpore juris clauso, et Apostolicis
Constitutionibus ac decretis confirmato, ac expressa,
individua, speciali, et specialissima mentione digno,
aliisque contrariis quibuscumque Apostolica auctoritate prorsus derogat, et derogatum esse declarat.

Datum Romæ ex Sacra Congregatione super statu
Regularium die 25 Januarii 1848.

Andreas Can. Bizzarri,
a Secretis.

TRADUCTION.

DÉCRET.

Rien n'est plus propre à procurer le rétablisse-
ment de la discipline régulière, lorsqu'elle s'est affai-
blie, ou à la maintenir dans sa vigueur, que d'employer le soin le plus extrême dans l'admission des
Novices à la prise de l'habit et à la profession religieuse, afin que ceux-là seuls soient reçus qui, con-
duits par une vocation divine, et se distinguant par
l'honnêteté des mœurs et toutes les autres vertus,
entrent en religion avec le désir de servir Dieu, d'é-

vîter les périls du siècle, et de s'y adonner au salut spirituel du prochain, soit par le bon exemple, soit par les œuvres du saint ministère, selon les règles de l'institut qu'ils auront embrassé. Car c'est sur les Novices que repose entièrement le bien ou le mal de la vie religieuse. Ils sont en effet la bonne semence de la vie religieuse; ce sont autant de jeunes rejetons qui renouvellent la vigne divine; mais si la semence est gâtée, si les bourgeons sont infectés, ils ne sauraient produire que des fruits corrompus. C'est pourquoi les Pontifes romains, et entre autres Sixte V, Clément VIII, Innocent X et Innocent XII, ont publié de très-salutaires décrets, par lesquels ils traçaient les règles à suivre dans l'admission des novices. De même donc, N. T. S. P. le Pape Pie IX, dès le début de son pontificat, a regardé comme un des premiers devoirs de sa vigilance pastorale de diriger tous ses efforts et de porter tous ses soins vers le renouvellement de la discipline dans les différentes familles des ordres religieux, et suivant en cela les traces de ses prédécesseurs, l'auguste et sage Pontife a jugé à propos de tracer une règle fixe et certaine, et dont on ne devra jamais s'écarter lorsqu'il s'agira d'admettre les novices à revêtir le saint habit ou à faire profession.

En conséquence, cette grave affaire ayant été soumise aux Cardinaux de la sainte Église romaine qui composent cette Sacrée Congrégation de *l'état des réguliers* instituée par Sa Sainteté; après un entier et profond examen, les Éminentissimes Pères ont jugé nécessaire que dans l'admission des Novices à la prise d'habit et à la profession, loin de laisser cette charge tout entière à des prélats inférieurs et aux supérieurs généraux, on confiât une partie de ce soin à quelques autres religieux d'une vie éprouvée et d'un zèle fervent pour la discipline régulière, d'une prudence et d'une gravité remarquables; afin qu'ils examinent avec le plus grand soin le caractère, le naturel, les mœurs et les autres qualités nécessaires de ceux qui veulent s'enrôler dans les rangs de la milice religieuse; qu'ils cherchent à découvrir le dessein, la pensée, le motif qui amènent les Novices à entrer dans la vie religieuse, et qu'enfin ils n'admettent que ceux-là seuls qu'ils auront en effet reconnus dignes selon Dieu. Approuvant ce sentiment de la Sacrée Congrégation, Notre Très-Saint-Père en Jésus-Christ a statué et décrété de son autorité apostolique et à perpétuité pour les siècles futurs, pour l'Italie et pour les îles adjacentes, les articles suivants.

PREMIÈRE PARTIE DU DÉCRET.

Des règles à suivre dans l'épreuve de ceux qui demandent à être admis à la prise de l'habit religieux.

Art. 1er. Quiconque n'aura pas subi l'épreuve du double scrutin dont le mode va être expliqué ci-après, ne pourra jamais, et en aucune manière, être admis à la prise d'habit, dans quelque Ordre, Congrégation,

Société, Institut, Monastère ou Maison religieuse que ce soit : soit qu'on y fasse des vœux solennels ou des vœux simples; et quand même lesdits ordres, congrégations, sociétés, instituts, monastères et maisons religieuses, jouiraient d'un privilége spécial, même inscrit dans le *corps du droit,* ou dans tout autre titre, et ne seraient pas compris dans les décrets généraux; à moins toutefois qu'il ne soit fait pour eux une exception spéciale, individuelle et formellement exprimée.

Art. 2. Dans toute *Province,* il y aura huit examinateurs, à savoir : le provincial et sept autres religieux capables, d'une régularité éprouvée, et distingués par leur prudence, leur maturité et leur zèle pour la discipline régulière; ils devront tous être élus par suffrages secrets, en chapitre ou congrégation provinciale, de telle sorte cependant que si ladite province compte des définiteurs, des consulteurs, des assistants ou tous autres conseillers provinciaux, quelles que soient les désignations qui les distinguent, on prendra deux examineurs parmi eux. La durée des fonctions de ces examinateurs se prolongera jusqu'à la tenue du prochain chapitre ou congrégation provinciale.

Art. 3. Lorsqu'un postulant demandera à être admis à la prise d'habit, le provincial recherchera toutes les instructions et toutes les prescriptions des saints canons, des constitutions apostoliques, des décrets des SS. congrégations et des statuts de l'ordre; il s'informera soigneusement des qualités du postulant ; s'il est exempt de défectuosité, de tout autre empêchement, s'il est doué des qualités nécessaires, s'il est propre à l'état religieux ; si c'est par un véritable amour d'une vie plus parfaite et par le désir sincère de servir Dieu plus librement en religion, plutôt que par légèreté d'esprit ou par nécessité, ou par toute autre fin désordonnée, qu'il vient solliciter son admission. Puis il adressera tous ces documents et toutes ces informations, au moins à trois des examinateurs provinciaux, à l'exclusion de quiconque serait parent, allié du postulant, afin qu'à leur tour, et en dehors de toute influence, ils les examinent avec une attention sérieuse. Au jour fixé pour l'examen, le provincial se réunira avec les examinateurs choisis par lui ; et après avoir tous, en commençant par lui, juré sur le saint Évangile *qu'ils s'engagent à remplir fidèlement leur charge, et en dehors de toute affection humaine*, ils procéderont à l'examen du postulant ; ensuite, après l'avoir fait retirer du lieu de l'épreuve, qu'ils pèsent sérieusement les renseignements qui le concernent, ses qualités, tout ce qui est d'ailleurs requis, tout ce qui a été noté ci-dessus, et qu'enfin ils déclarent par un vote au scrutin secret si le postulant leur semble digne de l'admission ; toutes choses qui demeureront gravement à la charge de la conscience du provincial et des autres examinateurs. Celui-là seulement pourra être regardé comme postulant approuvé, qui aura obtenu par le scrutin la moitié plus un des suffrages. Quand le postulant aura subi ainsi l'épreuve favorable

du scrutin, le procès-verbal de l'examen et du suffrage, exactement rédigé, sera signé par le provincial
et par chacun des examinateurs, qui déclareront par
écrit et de leur propre main qu'ils ont aussi examiné
convenablement toutes les prescriptions des saints
Canons, Constitutions, Décrets apostoliques, les Règles et les Statuts de chaque ordre respectifs ; ils con-
firmeront par serment le procès-verbal de cet examen, et leur déclaration respective. Après ces formalités accomplies, le provincial transmettra le susdit
rapport et la déclaration, avec les documents authentiques, au supérieur général ou au procureur général, selon qu'il sera expliqué plus bas dans l'article 11.
Toutefois, pour que l'exécution du présent Décret ne
puisse être différée jusqu'à la tenue du prochain chapitre ou assemblée provinciale, dans l'intervalle, des
examinateurs provinciaux seront élus au scrutin secret par le provincial, par ses définiteurs ou par ses
assistants, ou par ses autres conseillers provinciaux.
Que s'il n'y a ni définiteurs, ni assistants, ni conseillers de cette sorte dans quelqu'un des ordres religieux, l'élection se fera alors par le provincial et par
quatre religieux gradués, ou, à défaut de gradué, par
quatre autres religieux des plus graves que désignera
le provincial.

Art. 4. Dans les ordres religieux, ou instituts qui
n'ont pas de provinciaux, ou qui ne tiennent pas de
chapitre ou assemblée provinciale, les examinateurs
seront élus pour chacune des maisons de noviciat d'a-
près le mode prescrit plus haut, par le chapitre, as-

semblée ou congrégation générale ; le supérieur de la maison remplira les fonctions de provincial ; il lui appartiendra de convoquer les examinateurs et de remplir toutes les prescriptions de l'article 3. Mais comme il pourra arriver, en ce cas, qu'à raison du petit nombre de religieux, on ne puisse avoir sept examinateurs, on pourra en choisir un nombre inférieur qui cependant ne sera jamais au-dessous de quatre. Et si lesdits chapitres, assemblées et congrégations générales ne peuvent être convoquées immédiatement, dans l'intervalle l'élection des examinateurs aura lieu selon la forme que va prescrire l'article 5.

Art. 5. Si l'institut n'est composé que d'un monastère, couvent ou maison séparée, et non érigé en congrégation, et dans lequel il n'y ait aucune espèce de chapitre, d'assemblée ou de congrégation générale, les examinateurs doivent être élus capitulairement, d'après le suffrage secret, par le supérieur et les membres capitulaires dudit monastère, couvent ou maison religieuse ; quant au nombre, on suivra les prescriptions qui sont définies par l'art. 4 ; leurs fonctions d'examinateurs dureront trois ans.

Art. 6. Outre les examinateurs provinciaux désignés ci-dessus, pour chaque ordre, congrégation, société, institut religieux, on nommera sept autres examinateurs généraux, lesquels toutefois pourront être réduits à quatre dans les ordres ou instituts dans lesquels le petit nombre de religieux ne permettrait pas d'en choisir sept. Ceux-ci seront élus par suffrages secrets en chapitre, assemblée ou congrégation générale, parmi les religieux les plus graves, les plus prudents et les plus remarquables par leur vie éprouvée et leur zèle pour la pratique de la discipline religieuse; de telle sorte cependant que, s'il s'agit d'un ordre dans lequel on compte des définiteurs, des assistants, des consulteurs, des visiteurs, ou d'autres conseillers généraux, deux de ces fonctionnaires soient nommés examinateurs. Les examinateurs généraux resteront dans leurs fonctions jusqu'au futur chapitre, assemblée ou congrégation générale. Le supérieur général sera président avec droit de suffrage dans le conseil des examinateurs; et le procureur gégéral, en qualité d'examinateur-né, devra être compté en outre des autres élus.

Art. 7. Dans l'intervalle qui s'écoulera à partir de la date du présent décret, jusqu'à la tenue du prochain chapitre, assemblée ou congrégation générale, les examinateurs généraux doivent être élus en suffrages secrets par le supérieur général réuni en assemblée au moins avec trois des religieux gradués ou des plus considérés de l'ordre, et désignés pour cela par le supérieur lui-même, lesquels devront être choisis parmi les définiteurs, visiteurs, assistants ou consulteurs généraux, s'il en existe.

Art. 8. S'il s'agit d'un institut qui ne consiste qu'en un seul monastère, couvent ou maison séparée, non érigé en congrégation, n'ayant au-dessus de son supérieur local aucun chef général, le supérieur local députera un religieux capable et digne pour procéder, avec les examinateurs élus selon l'article 5, au premier scrutin dont il a été parlé dans l'article 3 ; de plus, le supérieur local lui-même, avec ceux des capitulaires de la communauté qui n'auront pris aucune part dans ce même premier scrutin, procédera au second scrutin qui va être prescrit dans l'article 10.

Art. 9. Quant à ce qui regarde les ordres et instituts qui, bien qu'érigés en congrégations générales, ne tiennent jamais ou rarement de chapitre, d'assemblée ou de congrégation générale, la même autorité qui est attribuée ci-dessus aux chapitres, congrégations et assemblées générales, relativement à l'élection des examinateurs, est concédée à leur supérieur général réuni avec ses définiteurs, visiteurs, assistants, consulteurs, et à tous autres conseillers généraux, quelles que soient leurs appellations, de telle sorte cependant que s'il n'existe ni définiteur, ni assistant, ni autres conseillers généraux, pour le moins au nombre de quatre, le supérieur général leur adjoigne d'autres religieux graves et capables pour constituer au moins le nombre énoncé ; à plus forte raison cette députation de religieux suppléants devra-t-elle être formée, lorsqu'un ordre, un institut ne comptera ni définiteurs, ni assistants, ni d'autres conseillers généraux. Dans ce cas, l'élection des examinateurs se fera par suffrage secret, tous les trois ans, et les électeurs ne seront point obligés de compter au nombre des examinateurs deux définiteurs, assistants ou autres conseillers généraux.

Art. 10. Lorsque le supérieur général aura reçu procès-verbal de l'examen et du scrutin, ainsi que la déclaration ci-dessus énoncée, accompagnée des documents authentiques selon qu'il est prescrit par l'art. 3; il aura soin de les parcourir lui-même, et d'examiner chacune des pièces, s'efforçant soigneusement de rechercher, même par des voies secrètes, si la teneur du présent décret a été suivie, et s'il n'existe aucune exception contraire au candidat et au premier scrutin. Après cette opération, le susdit procès-verbal, ainsi que la déclaration, les documents et tout ce qui les accompagne, seront remis par le supérieur général au procureur général, et au moins à deux autres examinateurs généraux, n'ayant avec le candidat aucun lien de parenté ni d'affinité; que s'il n'y a point de procureur général, toutes ces pièces seront mises entre les mains de trois examinateurs généraux au moins, afin qu'il soit procédé par eux à un examen approfondi, selon le mode tracé par l'art. 3. Ensuite, à un jour fixé, ils se réuniront, et le supérieur général, le procureur général et les autres examinateurs, après avoir prêté serment comme ci-dessus, et, après une grave délibération, décideront, par suffrage secret, s'ils confirment ou rejettent l'approbation sortie du premier scrutin; le tout sous la grave responsabilité de conscience du supérieur général et des examinateurs. L'approbation sera dite confirmée, quand elle aura en sa faveur la moitié des voix plus une.

Art. 11. Si le supérieur général ne réside pas à

Rome, les actes dont il a été parlé dans l'art. 3 devront être transmis au procureur général de cette résidence (car il a paru très-avantageux que le second scrutin se fît à Rome), pourvu toutefois que ce même procureur général ait au moins près de lui à Rome trois examinateurs, ou qu'il puisse les y faire venir facilement. Dans ce cas, pour tout ce qui regarde les prescriptions précédentes, il remplira les fonctions de supérieur général. Que si les examinateurs généraux n'habitent point Rome, ni ne peuvent y être commodément appelés, tous les actes seront envoyés au supérieur général, quel que soit le lieu de sa résidence, à la charge par lui d'exécuter tout ce qui est prescrit par l'art. 3.

Art. 12. Le supérieur général, soit qu'il ait présidé par lui-même ou par le procureur général à l'opération du second scrutin, aura toujours la faculté, pour de justes et raisonnables motifs, de rejeter le candidat, quand bien même les examinateurs l'auraient approuvé dans la double épreuve des scrutins ; mais il ne pourra jamais admettre le candidat repoussé par les examinateurs.

Art. 13. Cependant, pour que le candidat soit définitivement admis à la prise d'habit, outre la règle et la forme présentes, qui est une loi indispensable pour tous, il faudra encore suivre les prescriptions tracées par les constitutions et les statuts de chaque ordre respectif, relativement à la *vêture* religieuse ; cette obligation néanmoins ne regarde que les prescriptions non contraires au présent décret.

Art. 14. Tous les six mois, les supérieurs adresseront à la sacrée Congrégation des réguliers un état sommaire sur chacun des novices admis à la prise d'habit; ce relevé mentionnera l'âge de chacun d'eux, son pays, et les autres titres ou renseignements qui le concernent, sans omettre les actes qui ont eu lieu lors de la réception, non plus que ce qui regarde l'exacte observation du présent décret.

SECONDE PARTIE DU DÉCRET.

De la règle qu'il faut suivre dans l'admission des novices à la profession.

Art. 1er. Tout religieux ou novice de l'un des ordres, congrégations, sociétés, instituts, monastères, communautés, dont il a été fait mention, 1re partie, article 1er, qui aura connaissance qu'un novice de son institut est atteint d'un empêchement quelconque ou de quelque grave défectuosité, de manière à ne pouvoir dignement embrasser l'état religieux, sera tenu de révéler cet empêchement ou défaut au supérieur du noviciat de la communauté, ou bien au provincial ou au procureur général. Les supérieurs sont tenus au secret sur le nom du révélateur.

Art. 2. A la fin de chaque trimestre, le maître des novices adressera par écrit au provincial un compte rendu de la conduite de chaque novice.

Art. 3. Deux mois avant la profession, le provincial, soit par lui-même, soit par l'entremise d'un autre religieux qui lui aura justement paru propre à cette mission, s'informera avec soin de la détermination du novice; s'il a été contraint ou séduit, et dans quelle pensée il entre en religion, s'il sait bien ce qu'il fait, s'il connaît les obligations et les règles de l'état religieux. Il interrogera secrètement et en particulier, et le maître des novices, et les novices, et tous les autres religieux, même les convers, soit de la communauté, soit de la maison du noviciat, sur le novice qu'il s'agit d'admettre à la profession. Après cela, il convoquera le chapitre conventuel du monastère ou de la maison, afin que les capitulaires déclarent par suffrages secrets si le novice peut être admis à la profession. Ensuite il signera de sa propre main la rédaction du procès-verbal de tous les actes et de leurs conséquences, de telle sorte cependant que nul de ceux qui auront fourni des renseignements secrets ne puisse jamais être compromis.

Art. 4. Le provincial communiquera ce procès-verbal au moins à trois examinateurs provinciaux; et, au jour fixé, il convoquera les susdits examinateurs avec le maître des novices; puis, après que tous auront prêté le serment énoncé ci-dessus, le maître des novices rendra compte de la conduite du candidat pendant son noviciat, de sa liberté d'action, de sa vocation et de son aptitude à l'état religieux, et il déclarera s'il juge lui-même devant Dieu qu'on puisse admettre sans péril le novice à la profession.

Que si le maître des novices, soit à raison de la distance, soit pour toute autre cause légitime, ne peut commodément se rendre à l'assemblée pour le scrutin, il transmettra par écrit le procès-verbal des opérations précédentes, et, après l'avoir confirmé par serment, il le signera de sa propre main. Ensuite le provincial et les examinateurs décideront par suffrages secrets si le novice possède les qualités nécessaires, de manière à pouvoir être prudemment admis à la profession, le tout demeurant d'une manière grave à la charge de leur conscience.

Art. 5. Si le novice est approuvé, le provincial en informera, avec tous les détails, le supérieur général, lequel, après avoir procédé à de nouvelles informations, s'il les croit nécessaires, révoquera ou confirmera l'admission, selon qu'il le jugera devant Dieu ; à cela près néanmoins, qu'il n'aura jamais le pouvoir d'admettre à la profession un novice repoussé par les examinateurs provinciaux.

Art. 6. Dans les instituts qui n'ont pas de provinciaux, à leur place ce seront les supérieurs de la maison du noviciat qui procéderont à l'opération ci-dessus indiquée.

Art. 7. Si les constitutions et les règles de quelque ordre ou institut exigeaient encore d'autres formalités pour l'admission des novices à la profession, on les remplira en tout ce qui n'est point contraire, toutefois, à la teneur du présent décret.

Mais afin que le décret qui vient d'être ci-dessus énoncé soit entièrement exécuté dans ses deux parties, Sa Sainteté enjoint fortement, et même en vertu de la sainte obéissance, à tous ceux qu'il concerne,

son entière et pleine exécution ; Sa Sainteté veut encore que tout supérieur, à quelque degré que ce soit,
et quelle que soit l'exemption de l'institut et ses pri-
viléges, qui aura admis à l'habit ou à la profession
un novice sans garder les formes tracées par le présent décret, encoure par le fait même la privation
de toute charge, de toute voix active et l'inhabileté
absolue et perpétuelle à les recouvrer pour l'avenir,
sentence et peine dont il ne pourra être relevé que
par le Siége apostolique. Sa Sainteté ordonne aussi
à chaque supérieur, sous la même peine de privation
d'office, voix active et passive encourue par le fait, de
faire lire au réfectoire ce même décret, chaque année
le 1er janvier, et le premier dimanche de juillet, dans
tous les monastères, couvents, colléges et maisons.
Sa Sainteté statue en outre que, lors même qu'en vertu
de quelque privilége, faculté, indult, dispense, approbation des règles et des constitutions, même en
forme spécifique, quelqu'un des ordres, institut, supérieur ou religieux, obtiendrait dispense du siége
apostolique, jamais la dérogation au présent décret ne
sera censée être faite, à moins d'une désignation expresse et nominative, quelque générales et étendues
que fussent d'ailleurs les dispenses : que s'il arrive
que la dispense du présent décret vienne à être accordée expressément et nominativement à quelque
institut, jamais elle ne pourra s'étendre aux autres
congrégations en vertu de quelque privilége ou communication de privilége que ce soit. Enfin Sa Sainteté,
afin d'écarter de l'exécution du présent décret tout

motif, titre ou prétexte, de son autorité apostolique, abroge entièrement et déclare abrogé tout ce qui y est contraire dans les constitutions, règles et statuts de tout ordre, congrégation, société, institut, monastère, maison, même approuvés en forme spéciale par le siége apostolique ; ainsi qu'à tout privilége inscrit dans le corps du droit, et confirmé par les constitutions et décrets apostoliques, ou ayant mérité la faveur d'une mention expresse, individuelle, spéciale, et enfin toutes autres clauses contraires.

Donné à Rome, en la S. congrégation des Réguliers, le 25 janvier 1848.

ANDRÉ BIZZARRI,
secrét.

BREF

DE SA SAINTETÉ LE PAPE PIE IX,

A S. EX. MONSEIGNEUR LE NONCE APOSTOLIQUE,

Au sujet des affaires ecclésiastiques de France.

(18 mars 1848.)

———

Venerabili Fratri Raphaeli, archiepiscopo Nicœensi, nuntio apostolico,

PIUS PP. IX.

Venerabilis Frater, salutem et Apostolicam benedictionem.

Non mediocri sane consolatione ex tuis ad Cardinalem nostrum secretarium Status litteris intelleximus fidelem Galliæ populum in novissimis istis rerum publicarum commutationibus generatim erga sanctissimam nostram religionem et Clerum venerationis, atque obsequii significationes exhibuisse. Neque minori certe animi Nostri voluptate cognovimus Clerum ipsum suæ vocationis et ministerii memorem studia sua pro viribus contulisse ad tranquillitatem procurandam atque ad cædes avertendas. Quæ quidem ubi primum accepimus, haud potuimus, quin in humilitate cordis Nostri maximas Deo gratias ageremus. Pergratum autem nobis fuit ex iisdem litteris agnoscere, venerabilis Frater, quam prudenter sapienterque iis responderis viris, qui in præsenti istius nationis regimine ad Ecclesiæ libertatem tuendam per publicas ephemerides gravissimarum rerum disceptationem suscipere optarent, quæ ad supremam Nostram et hujus Apostolicæ sedis auctoritatem ac judicium unice spectant. Et quidem Romani Pontifices, quibus omnium ecclesiarum cura et sollicitudo divinitus est commissa, numquam intermiserunt pro temporum ratione ipsius Ecclesiæ libertatem in Gallia constanter tutari, eorumque conatibus obsistere qui eamdem libertatem inibi labefactare moliebantur. Hinc fel. rec. Pius VII, Decessor Noster, statim ac Organici Articuli promulgati fuere illos Apostolica libertate et fortitudine impavide rejecit in iis quæ doctrinæ et legibus Ecclesiæ adversabantur, ac subinde tum idem ipse, tum alii Prædecessores Nostri omnem curam et studium adhibuere, ut Ecclesiæ libertati ac spirituali istius nationis bono consulerent. De reliquo ea quæ nunc in gallicanis Ecclesiis viget disciplina canonum et ordinatio sacrarum rerum a nemine prorsus præterquam a Romano Pontifice immutari potest, cum nemo alius generalem super omnes gallicæ ditionis episcopales et metropolitanas ecclesias, auctoritatem habeat ac nemini ceteroquin fas esse possit quidquam de rebus statuere, quæ cum generali Ecclesiæ disciplina conjunctæ sunt aut iis derogare, quæ ab hac Apostolica sede sancita fuere. Quod autem attinet ad reditus divino cultui, sacrisque Ministris destinatos, notum cuique est, hujusmodi dotationem esse tenuem compensationem ob amplissima Ecclesiæ bona, quæ istic superioribus tristissimis temporibus alienata sunt. Jam vero religio ipsa in magnum adduceretur discrimen, si illi renunciaretur dotationi; nam Clerus iis destitueretur auxiliis quibus se alere et sustentare debet, cum præsertim in oppidis quibusdam et quamplurimis minoribus Galliæ locis ea sit populorum paupertas, ut prope nullam ecclesiasticis rebus ac viris opem afferre ipsi possint. Atque ob hanc causam, plures Antistites parva Clericorum seminaria ægre admodum conservare queunt, nec alia, veluti eorum esset in votis, instituere valent, dum tantopere essent necessaria ad proprii Cleri educationem amplificandam, ejusque numerum augendum. Quamobrem vel maxime timendum, ne Cleri inopia, quæ gallicæ Ecclesiæ jam laborant, summo cum religionis et animarum detrimento magis magisque augeretur. Et sane

4.

quamvis in Fœderatis Americæ Regionibus catholica fides Deo bene juvante, majora in dies incrementa suscipiat, tamen longe uberiores jam percepisset fructus, si ibi pro populorum multitudine ac spiritualibus illorum indigentiis Clerus indigena extitisset, qui in eo quo opus esset numero haberi nondum potest, cum opportunata et congrua ei desint subsidia. Hæc tibi scribenda censuimus, venerabilis Frater, quæ communicare cum illis poteris, quibus pro tua prudentia opportunum in Domino existimaveris. Dum autem Te meritis laudibus prosequimur, quod gravissimo tuo munere egregie perfungeris, confidimus ut pari prudentia, studio, et consilio ecclesiasticos potissimum viros hortari ac monere pergas, ut serio considerent Ecclesiam, veluti sapientissime inquiebat S. Innocentius I, Prædecessor Noster, non esse commutandam *ad rerum humanarum mobilitatem*, ac propterea diligentissime caveant, ne nimis ardenti zelo abrepti aliquid præcipites agant, quod Ecclesiæ ipsi damnum, Nobisque molestiam inferre posset. Nos quidem illustria Decessorum Nostrorum exempla æmulantes pro supremi Nostri Apostolatus officio, haud omittemus pro re et tempore ea inire consilia quæ ad Ecclesiæ incolumitatem, ac spiritualem istius Nationis salutem magis in Domino expedire noverimus. Plane autem non dubitamus, quin venerabiles Fratres Galliæ Antistites, a quibus tot eximia erga nos et hanc Petri cathedram venerationis et observantiæ testimonia accepimus atque inclytus illius Nationis Clerus Populusque fidelis qui singulari in catholicam Religionem studio se animatum semper ostendit, majori usque alacritate ita se gerere velint, ut sanctissimæ ejusdem Religionis cultus et splendor magis magisque augeatur. Denique præcipuæ Nostræ in Te benevolentiæ pignus accipe Apostolicam benedictionem quam ex imo corde profectam Tibi, venerabilis Frater, peramanter impertimur.

Datum Romæ apud S. Mariam Majorem die 18 martii anno 1848, Pontificatus Nostri anno secundo.

PIUS PP. IX.

————◦◦◦————

TRADUCTION.

A notre Vénérable Frère Raphaël, archevêque de Nicée, nonce apostolique,

PIE IX, PAPE.

Vénérable Frère, salut et bénédiction apostolique. Ce n'a pas été pour Nous une médiocre consolation d'apprendre par vos lettres au cardinal Notre secrétaire d'État, que le fidèle peuple de France, dans les événements de la dernière révolution, a généralement donné des témoignages de vénération et de dévouement envers Notre très-sainte religion et le clergé. La joie de Notre cœur n'a pas été moins grande, quand Nous avons su que le clergé, se souvenant de sa vocation et de son ministère, s'était appliqué de toutes ses forces à concourir au maintien de la tranquillité publique et empêcher l'effusion du sang. Dès que nous avons reçu ces nouvelles, nous nous sommes empressé de rendre à Dieu, dans l'humilité de Notre cœur, les plus vives actions de grâces. Il Nous a été très-agréable aussi, Vénérable Frère, d'apprendre par ces mêmes lettres avec quelle prudence et quelle sagesse vous avez répondu à ces écrivains qui, voulant défendre la liberté de l'Église sous le *régime nouveau* de la France, auraient désiré discuter dans les feuilles publiques de très-graves questions qui appartiennent uniquement à Notre suprême autorité et au jugement de ce Siége apostolique. Les souverains Pontifes, à qui ont été divinement commis le soin et la sollicitude de toutes les Églises, n'ont jamais négligé de se montrer, selon les besoins des temps, les constants appuis de la liberté de l'Église en France, et de lutter contre les efforts de ceux qui les menaçaient de quelque atteinte. C'est ainsi que Notre Prédécesseur, Pie VII d'heureuse mémoire, aussitôt que les Articles Organiques eurent été promulgués, les condamna vaillamment avec la liberté et le courage apostolique dans tout ce qu'ils contenaient de contraire à la doctrine et aux lois de l'Église : c'est ainsi que ce même Pontife et Nos autres Prédécesseurs employèrent tout leur zèle et tous leurs efforts à assurer la liberté de l'Église et le bien spirituel de la France.

Du reste, la discipline canonique, qui est actuellement en vigueur dans les églises de France, ainsi que l'organisation des choses ecclésiastiques dans ce pays, ne peuvent être changés par quelque personne que ce soit, si ce n'est par le souverain Pontife, car nul autre que lui n'a une autorité universelle sur toutes les églises épiscopales et métropolitaines de cette nation française ; à nul autre qu'à lui il ne peut être permis de statuer sur les choses qui tiennent à la discipline générale de l'Église, ou de déroger à ce qui a été confirmé par ce Siége apostolique. Quant à ce qui regarde les revenus destinés au culte divin et aux ministres sacrés, personne n'ignore que cette espèce de dotation n'est qu'une compensation bien faible des immenses biens de l'Église qui furent aliénés dans ce pays au temps malheureux de l'ancienne révolution. Renoncer à cette dotation, ce serait jeter la religion elle-même dans un grand danger, car ce serait enlever au clergé les ressources qui lui sont indispensables pour exister et se nourrir, attendu que dans plusieurs villes et dans la plupart des petites localités de France, la pauvreté des populations est telle, qu'il leur serait à peu près impossible de venir au secours de l'Église et de ses ministres. C'est pour cela que plusieurs évêques ont déjà tant de peine à conserver leurs petits séminaires, ou qu'ils se trouvent dans l'impuissance d'en fonder de nouveaux, malgré le désir et l'extrême besoin qu'ils en auraient pour étendre l'éducation de leur jeune clergé et augmenter le nombre de leurs prêtres. Il serait donc extrêmement à craindre que la pauvreté du clergé, dont les églises de France ont déjà trop à souffrir,

ne fît encore que s'accroître au grand détriment de
la religion et des âmes. Quoique dans les États-Unis
d'Amérique la foi catholique, avec l'aide de Dieu,
fasse chaque jour de nouveaux progrès, elle y eût
toutefois produit des fruits bien plus abondants, s'il
avait existé dans ces contrées un clergé indigène en
rapport avec la multitude des populations et leurs
besoins spirituels : or, ce qui empêche le clergé d'y
être aussi nombreux qu'il le faudrait encore, c'est
précisément le manque de ressources opportunes et
suffisantes.

Voilà ce que Nous avons cru devoir vous écrire,
Vénérable Frère; vous en pourrez donner communication, selon que, dans votre prudence et devant le
Seigneur, vous le jugerez opportun. En vous adressant
les éloges si bien mérités par la manière distinguée
dont vous remplissez vos éminentes fonctions, Nous
avons la confiance que vous continuerez avec la
même prudence, le même zèle et la même sagesse à
avertir et à exhorter particulièrement les ecclésiastiques, pour qu'ils considèrent sérieusement que l'É-
glise, ainsi que le disait très-sagement Notre Prédécesseur saint Innocent Ier, ne change pas *selon la
mobilité des choses humaines*, et en conséquence
pour qu'ils prennent bien garde qu'un zèle trop ardent ne les entraîne à des démarches précipitées qui
pourraient être un malheur pour l'Église, et pour
Nous un sujet d'affliction. Fidèle aux illustres exemples de Nos Prédécesseurs et aux devoirs de Notre
suprême apostolat, Nous ne manquerons point, selon

le temps et l'état des choses , de prendre toutes les
mesures que nous reconnaîtrons devant Dieu devoir
être les plus utiles à la sûreté de l'Église et au salut
spirituel de cette nation. Nous ne doutons nullement
que Nos Vénérables Frères les évêques de France, de
qui Nous avons reçu tant et de si éclatants témoignages de vénération et d'attachement envers Nous
et envers cette chaire de saint Pierre ; que l'illustre
clergé de cette nation, que ce peuple fidèle qui s'est
toujours montré animé d'un amour particulier pour
la religion catholique, ne veuillent tous, avec un nouveau zèle, concourir par leur conduite à faire briller
de plus en plus le culte et la splendeur de cette très-
sainte religion. Recevez enfin comme gage de Notre
bienveillance toute particulière envers vous , vénérable Frère, la bénédiction apostolique qui vient du
fond de Notre cœur, et que Nous vous donnons avec
la plus tendre affection.

Donné à Rome, près Sainte-Marie-Majeure, le
18 mars 1848 , la seconde année de Notre Pontificat.

PIE IX, *Pape.*

LETTRE D'ENVOI DE CE BREF,

PAR S. EX. Mgr L'ARCHEVÊQUE DE NICÉE, NONCE APOSTOLIQUE,

A NN. SS. LES ARCHEVÊQUES ET ÉVÊQUES DE FRANCE.

« Monseigneur,

« Notre très-Saint-Père le Pape Pie IX a daigné m'honorer d'une lettre que je crois bon de faire connaître à Votre Grandeur, en lui adressant la copie ci-jointe. J'ai lieu de penser, Monseigneur, que vous recevrez avec reconnaissance cette communication, et que vous serez profondément touché en voyant avec quelle satisfaction notre bien-aimé souverain Pontife se plaît à relever tous les titres que l'épiscopat et le clergé en France ont à sa particulière bienveillance. Vous remarquerez aussi, Monseigneur, dans cette admirable lettre apostolique, avec quelle sollicitude il a les yeux fixés sur les grands intérêts de la religion et de l'Église en France ! Nous pouvons, nous devons être assurés que son grand cœur ne lui fera pas défaut. Prions donc avec confiance notre Seigneur Jésus-Christ, dont il est le Vicaire sur la terre, de nous le conserver longues années, et de bénir et de consommer, pour le bien de l'Église, tout ce que les nouvelles circonstances pourront suggérer à sa haute sagesse !

« Veuillez agréer, Monseigneur, l'assurance du profond respect avec lequel j'ai l'honneur d'être, etc. »

ALLOCUTION

DE N. T. S. P. LE PAPE PIE IX,

PRONONCÉE DANS LE CONSISTOIRE SECRET DU 29 AVRIL 1848.

(29 avril 1848.)

VENERABILES FRATRES.

Non semel, Venerabiles Fratres, in Consessu Vestro detestati sumus nonnullorum audaciam, qui Nobis, atque adeo Apostolicæ huic Sedi eam inferre injuriam non dubitaverant, ut Nos a sanctissimis Præcessorum Nostrorum institutis, atque ab ipsa (horrendum dictu!) Ecclesiæ doctrina non uno in capite declinasse confingerent (1). Verum nec hodie desunt qui de Nobis ita loquuntur, quasi præcipui Auctores fuerimus publicarum commotionum, quæ novissimo tempore nedum in aliis Europæ locis, sed in Italia quoque acciderunt. Ex Austriacis præsertim Germaniæ regionibus accepimus, disseminari inibi in vulgus, Romanum Pontificem et missis exploratoribus, et aliis adhibitis artibus Italos populos excitasse ad novas publicarum rerum commutationes inducendas. Accepimus pari-

---

(1) *In consistor. Allocutionib. 4 octobris et 17 decembris* 1847.

ter, quosdam Catholicæ Religionis inimicos occasionem inde arripere ad Germanorum animos inflam-
mandos vindictæ æstu, atque ab Sanctæ hujus Sedis
unitate abalienandos. Jamvero etsi Nobis nullum
omnino dubium sit, quin Catholicæ Germaniæ gentes, et qui eis præsunt spectatissimi Antistites, ab illorum improbitate quam longissime abhorreant; officii tamen Nostri esse novimus scandalum præcavere,
quod incauti aliqui simplicioresque homines accipere
inde possent, et calumniam refellere, quæ non in
personæ tantum humilitatis Nostræ, sed etiam in Supremi Apostolatus, quo fungimur, atque in Sanctæ
hujus Sedis contumeliam redundat. Et quoniam
iidem illi obtrectatores nostri machinationum, quas
Nobis affingunt, nullum proferre documentum va-
lentes, in suspicionem adducere connituntur quæ
gesta a Nobis sunt in temporali Pontificiæ ditionis
procuratione ineunda; idcirco ut hanc ipsis calum-
niandi ansam præcidamus, consilium est, totam
earum rerum causam hodie in Consessu Vestro clare
aperteque explicare.

Ignotum Vobis non est, Venerabiles Fratres, jam
inde a postremis temporibus Pii VII. Prædecessoris
Nostri præcipuos Europæ Principes Apostolicæ Sedi
insinuandum curasse, ut in civilibus rebus adminis-
trandis faciliorem quamdam ac respondentem Laico-
rum desideriis rationem adhiberet. Postmodum anno
millesimo octingentesimo trigesimo primo hæc illorum consilia et vota solemnius emicuere per celebre
illud *Memorandum*, quod Imperatores Austriæ, et

Russiæ, ac Reges Francorum, Britanniæ, et Borussiæ
Romam per suos Legatos mittendum existimarunt.
Eo quidem in scripto inter cetera actum est tum de
Consultorum Consilio ex tota Pontificia Ditione Romam advocando, tum de instauranda seu amplianda
Municipiorum constitutione, ac de Provincialibus
Consiliis instituendis, nec non de hisce ipsis aliisque
institutis in omnes Provincias ad communem utilitatem invehendis, ac de aditu Laicis dando ad omnia
munera, quæ sive publicarum rerum administrationem, sive judiciorum ordinem respicerent. Atque
hæc præsertim duo postrema capita tamquam *vitalia*
gubernandi principia proponebantur. In aliis etiam
Legatorum scriptis actum est de ampliori venia cunctis, aut fere cunctis tribuenda, qui a fide erga Principem in Pontificia Ditione defecerant.

Neminem porro latet, nonnulla ex his perfecta
fuisse a Gregorio XVI. Decessore Nostro, ac nonnulla insuper promissa in Edictis, ipso anno 1831,
ejus jussu latis. Verum hæc Prædecessoris Nostri be-
nefacta votis Principum minus plene respondere visa
fuerant, nec satis esse ad publicam utilitatem ac
tranquillitatem in toto Sanctæ Sedis temporali statu
firmandam.

Itaque Nos ubi primum inscrutabili Dei judicio in
illius locum suffecti fuimus, nullius certe hortatione
aut consilio excitati, sed Nostra in subditum temporali Ecclesiasticæ Ditioni populum singulari caritate
permoti, uberiorem indulsimus veniam iis, qui a debita Pontificio Gubernio fidelitate aberraverant, ac

subinde nonnulla instituere properavimus quæ prosperitati ejusdem populi profutura judicaveramus. Atque ea omnia, quæ in ipso Nostri Pontificatus exordio gessimus plane congruunt cum iis, quæ Europæ Principes vel maxime exoptaverant.

Jam vero postquam Deo bene juvante consilia Nostra ad exitum perducta sunt, tum nostri tum finitimi populi præ lætitia gestire, ac publicis gratulationis, ac observantiæ significationibus ita Nos prosequi visi sunt, ut connitendum Nobis fuerit, quo vel in ipsa hac alma Urbe populares clamores, plausus, conventus nimio impetu erumpentes ad officii normam revocarentur.

Deinde nota omnibus sunt, Venerabiles Fratres, verba Nostræ ad Vos Allocutionis in Consistorio habito die 4 Octobris superioris anni, quibus et Principum erga subditos sibi populos paternam benignitatem ac propensiora studia commendavimus, et populos ipsos ad debitam in suos Principes fidem, atque obedientiam denuo adhortati fuimus. Neque vero postmodum intermisimus, quantum in Nobis fuit, etiam atque etiam omnes commonere et exhortari, ut catholicæ doctrinæ firmiter adhærentes, et Dei atque Ecclesiæ præcepta servantes, concordiæ mutuæ, ac tranquillitati et caritati erga omnes studerent.

Atque utinam paternis Nostris vocibus, et hortationibus optatus respondisset exitus! Sed perspectæ cuique sunt publicæ, quas supra commemoravimus, commotiones populorum Italiæ, nec non alii eventus, qui sive extra Italiam sive in Italia ipsa vel antea con-

tigerant , vel postea successerunt. Si quis vero con-
tendere velit, ejusmodi rerum eventibus aliquam
patuisse viam ex iis, quæ Nostri sacri Principatus
initio benevole a Nobis benigneque acta sunt ; is certe
nullo prorsus modo operæ id nostræ adscribere poterit, cum Nos non aliud egerimus quam quæ ad temporalis Nostræ ditionis prosperitatem non Nobis solum, sed etiam commemoratis Principibus opportuna
visa fuerant. Ceterum ad eos quod attinet, qui in hac
nostra Ditione Nostris ipsis beneficiis abusi sunt,
Nos quidem divini Pastorum Principis exemplum
imitantes , ignoscimus illis ex animo , eosdemque ad
saniora consilia amantissime revocamus , et a Deo
misericordiarum Patre suppliciter poscimus , ut fla-
gella, quæ ingratos homines manent, ab eorum cer-
vicibus clementer avertat.

Præterea nec succensere Nobis possent supradicti
Germaniæ Populi si haudquaquam possibile Nobis
fuit eorum ardorem continere , qui ex temporali
Nostra Ditione plaudere voluerunt rebus contra illos
in superiori Italia gestis, et pari atque alii erga propriam nationem studio inflammati in eamdem causam cum cæteris Italiæ Populis suam operam conferre. Siquidem et plures alii Europæ Principes, longe
majori præ Nobis militum copia pollentes, commo-
tioni pariter suorum populorum hoc ipso tempore
obsistere non potuerunt. In qua rerum conditione
Nos tamen Nostris militibus , ad Pontificiæ ditionis
fines missis , non aliud mandatum voluimus, nisi ut

Pontificii Status integritatem ac securitatem tuerentur.

Verum cum modo nonnulli exoptent, ut Nos quoque cum aliis Italiæ Populis et Principibus bellum contra Germanos suscipiamus, officii tandem Nostri esse judicavimus, ut in solemni hoc Conventu vestro clare ac palam profiteamur, abhorrere id omnino a Consiliis Nostris, quandoquidem Nos, licet indigni, vices Illius in terris gerimus, qui Auctor est pacis, et amator caritatis, ac pro supremi Nostri Apostolatus officio omnes gentes, populos, nationes pari paterni amoris studio prosequimur, atque complectimur. Quod si nihilominus non desint inter Nostros subditos, qui aliorum Italorum exemplo abripiuntur, Nos ipsorum ardorem quo tandem modo cohibere poterimus ?

Hoc autem in loco haud possumus quin in conspectu omnium gentium subdola illorum consilia, per publicas etiam ephemerides, variosque libellos manifestata repudiemus, qui Romanum Pontificem præsidere vellent novæ cuidam Reipublicæ ex universis Italiæ Populis constituendæ. Immo hac occasione ipsos Italiæ populos, pro Nostra in eos caritate, summopere monemus et hortamur, ut a callidis hujus generis et ipsi Italiæ perniciosis consiliis diligentissime caveant, ac suis Principibus, quorum etiam benevolentiam experti sunt, firmiter adhæreant, atque a debito erga illos obsequio se avelli nunquam patiantur. Etenim si secus agerent, non solum a proprio officio deficerent, verum etiam periculum subirent, ne eadem Italia majoribus in dies discordiis et intestinis factionibus scinderetur. De Nobis autem iterum atque iterum declaramus, Romanum Pontificem omnes quidem cogitationes, curas, studia sua intendere, ut ampliora quotidie incrementa suscipiat Christi regnum, quod est Ecclesia; non autem ut fines dilatentur Civilis Principatus, quo divina providentia Sanctam hanc Sedem donatam voluit ad ejus dignitatem, atque ad liberum supremi Apostolatus exercitium tuendum. Magno igitur in errore versantur qui animum Nostrum amplioris temporalis dominationis ambitu seduci posse arbitrantur, ut Nos mediis armorum tumultibus injiciamus. Illud sane paterno Nostro cordi jucundissimum foret, si opera, curis, studiisque Nostris quidpiam conferre datum esset ad restinguendos discordiarum fomites, ad conciliandos invicem bellantium animos, atque ad pacem inter ipsos restituendam.

Interea dum non levi animi Nostri consolatione accepimus, pluribus in locis ne dum in Italia, sed etiam extra illam, in tanto hoc rerum publicarum motu, fideles filios nostros suo erga res sacras, sacrorumque ministros obsequio non defuisse, dolemus tamen toto animo hanc illis observantiam non ubique fuisse servatam. Nec Nobis temperare possumus, quin lamentemur tandem in Consessu hoc vestro funestissimam illam consuetudinem, nostris temporibus praecipue grassantem, exitiales omne genus libellos in lucem edendi, quibus aut sanctissimae nostrae religioni, morumque honestati teterrimum bellum infertur, aut civiles perturbationes, ac discordiæ inflammantur, aut Ecclesiæ bona impetuntur, et sacratiora quæque illius jura oppugnantur, aut optimi quique viri falsis criminationibus lacerantur...

Hæc Vobis, Venerabiles Fratres, hodierno die communicanda censuimus. Restat nunc, ut una simul in humilitate cordis Nostri assiduas fervidasque Deo Optimo Maximo offeramus preces, ut Ecclesiam suam sanctam ab omni adversitate defendere velit, ac Nos propitius de Sion respicere, ac tueri, atque omnes Principes, et Populos ad exoptatæ pacis, et concordiæ studia revocare dignetur.

TRADUCTION.

VÉNÉRABLES FRÈRES,

Plus d'une fois, Vénérables Frères, Nous Nous sommes élevé au milieu de vous contre l'audace de quelques hommes qui n'ont pas eu honte de faire à Nous et à ce Siége apostolique l'injure de dire que Nous Nous sommes écarté non-seulement des très-saintes institutions de Nos Prédécesseurs, mais encore (blasphème horrible!) de plus d'un point capital de la doctrine de l'Église (1). Aujourd'hui encore il ne

(1) Allocutions consistoriales du 4 octobre et du 17 décembre 1847.

manque pas de gens qui parlent de Nous comme si Nous étions le principal auteur des commotions publiques qui, dans ces derniers temps, ont troublé plusieurs pays d'Europe, et notamment l'Italie. Nous apprenons en particulier, des contrées allemandes de l'Europe, d'Autriche, que l'on y répand le bruit parmi le peuple que le Pontife romain, soit par des émissaires, soit par d'autres machinations, a excité les nations italiennes à provoquer de nouvelles révolutions politiques. Nous avons appris aussi que quelques ennemis de la religion catholique en ont pris occasion de soulever des sentiments de vengeance dans les populations allemandes pour les détacher de l'unité de ce Siége apostolique.

Certes, Nous n'avons aucun doute que les peuples de l'Allemagne catholique et les Vénérables pasteurs qui les conduisent repousseront bien loin avec horreur ces criminelles excitations. Toutefois, Nous croyons qu'il est de Notre devoir de prévenir le scandale que des hommes inconsidérés et trop simples pourraient en recevoir, et de repousser la calomnie qui n'atteint pas seulement Notre humble personne, mais dont l'outrage remonte jusqu'au suprême apostolat dont Nous sommes investi et retombe sur ce Siége apostolique. Nos détracteurs, ne pouvant produire aucune preuve des machinations qu'ils Nous imputent, s'efforcent de répandre des soupçons sur les actes de l'administration temporelle de nos États. C'est pourquoi, pour leur enlever jusqu'à ce prétexte de calomnie contre Nous, Nous voulons aujourd'hui exposer clairement et hautement devant vous l'origine et l'ensemble de tous ces faits.

Vous n'ignorez pas, Vénérables Frères, que déjà vers la fin du règne de Pie VII, Notre Prédécesseur, les principaux souverains d'Europe insinuèrent au Siége apostolique le conseil d'adopter pour le gouvernement des affaires civiles un mode d'administration plus facile et conforme aux désirs des laïques. Plus tard, en 1831, ces conseils et ces vœux des souverains furent plus solennellement exprimés dans le célèbre *memorandum* que les empereurs d'Autriche et de Russie, les rois des Français, de la Grande-Bretagne et de Prusse crurent devoir envoyer à Rome par leurs ambassadeurs. Dans cet écrit, il fut question, entre autres choses, de la convocation à Rome d'une Consulte d'État formée par le concours de l'État pontifical tout entier, d'une nouvelle et large organisation des municipalités, de l'établissement des conseils provinciaux, d'autres institutions également favorables à la prospérité commune; de l'admission des laïques à toutes les fonctions de l'administration publique et de l'ordre judiciaire. Ces deux derniers points étaient présentés comme des principes *vitaux* de gouvernement. D'autres notes des mêmes ambassadeurs faisaient mention d'un plus ample pardon à accorder à tous ou à presque tous les sujets pontificaux qui avaient trahi la foi à leur souverain.

Personne n'ignore que quelques-unes de ces réformes furent accomplies par le Pape Grégoire XVI, Notre Prédécesseur, que quelques autres furent pro-

mises dans des **édits** rendus cette même année 1831,
par son ordre. Cependant ces bienfaits de Notre Prédécesseur ne semblèrent pas satisfaire pleinement aux
vœux des souverains, ni suffire à l'affermissement du
bien-être et de la tranquillité dans toute l'étendue des
États temporels du Saint-Siége.

C'est pourquoi, dès le premier jour où, par un jugement impénétrable de Dieu, Nous fûmes élevé à sa
place ; sans y être excité ni par les exhortations ni
par les conseils de personne, mais pressé par notre
ardent amour envers le peuple soumis à la domination
temporelle de l'Église, Nous accordâmes un plus large
pardon à ceux qui s'étaient écartés de la fidélité due
au gouvernement pontifical, et Nous Nous hâtâmes
de donner quelques institutions qui Nous avaient
paru devoir être favorables à la prospérité de ce
même peuple. Tous ces actes qui ont marqué les premiers jours de Notre Pontificat, sont pleinement conformes à ceux que les souverains d'Europe avaient
surtout désirés.

Lorsque, avec l'aide de Dieu, nos pensées ont eu
reçu leur exécution, Nos sujets et les peuples voisins
ont paru si remplis de joie et Nous ont entouré de
tant de témoignages de reconnaissance et de respect, que Nous avons dû Nous efforcer de contenir
dans de justes bornes les acclamations populaires,
les applaudissements et les réunions trop enthousiastes de la population dans cette ville sainte.
Elles sont encore connues de tous, Vénérables Frères, les paroles de Notre Allocution dans le Consis-

toire du 4 octobre de l'année dernière, par lesquelles Nous avons recommandé aux souverains une paternelle bienveillance et des sentiments plus affectueux envers leurs sujets, en même temps que Nous exhortions de nouveau les peuples à la fidélité et à l'obéissance envers les princes. Nous avons fait tout ce qui dépendait de Nous par Nos avertissements et Nos exhortations, pour que tous, fermement attachés à la doctrine catholique, fidèles observateurs des lois de Dieu et de l'Église, ils s'appliquent au maintien de la concorde mutuelle, de la tranquillité et de la charité envers tous.

Plût à Dieu que ce résultat désiré eût répondu à Nos paternelles paroles et à Nos exhortations! Mais on connaît les commotions publiques des peuples italiens dont Nous venons de parler; on sait les autres événements qui s'étaient déjà accomplis, ou qui ont eu lieu depuis, soit en Italie, soit hors de l'Italie. Si quelqu'un veut prétendre que ces événements sont de quelque manière sortis des mesures que Notre bienveillance et Notre affection Nous ont suggérées au commencement de Notre Pontificat, celui-là certes ne pourra en aucune façon Nous les imputer à crime, attendu que Nous n'avons fait que ce qui avait été jugé, par Nous comme par les princes susnommés, utile à la prospérité de Nos sujets temporels. Quant à ceux qui, dans Nos propres États, ont abusé de Nos bienfaits, imitant l'exemple du divin Prince des pasteurs, Nous leur pardonnons de toute Notre âme, Nous les rappelons avec amour a de plus saines pensées, et Nous supplions ardemment Dieu, Père des miséricordes, de détourner avec clémence de leurs têtes les châtiments qui attendent les ingrats.

Les peuples de l'Allemagne que Nous avons désignés ne sauraient Nous accuser, si réellement il ne Nous a pas été possible de contenir l'ardeur de ceux de Nos sujets qui ont applaudi aux événements accomplis contre eux dans la haute Italie, et qui, enflammés d'un égal amour pour leur nationalité, sont allés défendre une cause commune à tous les peuples italiens. En effet, plusieurs autres princes d'Europe, soutenus par des forces militaires bien plus considérables que les nôtres, n'ont pas pu eux-mêmes résister aux révolutions qui, dans le même temps, ont soulevé leurs peuples. Et néanmoins dans cet état de choses Nous n'avons pas donné d'autres ordres, aux soldats envoyés à Nos frontières, que de défendre l'intégrité et l'inviolabilité du territoire pontifical.

Aujourd'hui toutefois, comme plusieurs demandent que, réuni aux peuples et aux autres princes de l'Italie, Nous déclarions la guerre à l'Autriche, Nous avons cru qu'il était de notre devoir de protester formellement et hautement dans cette solennelle assemblée, contre une telle résolution entièrement contraire à Nos pensées, attendu que, malgré Notre indignité, Nous tenons sur la terre la place de Celui qui est l'auteur de la paix, l'ami de la charité, et que, fidèle aux divines obligations de Notre suprême Apostolat, Nous embrassons tous les pays, tous les peuples, toutes les nations dans un égal sentiment de paternel amour. Que si, parmi nos sujets, il en est que l'exemple des autres Italiens entraîne, par quel moyen veut-on que Nous puissions enchaîner leur ardeur ?

Mais ici Nous ne pouvons Nous empêcher de repousser à la face de toutes les nations les perfides assertions publiées dans les journaux et dans divers écrits par ceux qui voudraient que le Pontife romain présidât à la constitution d'une nouvelle république formée de tous les peuples d'Italie. Bien plus, à cette occasion, Nous avertissons et Nous exhortons vivement ces mêmes peuples italiens, par l'amour que Nous avons pour eux, à se tenir soigneusement en garde contre ces conseils perfides et si funestes à l'Italie, à s'attacher fortement à leurs princes dont ils ont éprouvé l'affection, et à ne jamais se laisser détourner de l'obéissance qu'ils leur doivent. Agir autrement, ce serait non-seulement manquer au devoir, mais exposer l'Italie au danger d'être déchirée par des discordes chaque jour plus vives et par des factions intestines.

Pour ce qui Nous concerne, Nous déclarerons encore une fois que toutes les pensées, tous les soins, tous les efforts du Pontife romain ne tendent qu'à agrandir chaque jour davantage le royaume de Jésus-Christ, qui est l'Église, et non à reculer les limites de la souveraineté temporelle, dont la divine Providence a doté ce Saint-Siége pour la dignité et le libre exercice du suprême Apostolat. Ils tombent donc dans une grande erreur ceux qui pensent que l'ambition d'une plus vaste étendue de puissance peut séduire Notre cœur et Nous précipiter au milieu du tumulte des armes. Oh ! assurément, ce serait une chose infiniment douce à Notre cœur paternel, s'il était donné à Notre intervention, à Nos soins et à Nos efforts, d'éteindre le feu des discordes, de rapprocher les esprits que divise la guerre, et de rétablir la paix entre les combattants.

En même temps que Nous avons appris avec une grande désolation qu'en plusieurs pays de l'Italie et hors de l'Italie, les fidèles Nos fils, au milieu de ces révolutions, n'ont pas oublié le respect qu'ils devaient aux choses saintes et à leurs ministres, Notre âme a été vivement affligée de savoir que ce respect n'a pas été également observé partout. Nous ne pouvons Nous empêcher de déplorer ici devant vous cette habitude funeste qui se propage surtout de nos jours, de publier toute sorte de libelles pernicieux dans lesquels on fait une guerre acharnée à la sainteté de notre religion et à la pureté des mœurs, ou qui excitent aux troubles et aux discordes civiles, prêchent la spoliation des biens de l'Église, attaquent ses droits les plus sacrés, ou déchirent par de fausses accusations le nom de tout honnête homme...

Voilà, Vénérables Frères, ce que Nous avons cru devoir vous communiquer aujourd'hui. Il ne nous reste maintenant qu'à offrir ensemble, dans l'humilité de notre cœur, de continuelles et ferventes prières au Dieu puissant et bon, pour qu'il daigne défendre sa sainte Église contre toute adversité, nous regarder avec miséricorde du haut de Sion, et nous protéger, ramener enfin tous les princes et tous les peuples aux sentiments si désirés de paix et de concorde !

LETTRE ENCYCLIQUE

DE N. T. S. P. LE PAPE PIE IX,

Aux Archevéques et Évêques du Domaine temporel du Saint-Siége,

SUR L'INDEX.

(2 juin 1848.)

In Sess. X. Concilii Lateranensis V., atque iterum in postrema regularum Indicis, quæ a patribus conscriptæ per Tridentinam Synodum deputatis, et a Pio IV, glor. mem. Decessore Nostro approbatæ fuerunt (1) nec non in aliis aliorum Romanorum Pontificum sanctionibus interdictum habetur, ut nulli omnino libri aut scripta evulgentur, nisi antea ecclesiastica auctoritate examinati probatique sint. Jamvero scribendi legendique aviditas, et librorum, maxime autem ephemeridum numerus nostra hac ætate ita in dies augetur, ut jam ecclesiasticis censoribus perdifficile evaserit ipsos omnes ea, qua par est, maturitate expendere; et latior etiam patuerit via illorum fraudibus, qui doctrinas perversas, et sacræ publicæque rei noxias disseminare connituntur pagellis et parvis præsertim libris clandestine editis, quorum

(1) In cons. Dominici gregis, 24 martii 1564.

porro improbitas eo majorem inducit fidelium offen-
sionem et scandalum, quod ad vigentium canonum
tramites perpensi reputantur riteque probati. Hæc
nos serio considerantes, et nonnullis VV. Fratribus
Nostris S. R. E. Cardinalibus in consilium adhibitis,
habentesque ob oculos decretum sessionis IV. Concilii Tridentini, ubi peculiares sanctiones leguntur
circa editionem et evulgationem librorum de rebus
sacris, deliberavimus mitigare aliqua ex parte alias
supra memoratas regulas, ut ita ecclesiastici censores
diligentius satisfacere valeant officio suo arctioribus
limitibus definito, nec facile deinceps contingat ut
ipsorum judicio probata omnino videantur, quæ ex
parte saltem eorum censuræ fraudulenter subtracta
sunt, vel ab eisdem haud satis diligenter examinari
potuerunt. Itaque motu proprio, et apostolica nostra
auctoritate decretum concilii Lateranensis, et ceteras
supradictas sanctiones moderando et declarando decernimus, atque permittimus, ut posthac, et donec
aliter ab hac Apostolica Sede statuatur, censores ecclesiastici in locis temporali nostræ ditioni subditis
de iis tantum solliciti sint, quæ divinas scripturas,
sacram theologiam, historiam ecclesiasticam, jus ca-
nonicum, theologiam naturalem, ethicem, aliasque
hujusmodi religiosas aut morales disciplinas respi-
ciunt, ac generatim de omnibus, in quibus religioni,
vel morum honestati speciatim intersit. Juxta hæc
igitur statuimus atque permittimus ut in omni ephemeridum et librorum genere illi dumtaxat sine prævia ecclesiastica censura edi nequeant, qui moralis

aut religiosi, uti diximus, argumenti sint; in ceteris vero ii tantum articuli, qui simile argumentum habeant, vel causam ipsam religionis aut morum honestatis proxime attingant. Verum nostræ hujus permissionis obtentu nemini unquam licebit evulgare iterum, et ne in aliam quidem linguam conversos edere libros, et scripta illa, quæ præcedentibus ecclesiasticæ auctoritatis decretis damnata et prohibita sunt, aut in posterum prohibebuntur. Si quis autem scripta vel libros hujusmodi denuo ediderit aut evulgaverit, vel aliter in iis, quæ nostris hisce litteris permissa non sunt, supradictas canonum sanctæque hujus sedis sanctiones violaverit, in posterum pariter illis tenebitur censuris et pœnis, quæ anterioribus ipsis sanctionibus statutæ sunt. Nos enim easdem sanctiones in omnibus, in quibus a nobis derogatum illis non est, firmas esse volumus, et apostolica auctoritate roboramus. Confirmamus etiam nominatim pecuniariam pœnam indictam in commemorato decreto Concilii Lateranensis V ; quam tamen catenus mitigamus, ut gravioribus quoque in casibus summam centum scutatorum nummûm communis nunc romanæ monetæ non excedat; atque ipsam in pios usus prudenti episcopi cujusque arbitrio erogandam mandamus.

Hæc sunt VV. FF. Dilecti Filii, quæ circa pagellarum, librorumque editionem in hac conditione temporum statuenda censuimus. Interea Deum misericordiarum ac luminum Patrem orare suppliciter non intermittimus, ut vobis Nobisque ipsis absit

semper propitius in abundantia gratiæ, et curis benedicat, quibus religionis bonorumque morum causam tueri et graviora ab his pericula amovere conni-
timur. Ac nostræ pignus studiosissimæ caritatis
Apostolicam benedictionem vobis ipsis peramanter
impertimur.

Datum Romæ apud Sanctam Mariam Majorem die
2 junii, anni MDCCCXLVIII, Pontificatus nostri anno
secundo.

PIUS PAPA IX.

TRADUCTION.

*A nos Vénérables Frères les Archevêques et Évêques, et
à nos Fils bien-aimés préposés à la censure canonique
des livres à publier dans le domaine temporel du Saint-
Siége.*

Vénérables Frères, Fils bien-aimés, salut et bénédiction apostolique.

Dans la dixième session du cinquième concile de
Latran, et plus tard dans la dernière des règles de
l'*Index*, dressées par les Pères que le concile de Trente
en avait chargés, approuvées par Pie IV, Notre Prédécesseur de glorieuse mémoire (1), et sanctionnées
par divers actes des autres Pontifes romains, il est
interdit de publier aucun livre ou écrit, sans qu'au
préalable il ait été examiné et approuvé par l'autorité
ecclésiastique. Or, tel est dans ce siècle l'avide besoin

(1) Dans la constitution *Dominici gregis*, du 24 mars 1564.

d'écrire et de lire, et le nombre des livres, des journaux surtout, augmente chaque jour à tel point, qu'il devient très-difficile aux censeurs ecclésiastiques de les examiner tous avec la maturité nécessaire, et qu'une voie plus large est même ouverte aux fraudes de ceux [qui s'efforcent de propager des doctrines perverses, funestes à la chose sacrée et à la chose publique, par des écrits et surtout par de petits livres publiés clandestinement, et dont la perversité produit parmi les fidèles un mal et un scandale d'autant plus grands, que l'on croit ces publications examinées et approuvées selon les règles des canons en vigueur. Considérant sérieusement toutes ces choses, et après avoir réuni en conseil plusieurs de Nos Vénérables Frères les Cardinaux de la sainte Église romaine, ayant sous les yeux le décret de la quatrième session du concile de Trente, où se trouvent des dispositions particulières pour l'impression et la publication des livres qui traitent des choses sacrées, Nous avons résolu de mitiger en quelques points les règles rappelées ci-dessus, de telle sorte que les censeurs ecclésiastiques puissent s'acquitter avec plus de soin de leur office, ainsi renfermé dans de plus étroites limites, et que désormais on ne puisse plus aussi facilement considérer comme approuvés par eux les écrits qui ont été frauduleusemeut soustraits, en partie du moins, à leur censure, ou qu'ils n'ont pu examiner suffisamment. C'est pourquoi, de Notre propre mouvement, et en vertu de Notre autorité apostolique, modérant le décret du concile de Latran et les autres lois susindiquées, Nous déclarons, décrétons et permettons que dorénavant, et jusqu'à ce qu'il en soit autrement statué par ce Siége apostolique, les censeurs ecclésiastiques, dans les lieux soumis à Notre pouvoir temporel, n'aient à s'occuper que des écrits relatifs aux divines Écritures, à la théologie sacrée, à l'histoire ecclésiastique, au droit canon, à la théologie naturelle, à la morale et aux autres disciplines religieuses et morales de même nature, et généralement des écrits qui intéressent particulièrement la religion et les bonnes mœurs. D'après cela, Nous statuons donc et Nous permettons qu'entre toute espèce de journaux et de livres, ceux-là seulement ne puissent être publiés qu'après avoir été soumis à la censure ecclésiastique préventive, qui traitent, comme Nous l'avons dit, d'un sujet de morale ou de religion. Quant aux autres, la censure ne devra s'exercer que sur les articles qui traitent un semblable sujet ou qui touchent de près à la cause même de la religion et des bonnes mœurs. Néanmoins, il ne sera jamais permis à personne, en vertu de Notre présente déclaration, ni de publier de nouveau, ni de mettre au jour, traduits en une autre langue, les écrits condamnés et prohibés par les décrets antérieurs de l'autorité ecclésiastique, ou qui le seront à l'avenir. Si quelqu'un réimprime ou publie de nouveau les écrits ou livres de cette catégorie, ou viole en quoi que ce soit les lois ci-dessus rappelées, des canons et de ce Saint-Siége, dans les choses que Notre présente lettre ne permet pas, il encourra à l'avenir, comme par le passé, les censures et les peines déterminées par les lois antérieures; car, dans toutes les choses auxquelles il n'est pas dérogé par cette lettre, Nous voulons que ces lois aient leur plein effet, et Nous les confirmons de nouveau par l'Autorité Apostolique. Nous confirmons même, nommément, la peine pécuniaire portée par le décret rappelé ci-dessus, du cinquième concile de Latran, la mitigeant cependant en ce point que, dans les cas même les plus graves, elle ne dépassera pas désormais la somme de cent écus romains, et ordonnant que le montant en soit consacré à de pieux usages que l'évêque déterminera dans sa prudence.

Voilà, Vénérables Frères, Fils bien-aimés, ce que Nous avons cru devoir statuer, dans les temps où nous sommes, sur la publication des livres et journaux. Nous ne cessons pas cependant de prier instamment le Dieu des miséricordes et Père des lumières d'être toujours plus propice à vous et à Nous-même dans l'abondance de sa grâce, et de bénir les soins par lesquels Nous nous efforçons de défendre la cause de la religion et des bonnes mœurs et de les préserver de plus graves périls. Comme gage de Notre charité la.plus ardente, Nous vous donnons avec amour la bénédiction apostolique.

Donné à Rome, près de Sainte-Marie-Majeure, le 2 juin de l'année 1848, la seconde de notre pontificat.

PIE IX, Pape.

ALLOCUTION

DE N. T. S. P. LE PAPE PIE IX,

SUR LES AFFAIRES DE RUSSIE,

Et concordat avec la Russie.

(3 juillet 1848.)

—

VENERABILES FRATRES.

Probe noscitis, Venerabiles Fratres, Nos de universi Dominici gregis salute Nobis divinitus commissa vehementer sollicitos, vel ab ipso supremi Nostri Pontificatus exordio illustria rec. mem. Gregorii XVI Prædecessoris Nostri vestigia sectantes intentissimo quidem studio curas omnes cogitationesque Nostras convertisse ad sanctissimæ nostræ religionis res in amplissimis Serenissimi ac Potentissimi Russiarum Imperatoris et Poloniæ Regis Illustris dominiis componendas. Hinc, veluti scitis, Venerabilem Fratrem Nostrum Aloisium Episcopum Portuensem, S. Rufinæ, et Centumcellarum S. R. E. Cardinalem Lambruschini singulari pietate, prudentia, doctrina, et in ecclesiasticis negotiis peragendis peritia spectatum plena potestate munivimus, eique in tanti momenti re Adjutorem dedimus Dilectum Filium Joannem Corboli Bussi, Antistitem Nostrum Domesticum, ut cum Nobili Viro Comite de Bloudoff ab ipso Serenissimo Principe ad Nos cum liberis mandatis extra ordinem Legato, ac Nobili item Viro Comite de Boutenieff ejusdem Principis apud Nos et hanc Apostolicam Sedem Legato Extraordinario et Ministro Plenipotentiario de variis, maximisque Ecclesiæ in vastissimo illo Imperio rebus tractationem susciperet, quo Nos facilius et catholicæ religionis statum illic in meliorem conditionem adducere, et dilectarum illarum ovium saluti consulere possemus. Jam vero hodierno die Vobis annuntiamus quos fructus, Deo bene juvante, sollicitudines curæque Nostræ in tanto Catholicæ Ecclesiæ negotio sint consequutæ. Ac primum summam animi Nostri consolationem Vobiscum partimur, Venerabiles Fratres, quod in hoc ipso Consistorio nonnullas in illo Imperio latini ritus Ecclesias diuturna viduitate misere afflictas recreare, easque idoneis Pastoribus concredere valemus, et quamprimum alias quoque tum in Imperio ipso, tum in Poloniæ Regno diu vacantes Ecclesias suis Antistitibus instruere poterimus, qui commissum sibi gregem ad salutis semitam deducere contendant. Constitutum autem est, ut in urbe Chersoneso nova erigatur Episcopalis Sedes, quæ suum habeat Canonicorum Collegium, et Seminarium ad Concilii Tridentini normam, ac Suffraganeum in Civita Saratovia; utque sex aliæ Diœceses latini item ritus in illo Imperio jam existentes novis circumscribantur limitibus, quemadmodum clare aperteque cognoscetis ex Apostolicis Litteris, quas hac super re, ut moris est, edi mandavimus. Quód enim attinet ad Diœceses in

Poloniæ Regno sitas, nullam illæ immutationem pa-
tiuntur, propterea quod statutum fuit, Apostolicas
Litteras a fel. rec. Pio VII Decessore Nostro die
trigesima Junii anni millesimi octingentesimi decimi
octavi editas esse servandas. Omni quidem studio cu-
ravimus, ut Episcopis in suis Diœcesibus integra sit
ecclesiasticarum rerum procuratio, quo ipsi pro pastoralis muneris debito et Catholicam Fidem tueri, et
ecclesiasticam disciplinam fovere, et Fideles ad religionem et pietatem formare, eorumque mores continere, et juvenes ac præsertim illos, qui in sortem
Domini vocati sunt, ex sapientissimis æque ac provi-
dentissimis Tridentinæ Synodi præscriptis ad omnem
virtutem mature fingere, rebusque optimis instituere,
sanisque doctrinis imbuere, et Ecclesiasticam Academiam moderari, eique sedulo advigilare possint.
Cum autem in illo Imperio quamplurimi diversorum
rituum Catholici existant, nemo certe ignorat, eos-
dem, dum proprio sui ritus Episcopo careant, ad
Latini Antistitis jurisdictionem pertinere, a quo et a
presbyteris ab ipso probatis illi et divina sacramenta,
et spiritualia subsidia excipiant oportet. Itaque cum
in Camenecensi Diœcesi, nec non in nova Diœcesi
Chersonensi magnus sit Armeniorum Catholicorum
numerus, qui Catholico proprii ritus Antistite orbati
sunt, haud omisimus spiritualibus illorum indigentiis peculiari aliqua ratione prospicere. Siquidem san-
citum est, ut non solum illis aptentur quæ in capite
nono Concilii Lateranensis quarti præscripta sunt,
donec suum non habuerint Episcopum, verum etiam

6

ut iidem Antistites Camenecensis et Chersonensis Armeniorum clericorum numerum statuant, qui in sua Seminaria excipi, ibique a catholico Armenio Presbytero sedulo institui debent.

Atque singula commemorare prætermittimus quæ plenius perspicere poteritis in variis Conventi articulis, quos una cum hac Nostra Allocutione in lucem edendos existimavimus. Quos quidem articulos Nobis probari declaravimus, antequam Potentissimus Russiarum Imperator et Poloniæ Rex sibi illos acceptos esse significaret, quandoquidem de prona ac benevola ipsius Serenissimi Principis voluntate certiores facti dubitare non poteramus, quin Ipse illos suo quoque consensu muniret, quemadmodum re quidem vera evenisse lætamur.

Habetis, Venerabiles Fratres, quid pro Catholicæ Ecclesiæ rebus in Russiaco Imperio componendis inceptum actumque a Nobis fuerit. Multa quidem alia et maximi sane momenti ad optatum exitum adducenda supersunt, quæ a Plenipotentiariis in tractatione perfici haud potuere, ac Nos vehementissime sollicitant et angunt, cum ad Ecclesiæ libertatem, jura, rationes, et ad illorum Fidelium salutem summopere pertineant. Etenim hic loquimur, Venerabiles Fratres, de vera et plena libertate illis Fidelibus tribuenda, ut in rebus ad religionem spectantibus cum hac Apostolica Sede catholicæ unitatis et veritatis centro, omniumque Fidelium matre ac magistra, sine ullo impedimento communicare possint: et quantus in hac re sit animi Nostri dolor quisque vel facile intelligit ex iteratis reclamationibus, quas variis temporibus hæc Apostolica Sedes, ob hanc liberam Fidelium communicationem agere numquam intermisit, etiam circa alias regiones, ubi communicatio ipsa cum non levi animarum detrimento in nonnullis religionis negotiis impeditur. Loquimur de bonis Clero restituendis; loquimur de laica persona per Gubernium electa ab Episcoporum Consistoriis amovenda, ut Episcopi in hujusmodi conventibus omni libertate fruantur; loquimur de lege, qua ibi mixta conjugia uti valida non agnoscuntur, nisi postquam nuptiis ipsis acatholicus Presbyter Græco-Russus benedixerit; loquimur de libertate, qua Catholici pollere debent ut matrimoniales eorum causæ in mixtis conjugiis a catholico Tribunali ecclesiastico expendantur et judicentur; loquimur de variis legibus ibi editis, quibus et religiosæ professionis ætas fuit præfinita, et scholæ in Religiosorum Ordinum familiis sunt penitus sublatæ, et Provinciales Moderatores omnino amoti, et conversio ad catholicam religionem præpedita atque interdicta. Atque ingens nos quoque urget sollicitudo de tot carissimis Nobis filiis inclytæ Ruthenæ nationis, qui (pro dolor!) ob infandam, et numquam satis lugendam quorumdam Antistitum ab hac Romana Ecclesia defectionem per vastissimas illas regiones miserandum in modum dispersi in luctuosissima sane conditione, et summo æternæ salutis discrimine versantur, cum careant propriis catholicis Episcopis qui illos regere, et ad salutaria pascua, atque ad justitiæ semitas ducere, et spiritualibus auxi-

liis roborare, atque ab inimicorum hominum falla-
ciis, fraudibus, insidiis defendere possint. Quæ sane
omnia ita animo Nostro penitus hærent infixa, ut
cum Dei gratia nullam sollicitudinis studiique partem omissuri simus, quo tam gravibus Ecclesiæ
sanctæ rebus occurrere valeamus. Neque animum
despondemus. Namque idem Nobilis Vir Comes de
Bloudoff ex hac urbe decedens Petropolim rediturus
luculentissimis verbis Nobis est pollicitus, se ad Im-
perialem et Regiam Majestatem Suam Nostra deside-
ria et expostulationes esse delaturum, ac de illis magna
saltem ex parte curam habiturum, et coram ea omnia
declaraturum, quæ absens haud facile explicare po-
tuisset.

Nuper autem summa animi Nostri lætitia cognovimus, ipsum Serenissimum Principem consensisse, ut
novus Chersonensis Episcopus alterum quoque Suffraganeum habeat; atque insuper ut matrimoniales et
aliæ ecclesiasticæ causæ tum in Russiarum Imperio,
tum in Poloniæ Regno in posterum agendæ, post pri-
mam sententiam a proprio Ordinario latam, in secundo jurisdictionis gradu vel ad cujusque Metropo-
litæ Tribunal, ut moris est, vel si ab ipso Metropolitano
in prima instantia judicatæ fuerint, ad viciniorem de-
ducantur Episcopum peculiaribus in id facultatibus ad
congruum tempus duraturis ab hac Apostolica Sede
instruendum; ac denique ut in ulterioribus appella-
tionibus omnes eædem causæ ad ipsam Apostolicam
Sedem in hac alma Urbe deferantur. Neque minori
certe gaudio ex recentibus nuntiis, qui ab illa Impe-

riali et Regia Aula ad Nos pervenerunt, accepimus, eumdem Serenissimum Principem in aliis quoque commemoratis negotiis serio se occupare, ac porro spem affulgere fore, ut illa felici exitu conficiantur, Itaque majori spe sustentamur fore, ut ipse Serenissimus ac Potentissimus Princeps pro Sua æquitate, justitia, prudentia atque excelsi animi magnitudine justissimis Nostris desideriis ac postulationibus obsecundet, quo Vobis quamprimum annuntiare possimus omnia quæque ad Catholicam Ecclesiam in illis dominiis pertinentia ad optatissimum exitum adducta fuisse.

Et quoniam deploranda Ruthenorum conditio paternum animum Nostrum vel maxime excruciat atque sollicitat, idcirco iterum iterumque profitemur, Nos pro Apostolici Nostri ministerii officio nihil intentatum umquam esse relicturos, ut tot tantisque spiritualibus illorum indigentiis opportuna ratione subvenire valeamus. Dum autem ea spe nitimur fore, ut Latini Presbyteri summa cura et industria carissimis illis filiis spiritualia subsidia præbere contendant, ipsos Ruthenos intimo Nostri cordis affectu in Domino amantissime ac studiosissime hortamur et monemus, ut in Catholicæ Ecclesiæ unitate stabiles atque immoti persistant; ac si ab ea exciderint, ad amantissimæ matris sinum redeant, atque ad Nos confugiant, qui Deo bene juvante parati sumus ad ea omnia præstanda, quæ ad æternam eorum salutem conducant.

Interim vero ne desinamus unquam, Venerabiles Fratres, enixis humilibusque precibus clementissimum bonorum omnium largitorem Deum orare et obsecrare, ut in abundantia divinæ suæ gratiæ Nostris curis, studiis, consiliis propitius adesse dignetur, quæ ad spiritualem omnium fidelium utilitatem, atque ad sanctissimæ suæ religionis bonum et incrementum unice spectant, in qua tutissimum etiam ac solidissimum Regnorum et publicæ Populorum tranquillitatis et prosperitatis præsidium est collocatum.

ARTICULI DE QUIBUS CONVENTUM EST.

Subscripti Plenipotentiarii S. Sedis, et Majestatis Suæ Imperatoris Russiarum, Poloniæ Regis, postquam eorum libera mandata invicem permutaverint, pluribus in sessionibus varia considerarunt et perpenderunt capita tractationis eorum curis commissæ : et cum super pluribus hujusmodi capitibus finem aliquem assequuti fuerint, et alia restent adhuc componenda, super quibus iidem plenipotentiarii Majestatis Suæ Imperatoris spondent, se omnem Gubernii sui considerationem esse revocaturos, conventum est ex utraque parte, ut firma remanente conditione redigendi in actu separato capita', quæ novis disquisitionibus, ac tractationibus inter S. Sedis Administros, et Majestatis Suæ Imperialis Legatum in hac urbe materiam suppeditabunt, designentur in præsenti pactorum summa, res quæ huc usque constitutæ sunt, quæque post hujusmodi ulteriores tractationes inceptam negotiationem perficient. Quocirca in Sessionibus dierum 19, 22 et 25 Junii, et 1 Julii redacti sunt articuli sequentes.

I.

In Russiarum Imperio septem statuuntur Diœceses Catholicæ Romanæ : Archiepiscopatus unus, Episcopatus sex, nempe :

1. Archidiœcesis Mohilowiensis amplectens omnes Imperii partes, quæ non continentur in sex Diœcesibus infra nominatis; Magnus Finlandiæ Ducatus in ea pariter continetur.

2. Diœcesis Wilnensis complectens Gubernia Wilnæ, et Grodni cum iis limitibus, quibus et præsens circumscribuntur.

3. Diœcesis Telscæ, seu Samogitiensis complectens Gubernia Curlandiæ, et Kowni intra limites, quibus nunc præfiniuntur.

4. Diœcesis Minscensis complectens Gubernium Minscæ cum suis hodiernis limitibus.

5. Diœcesis Luceorina, et Zytomeriensis constans Guberniis Kieviæ, et Voliniæ cum suis hodiernis limitibus.

6. Diœcesis Camenecensis complectens Gubernium Podoliæ cum suis præsentibus finibus.

7. Nova Diœcesis Chersonensis, quæ constat Provincia Bessarabiæ, Guberniis Chersonesi, Ekaterinoslaw, Tauridis, Saratowiæ et Astracani, et regionibus positis in generali Gubernio Caucasi.

II.

Apostolicæ Litteræ sub Plumbo statuent amplitudinem, et limites Diœcesium veluti in præcedenti articulo indicantur.

Decreta exsecutionis complectentur numerum, et nominationem Parœciarum cujusque Diœcesis, ac Sanctæ Sedis sanctioni subjicientur.

III.

Numerus Suffraganeatuum, qui Apostolicis Litteris Pii VI anno 1798 sub Plumbo datis statuti sunt, in sex veteribus Diœcesibus servatur.

IV.

In urbe Saratowia erit Suffraganeatus novi Episcopatus Chersonensis.

V.

Episcopus Chersonensis annuum habebit censum quatuor millium quadringentorum octoginta rublorum argenteorum. Ejus Suffraganeus eadem fruetur dote, qua alii Episcopi Suffraganei in Imperio potiuntur, scilicet bis mille rublorum argenteorum.

VI.

Capitulum Cathedralis Ecclesiæ Chersonensis novem constabit ecclesiasticis Viris nempe : (*a*) duobus Præsulibus seu Dignitatibus Præposito, et Archidiacono : (*b*) quatuor Canonicis, quorum tres Theologi, Pœnitentiarii, et Parochi muneribus fungentur : et (*c*) tribus Mansionariis seu Beneficiariis.

VII.

In novo Chersonensi Episcopatu erit Diœcesanum Seminarium : ibi quindecim usque ad vigintiquinque Alumni alentur Gubernii impendiis, veluti qui in aliis Seminariis pensione fruuntur.

VIII.

Donec Episcopus Catholicus Armenii ritus nominabitur, spiritualibus Armeniorum Catholicorum in Diœcesibus præsertim Chersonensi et Camenecensi degentium necessitatibus consuletur, iis aptando regulas Cap. 9. Concilii Lateranensis an. 1215.

IX.

Episcopi Camenecensis et Chersonensis statuent numerum Clericorum Armeniorum catholicorum, qui in eorum Seminariis Gubernii impendiis ali debent. In unoquoque ex dictis Seminariis aderit Presbyter Armenius catholicus, ut alumnos Armenios proprii ritus cærimoniis erudiat.

X.

Quoties spirituales Catholicorum Romanorum et Armeniorum novi Episcopatus Chersonensis necessitates postulaverint, Episcopus præter modos huc usque adhibitos, ut hujusmodi occurratur necessitatibus, ob hanc causam Presbyterorum expeditionibus seu missionibus utetur, et Imperiale Gubernium eam pecuniæ vim suppeditabit, quæ illorum itineri , et victui fuerit necessaria.

XI.

Diœcesium numerus in Poloniæ Regno servatur quemadmodum præfinitus fuit in Apostolicis Litteris Pii VII diei 30 Junii anni 1818. Nihil immutatur quod ad numerum, et denominationem Suffraganeatuum harum Diœcesium pertinet.

XII.

Designatio Episcoporum pro Diœcesibus , et pro Suffraganeatibus Imperii Russiarum et Poloniæ Regni per singulas vices locum habebit, consiliis ante habitis inter Imperatorem et S. Sedem. Institutio canonica ipsis a Romano Pontifice dabitur juxta consuetum morem.

XIII.

Episcopus est solus judex et administrator negotiorum ecclesiasticorum suæ Diœcesis, salva tamen subjectione canonica Sanctæ Apostolicæ Sedi debita.

XIV.

Negotia , quæ antea subjici debent deliberationibus Consistorii Diœcesani , sunt

I. De Viris Ecclesiasticis Diœcesis.

(*a*) Negotia ad disciplinam generatim pertinentia (ea tamen minoris momenti, quæ leves secum trahant pœnas, destitutione, vel detentione plus minus diuturna minores, ab Episcopo decernuntur, inconsulto Consistorio, plena eidem Episcopo relicta libertate consulendi, si opportunum ei videbitur, Consistorium idem tum de hujusmodi, tum de ceteris negotiis).

(*b*) Negotia inter ecclesiasticos contentiosa, quæ Ecclesiarum proprietates tum mobiles, tum immobiles attingunt.

(*c*) Querelæ, reclamationes contra Ecclesiasticos vel ab Ecclesiasticis, vel a Laicis delatæ ob injurias vel damna, vel propter obligationes haud servatas ac minime dubias tum in jure, tum in facto, cum tamen actor hanc præferat viam ut sua tueatur jura.

(*d*) Causæ nullitatis votorum monasticorum; ipsæ perpendentur et judicabuntur juxta regulas statutas in Apostolicis Litteris Benedicti XIV « Si datam ».

II. *Quantum ad Laicos.*

(*e*) Causæ matrimoniales, probationes legitimitatis matrimoniorum, acta nativitatis, acta baptizatorum, et defunctorum, etc.

III. *Mixta.*

(*f*) Casus in quibus necesse est infligere pœnitentiam canonicam ob crimen, ob ordinationum pœnalium violationem (*contravention*), vel ob delictum quodcumque, de quibus a laicis Tribunalibus lata est sententia.

IV. OEconomica.

(*g*) Præscriptum vel prævia nota summarum, quæ Clero sustentando destinantur, examen expensarum, ratio de his summis reddita, negotia quæ Templorum, Ædicularum, etc. instaurationem vel ædificationem respiciant. Præterea Consistorii erit formare indices Ecclesiasticorum, et Parœcianorum Diœcesis, mittere encyclicas litteras, aliaque scripta, quæ non spectent negotia administrationis Diœcesis.

XV.

Negotia prædicta decernuntur ab Episcopo postquam a Consistorio examinata fuerint, quod tamen consultationis partes tantummodo retinet. Episcopus minime tenetur afferre rationes suæ sententiæ illis etiam in casibus, in quibus ejus opinio ab illa Consistorii discreparet.

XVI.

Cætera Diœcesis negotia, quæ *administrationis* nomen habent, et in quibus continentur casus conscientiæ, fori interni, itemque uti supra dictum est, casus disciplinæ, levibus dumtaxat pœnis, aut pastoralibus exhortationibus obnoxii ab auctoritate, et a sententia spontanea Episcopi unice pendent.

XVII.

Omnes Consistorii Viri sunt ecclesiastici; eorum nominatio, et dimissio ab Episcopo pendent; nominationes ita fiunt ut Gubernio haud ingratæ sint. Si Episcopus ex suæ conscientiæ monitu opportunum duceret aliquem a Consistorio removere, statim alium in ejus locum sufficiet Gubernio pariter haud ingratum.

XVIII.

Personæ Curiæ Consistorii ab Episcopo confirmabuntur ad præsentationem Secretarii Consistorii.

XIX.

Secretarius Episcopi, cui munus demandatum de commercio Litterarum officialium, et peculiarium ab Episcopo directe et immediate nominatur; is pro ejusdem Episcopi arbitrio ex Viris ecclesiasticis eligi poterit.

XX.

Munera Virorum Consistorii cessant ubi Episcopus ex hac vita migraverit, vel Episcopatum dimiserit, æque ac ubi finem habuerit administratio Sedis vacantis. Si Episcopus diem supremum obeat, vel ab Episcopatu se abdicet, illius Successor, vel qui pro tempore illius locum tenet (sive Coadjutorem habeat cum futura successione, sive Capitulum eligat Vicarium Capitularem ad sacrorum Canonum normam) statim Consistorium iterum constituet, quod semper, ut supra dictum est, Gubernio haud ingratum sit.

XXI.

Episcopus supremum habet moderamen in docendi

rationem, in doctrinam, in disciplinam omnium suæ Diœcesis Seminariorum juxta præscripta a Concilio Tridentino Cap. XVIII. Sess. XXIII.

XXII.

Electiones Rectorum, Inspectorum , Professorum, et Magistrorum pro Diœcesanis Seminariis Episcopo reservantur. Antequam eos nominet, certior fieri debet , hujusmodi electiones , quod ad civilem vivendi rationem, haud præbere Gubernio objiciendi locum. Cum Episcopus necessarium duxerit amovere Rectorem, vel Inspectorem, vel aliquem ex Professoribus, aut Magistris , statim illis eadem ratione successorem dat. Ipse libertate pollet intermittendi pro tempore unum, vel plura studiorum curricula in suo Seminario. Cum necessarium existimaverit intermittere omnes insimul studiorum cursus, et alumnos ad suos parentes mittere, continuo Gubernium instruet.

XXIII.

Archiepiscopus Metropolitanus Mohiloviensis exercet in Ecclesiasticam Academiam Petropolis eamdem auctoritatem, quam quisque Episcopus in proprium Diœcesanum Seminarium exercet. Is unice ejusdem Academiæ Caput, et supremus Moderator est. Cœtus Consiliariorum , vel Moderatorum Academiæ consultationis tantum partes habet.

XXIV.

Electio Rectoris, Inspectoris, et Professorum Academiæ ab Archiepiscopo fiet ex relatione Consilii Academici. Quæ in articulo XXII præscripta sunt hisce electionibus item aptantur.

XXV.

Professores, et Adjuncti scientiarum Theologicarum semper ex Ecclesiasticis Viris eliguntur. Alii Magistri eligi poterunt ex Laicis catholicam religionem Romanam profitentibus, iisque præhabitis, qui studiorum curriculum confecerint in aliquo majore Imperii Athenæo, atque Academicos gradus fuerint consequuti.

XXVI.

Conscientiæ Moderatores alumnorum tum cujusque Seminarii, tum Academiæ nullam sibi arrogent partem in dirigenda Instituti disciplina; ipsi eligentur, et nominabuntur ab Episcopo, vel Archiepiscopo.

XXVII.

Post novam Diœcesium circumscriptionem Archiepiscopus semel et in perpetuum cum Ordinariorum consilio statuet numerum alumnorum, qui ab unaquaque Diœcesi ad Academiam mitti poterunt.

XXVIII.

Programma studiorum pro Seminariis redigetur ab Episcopis. Pro Academia ab Archiepiscopo, postquam rem cum suo Academico Consilio contulerit.

XXIX.

Postquam regulæ Academiæ Ecclesiasticæ Petropolis modificationes subierint conformes institutis,
de quibus in præcedentibus Articulis conventum est,
Archiepiscopus Mobilowiensis de ipsa Academia relationem ad S. Sedem mittet illi parem, quam Archiepiscopus Varsaviensis Khoromansky confecit, quum
Academia ecclesiastica hujus civitatis fuit restituta.

XXX.

Ubicumque jus patronatus haud existit, vel pro
tempore est intermissum, nominantur. ab Episcopo
Parochi Gubernio haud ingrati, prævio examine et
concursu inter candidatos juxta regulas a Concilio
Tridentino præscriptas.

XXXI.

Templa catholica romana libere reparantur ære
communitatum, vel privatorum hominum qui hujusmodi curam suscipere velint. Quotiescumque eorum
vires haud [sufficerent, Imperiale Gubernium adire
poterunt, ut necessaria subsidia obtineant. Consilium
capietur nova ædificandi templa, et parœciarum numerum augendi quum id postulet vel populi incrementum, vel nimia existentium parœciarum ampli-
tudo, et communicationum difficultas.

Romæ, 3 Augusti 1847.

A. card. LAMBRUSCHINI. L., comte de BLOUDOFF,
A. BOUTENIEFF.

TRADUCTION.

Vénérables Frères,

Plein de sollicitude, comme vous le savez, Vénérables Frères, pour le salut de la famille chrétienne que la volonté divine Nous a confiée, Nous avons, dès le commencement de Notre Pontificat, marchant en cela sur les traces de Notre Prédécesseur Grégoire XVI, de vénérable mémoire, dirigé tous Nos soins et toutes Nos pensées vers l'arrangement des affaires religieuses dans les immenses États du très-puissant empereur de Russie et roi de Pologne. Vous n'ignorez pas que Nous avions conféré à cet effet de pleins pouvoirs à Notre Vénérable Frère Louis cardinal Lambruschini, évêque de Porto, St-Rufin et Centum-Cellæ, à cause de sa singulière piété, de sa prudence et de son habileté dans le maniement des affaires ecclésiastiques, et que Nous lui avions adjoint Notre cher Fils Jean Corboli-Bussi, notre Prélat domestique, pour l'aider dans ses négociations avec le comte de Bloudoff, envoyé extraordinaire, et le comte de Boutenieff, ministre plénipotentiaire auprès du Saint-Siége, relativement aux nombreuses et importantes questions religieuses du vaste empire russe; afin que nous puissions plus facilement améliorer l'état de la Religion catholique. Aujourd'hui, Nous vous annonçons les fruits que Nos efforts, fécondés par la grâce divine, ont déjà produits. Et d'abord, Vénérables Frères, Nous vous faisons part de l'extrême consolation que Nous éprouvons, soit en considérant que, dans ce Consistoire même, Nous sommes en mesure de donner, à quelques églises russes du rite latin, des pasteurs dont elles avaient le malheur d'être depuis longtemps privées, soit en espérant que bientôt nous pourrons confier les autres églises du même empire et du royaume de Pologne (1), qui souffrent d'une longue vacance, aux soins d'évêques qui les mèneront dans le sentier du salut. Il a été résolu qu'on érigerait à Kherson un nouveau siége épiscopal, avec un chapitre et un séminaire, conformément au concile de Trente, de plus un suffragant à Saratow, en même temps qu'on fixait les nouvelles circonscriptions des six autres diocèses du rite latin qui existent en Russie. Quant aux diocèses du royaume de Pologne, ils ne subissent aucune modification ; la Bulle de Notre Prédécesseur Pie VII, donnée le 30 juin 1818, doit être pleinement observée. Nous n'avons rien négligé pour que les évêques fussent délivrés de toute entrave dans l'administration de leurs diocèses, pour qu'ils pussent remplir tous les devoirs de l'épiscopat, défendre la foi catholique, maintenir la discipline ecclésiastique, former les fidèles à la piété, donner, suivant les règles admirables du concile de Trente, à la jeunesse, à celle surtout qui est appelée au service de Dieu, une bonne éducation, une instruction solide et chrétienne, diriger l'académie ecclésiastique et veiller soigneusement sur elle. En outre, comme il y a en Russie un grand

_____

(1) Les Ruthéniens ou Grecs-Unis, privés d'évêques et de prêtres depuis l'apostasie de Siémiasko et des siens.

nombre de catholiques de rites différents, ils savent que, dans le cas où ils n'auraient pas un évêque de leur rite particulier, ils appartiennent à la juridiction de l'évêque latin (1). Comme aussi un grand nombre de catholiques arméniens sont privés de leur propre évêque dans le diocèse de Kameniec, et dans le nouveau diocèse de Kherson, Nous ne les laissons pas non plus sans direction religieuse. En effet, non-seulement tout ce qui est prescrit dans le chapitre 9 du concile de Latran doit leur être appliqué jusqu'à ce qu'ils aient leur évêque; mais les évêques de Kameniec et de Kherson sont chargés de déterminer un certain nombre de clercs arméniens qu'ils recevront dans leurs propres séminaires, où ils seront soigneusement élevés par un prêtre de leur rite.

Mais pourquoi vous rappeler ces choses en détail, puisque vous en pouvez largement prendre connaissance dans les divers articles de la convention que Nous jugeons devoir faire publier avec Notre allocution? Nous déclarons que Nous avions accueilli ces articles avant que le très-puissant empereur de Russie et roi de Pologne Nous eût signifié qu'il les acceptait. Rassuré par sa bienveillante déférence, nous n'avon jamais douté qu'il ne les sanctionnât de son assentiment, comme il l'a fait.

(1) Dans ces dernières années, il était défendu aux prêtres latins, sous les peines les plus graves, d'entendre en confession les Grecs-Unis, et de leur administrer les sacrements.

Voilà, Vénérables Frères, ce que Nous avons entrepris et exécuté pour arranger les affaires de l'Église dans l'empire russe.

Il Nous reste beaucoup d'autres améliorations importantes à réaliser. Nous entendons parler de la vraie et pleine liberté dont les fidèles ont besoin pour communiquer sans empêchement avec le Siége apostolique, centre d'unité et de vérité, père et maître de toutes les Églises. On comprendra facilement combien ces empêchements Nous affligent, si l'on considère que le Saint-Siége, à diverses époques, a réclamé pour que les fidèles ne fussent.pas privés du droit de se mettre en relation avec lui, même dans d'autres pays où les âmes ont tant à souffrir de la difficulté de leurs communications. Nous entendons parler des biens à restituer au clergé, des laïques que le gouvernement envoie dans les consistoires des évêques, et qui doivent en être éloignés pour que ceux-ci jouissent d'une entière liberté dans leurs délibérations; des lois en vertu desquelles la validité des mariages mixtes n'est reconnue que dans le cas où un prêtre schismatique gréco-russe les a bénits ; de la liberté que les catholiques devraient avoir de porter leurs causes matrimoniales, dans les mariages mixtes, devant un tribunal ecclésiastique catholique; des lois qui prescrivent l'âge de la profession religieuse, qui détruisent de fait les écoles dans les couvents, qui tiennent éloignés de tout les supérieurs provinciaux, qui s'opposent aux conversions à la foi catholique. Nous éprouvons la plus vive sollicitude pour tant de fils de la célèbre nation ruthénienne qui Nous sont si chers, et qui, à cause de la triste, de la déplorable défection de quelques évêques de cette Église ruthéno-romaine, se trouvent, au milieu de ces vastes contrées où ils vivent dispersés, dans la plus malheureuse condition et dans un extrême danger pour leur salut éternel, privés qu'ils sont d'évêques catholiques qui leur servent de guides, les mènent à des pâturages salutaires, les dirigent dans le sentier de la justice, les fortifient par les secours spirituels, les préservent d'illusions dangereuses, des ruses et des machinations des méchants. Ces choses font une telle impression sur Notre cœur, qu'avec la grâce de Dieu, Nous prendrons tous les moyens nécessaires pour soutenir, sous tous ces rapports, les intérêts de l'Église catholique. Avant que le comte Bloudoff quittât cette capitale pour retourner à Saint-Pétersbourg, Nous lui avons fait promettre qu'il porterait à S. M. I. Nos désirs, Nos réclamations, qu'il les ferait valoir, en grande partie du moins, et qu'il expliquerait oralement les points qui ne peuvent être aussi facilement éclaircis de loin.

C'est avec le plus grand plaisir que Nous apprenons que ce sérénissime prince a consenti à ce que le nouvel évêque de Kherson eût encore un second suffragant; qu'en outre, les mariages et les autres causes ecclésiastiques, après la première sentence prononcée par l'évêque qu'elles regardent immédiatement, fussent portés, au second degré de juridiction, ou au tribunal du métropolitain suivant l'usage, ou, si elles ont été jugées en première instance par le métropolitain lui-même, à l'évêque le plus voisin que le Saint-Siége aura muni, à cet effet, de pouvoirs spéciaux qui devront durer pendant un temps convenable; enfin que, dans les appels ultérieurs, ces causes fussent portées à Rome, devant le Saint-Siége. Ce n'est pas avec une joie moins sensible que Nous avons appris, par des nouvelles récentes qui Nous sont arrivées de cette cour impériale et royale, que l'empereur s'occupait sérieusement des autres points ci-dessus énoncés, et qu'il nourrissait l'espoir de les mener à bonne fin.

C'est pourquoi la confiance que Nous avons que ce prince, dans son équité, dans sa justice, dans sa prudence et dans sa magnanimité, se montrera propice à Nos désirs, à Nos demandes, de manière que Nous puissions bientôt vous annoncer que tout ce qui concerne l'Église dans l'empire russe a reçu la solution que vous désirez, cette confiance s'accroît de jour en jour. Et puisque la déplorable situation des Ruthéniens tient Notre esprit dans l'affliction et dans l'angoisse, Nous vous répétons que Nous sommes dans l'intention, pour remplir les devoirs de Notre ministère, de n'épargner aucune démarche pour subvenir de la manière la plus convenable à leurs besoins spirituels. Certain, comme Nous le sommes, que les prêtres latins déploient tout ce qu'ils ont de zèle et de ressources pour ne pas les laisser manquer de secours spirituels, Nous exhortons du fond de Notre cœur, avec amour et avec instance, les Ruthéniens à rester fermes et inébranlables dans l'unité de l'Église catholique ; Nous conjurons ceux qui seraient sortis du sein de leur mère très-aimante, d'y rentrer et d'avoir recours à Nous, qui sommes disposé à leur fournir tous les moyens de faire leur salut éternel (1).

Nous ne cessons pas, Vénérables Frères, d'adresser les plus humbles et les plus ferventes prières au Dieu très-clément dispensateur de tout bien, pour que, dans l'abondance de ses miséricordes, il regarde d'un œil propice Nos soins et Nos efforts, qui n'ont pour but que d'agrandir la sainte Religion dans laquelle réside le plus ferme soutien des royaumes, l'appui le plus solide de la tranquillité et du bien-être des nations.

ARTICLES CONVENUS.

Les soussignés plénipotentiaires du Saint-Siége et de Sa Majesté l'Empereur de toutes les Russies, roi de Pologne, après avoir échangé leurs pleins pouvoirs respectifs, ont discuté et examiné dans plusieurs réunions les divers points de la négociation commise à leurs soins. Ayant obtenu un résultat sur plusieurs de ces points, tandis qu'il en reste d'autres sur lesquels on attend encore un arrangement, et sur lesquels les plénipotentiaires de Sa Majesté l'Empereur s'engagent à appeler de nouveau toute l'attention de leur gouvernement, on est convenu des deux parts qu'en

(1) Tout ancien Ruthénien qui abandonne l'Église russe est déclaré renégat et soumis aux peines les plus dures. On lui enlève même ses enfants.

se réservant de formuler dans un acte séparé les points qui formeront l'objet d'explications et négociations ultérieures entre le ministère du Saint-Siége et l'envoyé de Sa Majesté Impériale à Rome, on fixerait dans le présent protocole le souvenir des résultats auxquels on est arrivé, et qui de ces négociations ultérieures attendent leur complément. Par conséquent, dans les séances des 19, 22 et 25 juin, et 1er juillet, on les a formulés dans les articles suivants :

I.

Le nombre des diocèses catholiques-romains dans l'empire de Russie est fixé à sept : un archevêché et six évêchés, savoir :

1. L'archidiocèse de Mohilow, embrassant toutes les parties de l'empire qui n'entrent pas dans les six diocèses ci-dessous nommés ; le grand-duché de Finlande y est également compris.

2. Le diocèse de Vilna, comprenant les gouvernements de Vilna et Grodno, tels qu'ils sont actuellement délimités.

3. Le diocèse de Telsce ou Samogitie, comprenant le gouvernement de Courlande et celui de Kowno, tels qu'ils sont délimités actuellement.

4. Le diocèse de Minsk, comprenant le gouvernement de Minsk dans ses limites actuelles.

5. Le diocèse de Loutzk et Zytomir, composé des gouvernements de Kiew et de Volhynie dans leurs limites actuelles.

6. Le diocèse de Kamenieck, comprenant le gouvernement de Podolie dans ses limites actuelles.

7. Le nouveau diocèse de Kherson, composé de la province de Bessarabie, des gouvernements de Kherson, d'Ékatérinoslaw, de Saratoff, de Tauride, d'Astrakan, et des contrées situées dans le gouvernement général du Caucase.

II.

La bulle de circonscription fixera l'étendue et les limites des diocèses telles qu'elles sont indiquées dans l'article précédent.

Les décrets d'exécution contiendront le dénombrement et la dénomination des paroisses de chaque diocèse. Ils seront soumis à la sanction du Saint-Siége.

III.

Le nombre des suffraganéats institués par la bulle du Pape Pie VI, de l'année 1798, dans les six anciens diocèses, est maintenu.

IV.

A Saratoff il y aura un suffraganéat du nouvel évêché de Kherson.

V.

L'évêque de Kherson jouira d'un traitement de 4,480 roubles argent. Son suffragant recevra un traitement égal à celui des autres évêques suffragants de l'empire, savoir, 2,000 roubles argent.

VI.

Le chapitre cathédral de Kherson sera composé de neuf membres, savoir : (*a*) deux prélats ou dignitaires, le prévôt et l'archidiacre; (*b*) quatre chanoines, dont trois exerceront les fonctions de théologien, de pénitencier et de curé, et (*c*) trois mansionnaires ou bénéficiers.

VII.

Il y aura, dans le nouvel évêché de Kherson, un séminaire diocésain; quinze à vingt-cinq élèves y seront entretenus aux frais du gouvernement comme les boursiers des autres séminaires.

VIII.

En attendant la nomination d'un évêque catholique du rit arménien, on pourvoira aux besoins spirituels des Arméniens catholiques, résidant principalement dans les diocèses de Kherson et de Kamenieck, en leur appliquant les dispositions du § 9 du Concile de Latran de 1215.

IX.

Les évêques de Kamenieck et de Kherson auront à déterminer le nombre des clercs arméniens catholiques qui doit être entretenu aux frais du gouvernement dans leurs séminaires respectifs. Il y aura dans chacun de ces séminaires un prêtre arménien catholique pour instruire les élèves de ce rit dans les cérémonies de leur culte.

X.

Toutes les fois que les besoins spirituels des catholiques romains et arméniens du nouvel évêché de Kherson pourront l'exiger, l'évêque, en outre des moyens employés jusqu'ici pour subvenir à ces besoins, enverra des prêtres en tournée exprès pour cet objet, et le gouvernement impérial accordera les sommes nécessaires à leur voyage et à leur entretien.

XI.

Le nombre des diocèses dans le royaume de Pologne reste tel qu'il a été fixé par la bulle du pape Pie VII, en date du 30 juin 1818. Rien n'est changé au nombre et à la dénomination des suffraganéats existants dans ces diocèses.

XII.

La désignation des évêques pour les diocèses et les suffraganéats de l'empire de Russie et du royaume de Pologne, aura lieu chaque fois d'après un concert préalable entre l'empereur et le Saint-Siége. L'institution canonique leur sera accordée par Sa Sainteté dans les formes ordinaires.

XIII.

L'évêque est seul juge et administrateur des affaires ecclésiastiques de son diocèse, sauf sa dépendance canonique du Saint-Siége.

XIV.

Au nombre des affaires qui doivent être préalablement soumises aux délibérations du consistoire diocésain sont :

I. Concernant les ecclésiastiques du diocèse.

(*a*) Les affaires disciplinaires en général (toutefois celles moins importantes, qui n'entraînent que des peines légères , moindres que la destitution , ou une détention plus ou moins prolongée , sont décidées par l'évêque, sans l'avis préalable du consistoire ; sauf à lui, s'il le juge à propos, de consulter le consistoire sur ces sortes d'affaires ainsi que sur toutes les autres).

(*b*) Les affaires contentieuses entre ecclésiastiques, touchant les propriétés tant mobilières qu'immobilières des églises.

(*c*) Les plaintes et réclamations contre des membres du clergé portées, soit par des ecclésiastiques, soit par des laïques, pour injures ou dommages, ou pour l'inexécution d'engagements non contestés en droit ni en fait, lorsque le réclamant préfère cette voie pour obtenir satisfaction.

(*d*) Les causes de nullité des vœux monastiques ; elles seront examinées et jugées d'après les règles établies par la bulle de Benoît XIV « *Si datam* ».

II. Concernant les laïques.

(*e*) Les causes matrimoniales , les vérifications de

légitimité des mariages, les actes de naissance, les actes baptistaires, de décès, etc.

III. *Mixtes.*

(*f*) Les cas où il est nécessaire d'imposer une pénitence canonique pour crime, contravention ou délit quelconques jugés par les tribunaux séculiers.

IV. *Économique.*

(*g*) Détermination ou budget préalable des sommes affectées à l'entretien du clergé; contrôle des dépenses, comptes rendus de ces sommes, affaires concernant la réparation ou la construction de nouvelles églises, chapelles, etc. En outre, le consistoire est chargé de dresser les listes des ecclésiastiques et des paroissiens du diocèse, de l'envoi des circulaires et autres publications qui ne concernent pas les affaires administratives du diocèse.

XV.

Les affaires précitées sont décidées par l'évêque, après avoir été examinées dans le consistoire, dont le caractère néanmoins demeure purement consultatif. L'évêque n'est pas tenu de motiver ses décisions, même dans les cas où son opinion serait différente de celle de son consistoire.

XVI.

Toutes les autres affaires du diocèse qualifiées d'*administratives*, et dans lesquelles rentrent les cas de conscience, de for intérieur, et même, ainsi qu'il est dit plus haut, ceux de discipline qui n'emporteraient que des pénitences légères ou des exhortations pastorales, ressortissent immédiatement à l'autorité et à la décision spontanée et exclusive de l'évêque.

XVII.

Tous les membres du consistoire sont ecclésiastiques. Leur nomination et leur démission dépendent de l'évêque. Les nominations se font avec l'agrément du gouvernement. Dans le cas où l'évêque, dans sa conscience, jugerait nécessaire d'éloigner un des membres du consistoire, il lui désignera de suite un successeur également avec l'agrément du gouvernement.

XVIII.

Le personnel de la chancellerie du consistoire sera confirmé par l'évêque sur la présentation du secrétaire du consistoire.

XIX.

Le secrétaire de l'évêque, chargé de sa correspondance officielle et particulière, est nommé directement et immédiatement par l'évêque; il pourra être, à son gré, pris parmi les ecclésiastiques.

XX.

Les fonctions des membres du consistoire cessent

à la mort ou à la démission de l'évêque, ainsi qu'à l'expiration de l'administration du siége vacant. Si l'évêque vient à mourir ou à donner sa démission, son successeur ou celui qui le remplace temporairement (soit qu'il eût un coadjuteur *cum futura successione*, soit que le chapitre procède à l'élection d'un vicaire capitulaire dans les termes fixés par les canons de l'Église) recomposera immédiatement le consistoire, toujours comme il est dit plus haut, avec l'agrément du gouvernement.

XXI.

L'évêque a la direction suprême de l'enseignement, de la doctrine et de la discipline dans tous les séminaires de son diocèse, d'après les règles établies par le Concile de Trente, chap. XVIII, session XXIII.

XXII.

Les choix des recteurs, inspecteurs, professeurs ou maîtres, pour les séminaires diocésains, sont réservés à l'évêque. Avant de les nommer, il s'assurera que, sous le rapport de leur conduite civile, ces choix ne feront pas naître d'objection de la part du gouvernement. Dans le cas où l'évêque jugerait nécessaire d'éloigner soit le recteur ou l'inspecteur, soit un des professeurs ou maîtres, il lui désigne de suite, et de la même manière, un successeur. Il est libre de suspendre temporairement un ou plusieurs cours d'études, dans son séminaire. Dans le cas où il croirait indispensable de suspendre tous les cours à la fois et de renvoyer les élèves à leurs parents, il aura à en informer sans délai le gouvernement.

XXIII.

L'archevêque métropolitain de Mohilow exerce sur l'Académie ecclésiastique de Saint-Pétersbourg la même autorité que chaque évêque exerce sur son séminaire diocésain. Il en est le seul chef et le directeur suprême ; le conseil ou la direction de l'Académie n'a qu'un caractère purement consultatif.

XXIV.

Le choix du recteur, de l'inspecteur et des professeurs de l'Académie sera fait par l'archevêque sur le rapport du conseil académique. Les dispositions énoncées dans l'article XXII s'appliquent également à ces choix.

XXV.

Les professeurs et adjoints des sciences théologiques sont toujours choisis parmi les ecclésiastiques. Les autres maîtres pourront être choisis parmi les laïques professant la religion catholique romaine, et de préférence parmi ceux qui auront achevé leurs cours d'études dans un établissement supérieur d'instruction de l'empire, et qui auront des grades académiques.

XXVI.

Les confesseurs des élèves des séminaires et de

l'Académie ne prendront aucune part à la direction disciplinaire de l'établissement ; ils seront choisis et nommés par l'évêque ou l'archevêque.

XXVII.

Après la nouvelle circonscription des diocèses, l'archevêque fixera une fois pour toutes, avec l'avis des ordinaires, le nombre des élèves que chaque diocèse pourra envoyer à l'Académie.

XXVIII.

Le programme des études sera fait pour les séminaires par les évêques. Pour l'Académie, l'archevêque le fera après en avoir conféré avec les membres de son conseil académique.

XXIX.

Lorsque le règlement de l'Académie ecclésiastique de Saint-Pétersbourg aura subi les modifications conformes aux principes dont on est convenu dans les articles précédents, l'archevêque de Mohilow adressera, concernant l'Académie susmentionnée, un rapport au Saint-Siége pareil à celui que fit l'archevêque de Varsovie Khoromansky à l'occasion de la réorganisation de l'Académie ecclésiastique de cette ville.

XXX.

Partout ou le *Jus patronatus* n'existe pas, ou se trouve temporairement suspendu, les curés sont nommés par l'évêque avec l'agrément du gouvernement, à la suite d'un examen préalable et d'un concours entre les candidats, d'après les règles prescrites par le Concile de Trente.

XXXI.

La réparation des églises catholiques romaines se fait librement aux frais des communes ou des particuliers qui voudront s'en charger. Dans le cas où leurs ressources ne seraient pas suffisantes, ils pourront s'adresser au gouvernement impérial pour en obtenir les secours nécessaires. On avisera à construire des églises nouvelles et à augmenter le nombre des paroisses, toutes les fois que pourront l'exiger soit l'accroissement de la population, soit la trop grande étendue des paroisses existantes, et la difficulté des communications.

Fait à Rome, le 3 août 1847.

A. card. LAMBRUSCHINI. L., comte DE BLOUDOFF. A. BOUTENIEFF.

BREF

DE SA SAINTETÉ LE PAPE PIE IX,

SUR LA MORT DE MONSEIGNEUR AFFRE, ARCHEVÊQUE

DE PARIS.

(23 juillet 1848.)

A nos chers Fils les chanoines JACQUEMET, DE LA BOUILLERIE *et* BUQUET, *vicaires capitulaires de l'Église de Paris.*

PIE IX, PAPE.

Chers Fils, salut et bénédiction apostolique.

Nous ne saurions, bien-aimés Fils, vous exprimer par nos paroles la douleur dont Nous avons été rempli en recevant la première nouvelle de cette déplorable lutte dans laquelle le très-pieux Archevêque de l'illustre Église métropolitaine de Paris, Notre Vénérable Frère Denis, a trouvé la mort. Nous avons senti se réveiller dans notre âme toute l'amertume de notre douleur, en lisant la Lettre empreinte d'une si profonde tristesse et de tant d'amour et de vénération pour Nous, dans laquelle vous déplorez à si juste titre la perte de ce bien-aimé Pasteur.

Mais Notre tristesse et la vôtre doivent trouver un adoucissement et une consolation dans la cause glorieuse de la mort de Notre Vénérable Frère; lui qui, sous l'impulsion d'un zèle vraiment sacerdotal, animé du feu de la charité chrétienne, affronta, pour remplir le devoir d'un bon Pasteur, le péril même de la vie, et voulant éteindre la guerre civile qui venait d'éclater, détourner de son troupeau chéri les haines, les discordes et les meurtres, et le rappeler, par l'effort de son amour, à des sentiments de paix et de concorde, ne balança pas à se jeter au milieu des combattants, et à donner sa vie pour ses brebis.

Cet acte héroïque de charité chrétienne a fait rejaillir, sur l'épiscopat et le clergé de votre illustre nation et de l'univers catholique tout entier, une gloire durable et éclatante.

Aussi n'avons-Nous pas été surpris que votre grande cité se soit vivement émue d'un pareil événement, et que tous ses citoyens de tout rang, de tout âge, de tout sexe et de toute condition, aient donné à sa mort et à sa mémoire tant de témoignages de deuil, de regrets, d'honneur et de vénération; preuve éclatante et non équivoque des sentiments chrétiens et généreux qui honorent la nation française.

Il Nous est doux de penser que, par la grâce du Dieu de bonté, l'âme du défunt Archevêque, couronnée dans le royaume céleste d'une gloire immortelle, et s'unissant aux chœurs des esprits bienheureux, ne cessera pas de prier et de conjurer le Père très-clément de toute miséricorde de répandre l'abondance de ses divines bénédictions sur la France et sur l'univers chrétien, et de préserver de tout malheur sa sainte Église.

Pour vous, appelés à l'administration de ce diocèse

pendant le temps de son veuvage, n'épargnez ni vos soins ni vos efforts pour procurer, par l'accomplissement de votre charge, la plus grande gloire de Dieu et le salut des âmes.

Recevez, en témoignage de notre affectueux attachement, la Bénédiction apostolique que Nous vous donnons avec amour et du fond du cœur, à vous Fils bien-aimés, à tous les ecclésiastiques et à tous les fidèles du diocèse, en y joignant Nos vœux pour tout ce qui peut assurer votre véritable bonheur.

Donné à Rome, près Sainte-Marie-Majeure, le 23 juillet 1848, de notre Pontificat l'an troisième.

PIE IX, PAPE.

DISCOURS

DE S. S. LE PAPE PIE IX,

A LA CÉRÉMONIE DE BÉATIFICATION DU VÉNÉRABLE PIERRE CLAVER.

(27 août 1848.)

Dans la matinée du 27 août 1848, N. S. P. le Pape se rendit en équipage de demi-gala à l'église de Saint-Pantaléon, de la Congrégation des clercs réguliers de la Mère de Dieu, où se célébrait le second anniversaire séculaire de la mort de saint Joseph Calasanzio, leur fondateur, pour y promulguer un décret sur deux miracles opérés par l'intercession du vénérable

Pierre Claver. Sa Sainteté fut reçue par Leurs Éminences les cardinaux Lambruschini et Patrizzi, le premier comme préfet de la Congrégation des rites, le second comme rapporteur de la cause.

Le Saint-Père, assisté de Mgr l'évêque de Porphyre et de Mgr l'évêque d'Érythrée, célébra la sainte messe et distribua le pain eucharistique aux fidèles qui étaient accourus en grand nombre. Après la messe, Sa Sainteté fut conduite dans une salle du couvent disposée à cet effet ; et là, en présence du Saint-Père assis sur son trône, fut faite la lecture du décret pontifical.

Le postulateur de la cause ayant exprimé de justes remercîments au Saint-Père, Sa Sainteté répondit avec cette grâce exquise qui brille parmi ses grandes vertus. Les paroles de l'auguste Pontife étaient empreintes de ce saint zèle et de cette flamme ardente dont son âme est embrasée pour la défense et l'intégrité de cette religion divine qu'il a reçu mission de protéger contre les attaques de ses ennemis. Les voici telles que les reproduit le *Giornale Romano* :

« Nous rendons grâce à Dieu qui, en des temps
« aussi difficiles, témoigne à l'Italie et au monde
« d'avoir toujours à cœur sa sainte religion, en sus-
« citant des hommes fervents là où les ouvriers sont
« peu nombreux et la moisson abondante. Ce n'est
« pas un médiocre encouragement que nous donne le
« Seigneur, de nous laisser contempler des hommes
« dévoués pendant tant de lustres à enrichir l'Église

« de nouvelles conquêtes. Cette consolation est d'au-
« tant plus douce qu'il est plus douloureux de voir,
« au temps où nous vivons, qu'on ait l'audace d'in-
« troduire dans l'Italie toute catholique, et jusque
« dans le centre de la chrétienté, le protestantisme,
« par un, par mille et par dix mille complices. Ils
« manifestent les vœux les plus ardents pour la na-
« tionalité italienne, et afin de la servir, ils emploient
« un moyen abominable, fait précisément pour la dé-
« truire. Au moment où l'Allemagne, animée du
« même esprit, reconnaît que la diversité de religion
« est le plus grand obstacle au but proposé, si bien
« que les protestants font des projets d'UNION, il se
« trouve en Italie des hommes qui, sans redouter un
« immense scandale religieux et un immense danger
« politique, prétendent introduire la semence pesti-
« lentielle de la séparation de l'unité de la foi, afin
« d'obtenir l'unité de la nation. Voilà où conduit
« l'aveuglement des passions. Prions Dieu qu'il dis-
« sipe ces ténèbres, et, confiants dans les divines
« promesses, rappelons-nous que les portes de l'enfer
« ne prévaudront pas contre l'Église. »

BREF

DE SA SAINTETÉ LE PAPE PIE IX,

A S. G. L'ARCHEVÊQUE DE COLOGNE.

(14 août 1848.)

———

A Notre Vénérable Frère JEAN, *Archevêque de Cologne,*

PIE IX, PAPE.

Vénérable Frère, salut et bénédiction apostolique.

La lettre très-respectueuse que vous Nous avez écrite le 13 des kalendes de ce mois (20 juillet), Nous a été à plus d'un titre singulièrement agréable. Vous Nous y annoncez, en effet, que la magnifique église métropolitaine de la ville de Cologne, fondée en 1248 par l'Archevêque Conrad et dédiée au bienheureux prince des Apôtres, interrompue durant plusieurs siècles, par suite des malheureuses révolutions des temps, reprise depuis et continuée par les soins d'une association formée dans toute l'Allemagne et dans plusieurs autres parties de l'Europe, a été conduite au terme désiré de sa construction; de sorte qu'après avoir posé la première pierre de ces nouveaux travaux, le 4 septembre 1842, il est possible cette année de consacrer ce temple au culte divin. Et comme c'est le 15 de ce mois que revient le six centième anniversaire de sa première fondation, vous avez résolu d'en faire dans ce même jour la consécration par des cérémonies solennelles. Vous avez cru bon aussi d'inviter à cette solennité tous les évêques de la Prusse et des villes voisines, afin de donner, selon vos vœux et ceux de votre troupeau, la plus grande splendeur à cette cérémonie, et de réveiller par cette pompe, dans le peuple fidèle, de plus vifs sentiments de pieux attachement à Notre très-sainte Religion.

C'est pourquoi, en même temps que Nous donnons de justes et grands éloges à tous ceux qui ont contribué par leurs soins à la construction et à l'achèvement de ce saint temple, Nous vous félicitons d'une manière particulière, Vénérable Frère, d'avoir montré dans cette œuvre une remarquable sollicitude pastorale, digne d'un évêque catholique. Nous supplions humblement le Dieu riche en miséricordes d'illustrer ce temple par la puissance de son habitation, de prêter une oreille clémente à tous ceux qui viendront y prier, et de leur accorder les dons les plus abondants de sa grâce divine. Voulant aussi qu'un monument éternel de Notre affection soit conservé dans cette Église métropolitaine, Nous vous adressons avec Nos présentes lettres un ostensoir en argent doré, orné de pierres précieuses et d'images sacrées, pour servir à l'exposition solennelle du très-saint Sacrement. Nous voudrions faire davantage, Vénérable Frère, et Nous regrettons de ne pouvoir pas envoyer de plus riches dons à cette église.

Il a été bien doux à Notre cœur d'apprendre encore

par votre lettre que les fidèles de votre diocèse sont animés de profonds sentiments de vénération pour cette chaire de saint Pierre, centre de l'unité et de la vérité catholique, et de tant de respect pour Notre humble personne, qu'ils auraient ardemment souhaité de Nous voir dans votre ville à l'époque de cette cérémonie, afin de pouvoir Nous donner des témoignages publics de leur dévouement et de leur filial amour. Nous avons trouvé avec une grande joie une marque précieuse de cés sentiments ¡de pieuse affection de vos fidèles envers Notre personne, dans le magnifique volume dont les feuilles, d'un blanc parchemin, ornées de saintes images richement peintes et d'autres ornements d'un rare travail, portent les noms, également peints avec un art exquis, de tous les fidèles de votre diocèse qui ont bien voulu Nous offrir ce volume, comme un hommage de leur dévouement. C'est pourquoi, Vénérable Frère, Nous vous prions de nouveau de leur exprimer en Notre nom les plus grands remercîments pour ce don, qui Nous a été on ne peut plus agréable, et de les assurer, par les paroles les plus expresses, de la singulière affection que Nous leur portons en Jésus-Christ.

Et ici, Vénérable Frère, obéissant tout à la fois au devoir de Notre charge apostolique et au sentiment de bienveillance pontificale que Nous éprouvons pour ces contrées, Nous ne pouvons faire autrement que d'exciter vivement dans le Seigneur votre sollicitude épiscopale, votre vigilance et celle des autres évêques, vos frères, afin que dans ces temps si difficiles, défendant avec courage, avec persévérance, avec le zèle le plus actif la cause de l'Église catholique, ses droits et sa liberté, vous n'épargniez ni soins ni fatigues pour que le clergé et les fidèles ne se laissent jamais séduire par les diverses et fausses doctrines ; mais qu'au contraire, de plus en plus affermis dans la doctrine et la discipline de l'Église catholique, ils y demeurent inébranlables et s'attachent fortement à ce Siége apostolique. Nous ne doutons nullement que votre religion bien connue, ainsi que celle des autres évêques vos frères, votre piété, votre zèle pastoral ne répondent pleinement à Nos désirs.

Nous vous faisons savoir que Nous avons reçu avec plaisir les deux médailles d'argent et de bronze que Notre cher fils François-Charles Eissen, citoyen de Cologne, a fait frapper en mémoire de la consécration de cette métropole, et qu'il a bien voulu Nous envoyer, ainsi que la gravure sur acier dont un autre habitant de Cologne Nous a fait hommage. Bien que Nous Nous proposions de répondre à leurs lettres, Nous désirons que vous leur exprimiez dès à présent Notre reconnaissance.

Enfin, Vénérable Frère, continuez ainsi que vous le faites, avec votre clergé et vos fidèles, à offrir au Dieu très-bon et très-grand de continuelles et ferventes prières pour qu'il soutienne, fortifie et affermisse par sa vertu toute-puissante Notre faiblesse accablée sous le très-grave fardeau de la sollicitude de toutes les Églises ; et aussi pour que toutes Nos pensées et toutes Nos actions n'aient qu'un but : la plus grande gloire de son nom et le salut des âmes, Nous, quoique indigne, Nous ne manquerons certainement pas dans toutes Nos prières, dans Nos supplications et Nos actions de grâce, de demander humblement au Seigneur très-miséricordieux qu'il daigne vous assister dans l'abondance de sa grâce céleste, bénir vos travaux, vos sollicitudes pastorales, afin que cette vigne produise des fruits de justice de jour en jour plus abondants. Comme présage de cette protection divine et comme gage de Notre très-vive bienveillance envers vous, Nous vous donnons affectueusement et du plus profond de Notre cœur Notre bénédiction apostolique, accompagnée du souhait de toute félicité véritable, pour vous, Vénérable Frère, pour le clergé et pour tous les fidèles laïques de cette Église.

Donné à Rome, près de Sainte-Marie-Majeure, le 14 août 1848, la troisième année de Notre pontificat.

ALLOCUTION

DE N. T. S. P. LE PAPE PIE IX,

PRONONCÉE DANS LE CONSISTOIRE SECRET.

(11 septembre 1848.)

VENERABILES FRATRES.

Cum illustris Metropolitanæ Parisiensis Ecclesiæ viduitati hodierno die consulere properemus, Venerabiles Fratres, Pontificiæ Nostræ caritatis officium postulat, ut in amplissimo vestro consessu honorificam, ac desiderii plenam mentionem faciamus de clarissimo ejusdem Ecclesiæ Antistite, ex cujus acerbissima morte maximum quidem dolorem accepimus. Optime jam intelligitis, Nos loqui de Venerabili Fratre Dionysio Augusto Affre, qui pietate, mansuetudine, zelo aliisque Sacerdotalibus virtutibus exornatus in illa Diœcesi regenda ac moderanda omnem impendit operam, ut catholicam religionem defenderet, ecclesiasticam disciplinam assereret, et oves suæ fidei traditas ab venenatis pascuis arceret, ad salutaria propelleret, ac miseros et calamitosos omni ope et opera juvaret, foveret, erigeret, et verbis juxta atque exemplis omnes Christo lucrifaceret. Qui quidem Antistes tanto suum gregem est prosequuutus amore, ut boni pastoris munere splendide functus, insigne et admirabile christianæ caritatis exemplum ac pergratum

Deo, Angelis et hominibus spectaculum exhibuerit. Ubi enim proximo mense Junio luctuosissimum civile bellum Lutetiæ Parisiorum exarsit, ipse, veluti probe nostis, sui omnino immemor, ac de communi aliorum salute unice anxius atque sollicitus, et violentos cruentosque civium motus restinguere, ac damna, cædes, ruinas, a suo grege penitus avertere summopere exoptans, christiano prorsus, et episcopali animo gravissima quæque despiciens pericula, non dubitavit sese in præliantium manus immittere. Hinc dum dimicantes inter se cives ad pacis, quietis, tranquillitatis, ac mutuæ concordiæ sensus studia atque concilia amantissime revocare contenderet, letali vulnere accepto paulo post dedit animam suam pro ovibus suis. Atque omnes perspiciunt quantam universus tum inclytæ Gallicæ Nationis, tum totius catholici orbis Episcopatus et Clerus gloriam fuerit adeptus ex hoc præclaro christianæ caritatis facto, quod certe nulla unquam silebit ætas, nulla seræ posteritatis delebit oblivio. Ardentissima autem illa caritas, qua idem Venerabilis Frater pro suo grege, omnique Galliæ Natione se Deo Optimo Maximo quasi holocausti hostiam obtulit, ac summa religio, et pietas, qua hilaris mortem obivit, Nos merito sperare jubent, ut ipse ex miserrima mortalis hujusce vitæ statione ad æternam, beatamque patriam advolaverit, a Divino Pastorum Principe immarcescibilem perceperit gloriæ coronam. Verumtamen cum ea sit humanæ naturæ fragilitas, atque conditio, ut religiosa etiam corda de mundano pulvere sæpe sordescant, pro defuncti Antistitis anima clementissimo misericordiarum Patri preces, supplicationes, sacrificia offerre haud omisimus. Quod quidem non solum privatim, verum etiam publicis exequiis præstitimus solemni ritu in Patriarchali Nostra Liberiana Basilica peractis, in quibus et Nos ipsi adesse voluimus cum nonnullis e vestro Ordine, ac omnibus Venerabilibus Fratribus Episcopis in hac alma Urbe Nostra morantibus, et ejusdem Basilicæ Canonicorum Collegio, ut præter morem aliquam eximiæ Viri memoriæ ac virtuti significationem palam publiceque exhiberemus.

Jam vero in eam profecto spem erigimur fore, ut idem Antistes Galliam, quam vivens tantopere dilexit, in cœlesti etiam regno benigne respiciens, suis apud Deum precibus imploret, ut ibi cunctis erroribus et calamitatibus omnino amotis, catholica fides, virtus, pietas cum omni vera prosperitate magis in dies vigeant, et floreant. Atque hic, Venerabiles Fratres, eidem illustri Gallicanæ Nationi meritas, debitasque laudes tribuere gaudemus quod turbulentissimis quoque temporibus, ac tristissimis rerum vicibus insignia sui in catholicam religionem, atque in hanc Petri Cathedram amoris, obsequii, et venerationis specimina præbere non destitit.

Dehique cum videamus incredibili sane animi Nostri mœrore, quibus quantisque malorum procellis Christiana Respublica ubique jactetur, quibusque monstruosis opinionum commentis ac deliramentis improvidæ, præsertim imperitorum hominum, mentes magno cum sanctissimæ nostræ religionis, et civilis ipsius societatis detrimento deplorandum in modum decipiantur, et exagitantur, Nobis temperare non possumus, quin hac quoque occasione utamur, quo Vos, Venerabiles Fratres, ac Nos ipsos vel maxime excitemus, ut in humilitate cordis Nostri numquam desinamus dies noctesque clamare ad Dominum Deum nostrum, ut omnipotenti sua virtute imperet ventis et mari, et faciat tranquillitatem, atque in multitudine misericordiæ suæ errantes homines de errorum tenebris, et vitiorum cœno ad veritatis et justitiæ semitas propitius reducere dignetur.

TRADUCTION.

Vénérables Frères,

En Nous empressant aujourd'hui de pourvoir au veuvage de l'illustre Église métropolitaine de Paris, le devoir de Notre charité pontificale exige que dans votre auguste assemblée Nous fassions une mention honorable et pleine de regrets du très-illustre Pontife de cette Église dont la cruelle mort Nous a causé la plus grande douleur. Vous comprenez déjà que Nous voulons parler de Notre Vénérable Frère Denis-Auguste Affre, qui, distingué par sa piété, sa douceur, son zèle et toutes les autres vertus sacerdotales, a employé dans le gouvernement et la conduite de ce diocèse tous ses soins à défendre la religion catholique, à maintenir la discipline ecclésiastique, à dé-

tourner des pâturages empoisonnés, pour les conduire
dans les pâturages salutaires, les brebis confiées à sa
garde, à secourir de toutes ses forces et par tous les
moyens les pauvres et les malheureux, à les consoler,
à les relever, à les gagner tous à Jésus-Christ par ses
paroles en même temps que par ses exemples. Évêque,
il a aimé son troupeau d'un amour si grand que, remplissant glorieusement le devoir du bon pasteur, il a
donné un illustre et admirable exemple de charité
chrétienne et présenté le spectacle le plus agréable à
Dieu, aux anges et aux hommes. Dès qu'en effet la
plus lamentable guerre civile eut éclaté à Paris, au
mois de juin dernier, oublieux de lui-même, ainsi que
vous le savez tous, inquiet seulement et uniquement
occupé du salut commun, désirant ardemment étouffer les violentes et sanglantes luttes des citoyens et
détourner entièrement de son troupeau les désastres,
les meurtres et les ruines, méprisant les dangers les
plus graves avec un courage de chrétien et d'évêque,
il ne balança point à se précipiter au milieu des combattants. Ce fut alors que, tandis qu'il s'efforçait de
rappeler avec amour les citoyens, armés les uns contre
les autres, à des sentiments de paix et de mutuelle
concorde, à des pensées d'ordre et de calme, il reçut
une blessure mortelle, et donna bientôt après son
âme pour ses brebis. Il n'est personne qui ne voie
quelle grande gloire non-seulement·les évêques et les
prêtres de France, mais l'épiscopat et le clergé du
monde entier, recueilleront de cet acte héroïque de
charité chrétienne, qu'aucun âge ne passera certaine-

ment sous silence, que l'oubli n'effacera jamais dans la postérité la plus reculée. Cette charité si ardente, qui porta Notre vénérable frère à s'offrir au Dieu très-bon et très-grand, comme une hostie d'holocauste pour son troupeau et pour toute la nation française, cette religion élevée et cette piété avec lesquelles il alla joyeux au-devant de la mort, Nous font justement espérer que, de la misérable condition de cette vie mortelle, il s'est envolé vers l'éternelle et bienheureuse patrie, et que là il aura reçu du divin Prince des pasteurs la couronne impérissable de la gloire. Toutefois, comme la fragilité de la nature humaine et sa condition sont telles, que les âmes religieuses reçoivent souvent les souillures de la poussière du monde, Nous n'avons nullement omis d'offrir au Père très-clément des miséricordes nos prières, nos supplications et des sacrifices pour l'âme du pontife défunt. Ce pieux devoir, Nous ne l'avons pas seulement rempli en particulier, mais Nous avons encore voulu que des funérailles publiques, célébrées avec le rite solennel dans la basilique patriarcale de Sainte-Marie Majeure, auxquelles Nous avons Nous-même assisté avec plusieurs membres de votre sacré collége, et tous Nos vénérables frères les évêques qui se trouvaient à Rome, ainsi que le chapitre de cette basilique, fussent, par cette pompe inusitée, un hommage plus éclatant à l'illustre mémoire et à la vertu de ce pontife.

Nous avons aussi cette espérance que ce même pontife, du haut du royaume céleste, regardant encore avec amour cette France qu'il a tant aimée pendant sa vie, conjure Dieu par ses prières d'éloigner d'elle toutes les erreurs et toutes les calamités, et d'y faire fleurir chaque jour de plus en plus avec une vigueur nouvelle la foi catholique, la vertu, la piété et toute sorte de prospérité véritable. Et ici, Vénérables Frères, Nous sommes heureux de payer à cette illustre nation française le juste tribut d'éloges qu'elle a si bien mérité en ne cessant, dans les temps même les plus agités et dans les circonstances les plus malheureuses, de donner d'éclatants témoignages de son amour, de son respect et de sa vénération pour la religion catholique et pour cette chaire de saint Pierre.

Enfin, à la vue des nombreux et terribles orages auxquels la république chrétienne est en butte et qui remplissent Notre âme d'une incroyable douleur ; à la vue des monstrueuses doctrines et des opinions délirantes qui, au grand détriment de Notre sainte religion et de la société civile elle-même, égarent et agitent d'une manière si déplorable les esprits irréfléchis, surtout parmi les hommes ignorants, Nous ne pouvions Nous empêcher de profiter de cette occasion de vous exhorter vivement, Vénérables Frères, et de Nous exciter Nous-même à ne cesser jamais, ni la nuit ni le jour, de crier vers le Seigneur, dans l'humilité de Notre âme, afin que par sa vertu toute-puissante il commande aux vents et à la mer, et qu'il rétablisse le calme ; afin que par la multitude de sa miséricorde il daigne retirer les hommes égarés des ténèbres des erreurs et de la fange des vices, et les ramener dans les sentiers de la justice et de la vérité.

LETTRES APOSTOLIQUES [1]

DE N. T. S. P. LE PAPE PIE IX,

Pour résoudre quelques doutes touchant les ornements sacrés des Cardinaux de la Sainte Église Romaine et des Évêques.

(1ᵉʳ juin 1847.)

PIUS PAPA IX.

Ad perpetuam rei memoriam.

Quum illud plurimi referat, ut in apostolicis concessionibus nullus detur dubitationi locus, quæ animos torqueat, et controversias excitet, idcirco si quam existere ambiguitatem noverimus, ad eam avertendam curas nostras libenter intendimus. Jam vero præter indultum testandi de propriis bonis, quod venerabilibus fratribus nostris S. R. E. cardinalibus fratribus Sancta hæc Sedes tribuere solet per apostolicas lit-

(1) Cette pièce ne nous était pas connue lorsque nous avons publié le premier volume des Actes de N. S. P. le Pape Pie IX. Nous l'ajoutons ici, bien qu'elle date de juin 1847.

teras in forma brevis incipientes, « *de Benignitate Sedis Apostolicæ,* » iisdem per alias similes litteras in forma brevis, quarum initium, « *Cum. fel. rec. Urbanus VIII,* « facultas conceditur disponendi de sacris utensilibus favore alicujus Ecclesiæ, seu Capellæ, vel Loci Pii, nonobstante constitutione Urbani VIII : « *Æquum est,* » edita die 24 julii anno 1642, qua sacra Cardinalium utensilia Pontificio Sacrario attribuuntur. Verum quum in memorato postremo brevi, etiam quando agitur de Cardinalibus archiepiscopis et abbatibus ex quodam iuvecto usu addi consueverit clausula : « Salvaque in præmissis « quoad Ecclesias cathedrales, metropolitanas, aut « patriarcales, quibus præfueris, quas alias ex con- « cessione vel dispensatione apostolica in titulum, « administrationem , seu commendam obtinueris, « dispositione constitutionis fel. rec. Pii PP. V., « anno 1567, tertio kalendas sept., anno secundo, » sæpe sæpius dubia exorta sint circa interpretationem et vim hujusmodi reservationis, eove magis quod in superius memorato brevi : « *De Benignitate Sedis Apostolicæ,* » præfatæ S. Pii V constitutioni in ea parte, quæ sacra utensilia respicit, aperte derogetur. Si namque Romani Pontifices Cardinalibus quoque archiepiscopis et abbatibus privilegium disponendi de sacris utensilibus concedere solent, illud frustraneum et illusorium foret, quatenus adjecta clausula eam vim haberet, quam verba præseferunt. His quoque accedebat quod nonnulli sacrorum canonum interpretes doceant, Cardinales utpote qui in memorata S. Pii V constitutione speciatim nominati non sint, ea lege minime teneri, etsi alii contrariam sententiam tueantur. Quæ cum ita essent, Ven. frater noster Petrus cardinalis Ostini, nunc episcopus Albanensis, qui tunc temporis episcopalem Ecclesiam Æsinam regebat, enixe postulavit a fel. rec. Gregorio XVI, prædecessore nostro, ut rem certo definiret, atque expresse declararet, an Cardinales episcopi, seu abbates *nullius* in apostolicis memoratis S. Pii V prædecessoris nostri comprehendantur, ac statueret quænam sacra ornamenta, et supellectiles, et utensilia S. R. E. Cardinalium ad Sacrarium Pontificium ex memorata constitutione Urbani VIII, et quænam patriarcharum, archiepiscoporum, episcoporum et abbatum *nullius*, sive cardinalitia dignitate fulgeant, sive illa careant, ad Ecclesias cathedrales ex superius citata Sancti Pii V constitutione revera spectent, et quomodo facienda sit divisio sacrorum supellectilium, et utensilium, quando episcopus sive successive, sive simultanee plures ecclesias gubernaverit. Nos igitur, qui in memorati decessoris nostri bon. mem. Gregorii XVI locum, licet immerentes suffecti sumus ad præcidendas omnes hac super re dubitationis ac controversiæ causas, de consilio VV. FF. Nostrorum S. R. E. Cardinalium negotiis et consultationibus episcoporum et regularium præpositorum, hæc, quæ sequuntur, auctoritate nostra apostolica decernimus, et mandamus.

I. Cardinales episcopos teneri quoad sacra utensilia lege lata in constitutione S. Pii V incipienti, «*Romani*

Pontificis, » exceptis tamen Cardinalibus episcopis suburbicariis, nec non exceptis pariter Cardinalibus abbatibus *nullius*, qui in Romana Curia morantur, quorum sacra utensilia, attenta citata constitutione : « *Æquum est*, » Urbani VIII, prædecessoris nostri, ad Pontificium Sacrarium spectabunt.

II. Firmis remanentibus clausulis derogatoriis constitutioni S. Pii V, cujus initium, « Romani Pontificis providentia, » in litteris in forma brevis incipientibus : « *De Benignitate Sedis Apostolicæ*, » apponi solitis, in altero brevi quod incipit : « *Cum fel. rec. Urbanus VIII*, » auferatur clausula, qua salva edicitur eadem Piana constitutio, ejusque loco substituantur ea quæ sequuntur : « Quod si Ecclesiis abbatialibus, « cathedralibus, metropolitanis, patriarchalibus præ- « fueris, seu quas alias ex concessione aut dispensatione « apostolica in titulum, administrationem, seu com- « mendam obtinueris, te vehementer hortamur, prout « jam Benedictus XIV, prædecessor noster, in sua « constitutione incipiente, » *Inter arduas*, « Cardinales « hortatur, ut in prædictis rebus disponendis eas ec- « clesias præ oculis habeas, ceterisque præferas. » Quæ vero hoc in articulo præscripsimus ea ad singulos Cardinales extendimus, qui ante præsentium litterarum publicationem enuntiatam testandi ac disponendi facultatem obtinuerunt, perinde ac si in respectivis indultis expressa essent.

III. Sacra utensilia quæ vigore constitutionis S. Pii V incipientis, « *Romani Pontificis*, » Ecclesiis cathedralibus debentur, hæc esse edicimus : Mitras scilicet, planetas, pluvialia, tunicellas, dalmaticas, sandalia, chirothecas, albas cum cingulis, lineos amictus, et his similia; item missalia, gradualia, libros cantus firmi et musicæ, libros pontificales, alterum cui titulus Canon missæ; item calices, patenas, pyxides, ostensoria, thuribula, vas aquæ benedictæ cum aspersorio, pelvim cum urceo, vasa sacrorum oleorum, et urceolos una cum pelvibus et tintinnabulo, palmatorias, icones pacis, cruces archiepiscopales, candelabra cum cruce pro altaris usu, baculum pastoralem, faldistorium, aliasque res sacras sive paramenta, sive ornamenta, sive vasa, si quæ sunt etiam ex eorum natura usui profano congrua, dummodo non per accidens, sed permanenter divino cultui, sacrisque functionibus fuerint destinata : exceptis annulis et crucibus pectoralibus etiam cum sacris reliquiis, et iis omnibus utensilibus cujusvis generis, quæ legitime probentur ab Episcopis defunctis comparata fuisse bonis ad Ecclesiam non pertinentibus, neque constet Ecclesiæ fuisse donata. Volumus propterea, teneri, ac debere Episcopos conficere in forma authentica inventorium sacrorum utensilium, in quo pro rei veritate exprimant quando acquisita fuerint, et speciali nota describant, quæ ex Ecclesiæ redditibus ac proventibus sibi compararunt, ne alias præsumi debeat ea omnia redditibus Ecclesiæ comparata fuisse. Quod vero pertinet ad utensilia sacra S. R. E. Cardinalium ad sacrarium sacelli Summi Pontificis spectantia, nullam haberi volumus rationem qualitatis et naturæ reddituum, quibus comparata fuerint, et præter ea quæ in constitutione Urbani VIII incipiente, « *Æquum est*, » in specie enumerata sunt, alia verbis generalibus tantum expressa intelligi volumus sandalia, chirothecas, lineos amictus, albas cum singulis ; item pyxides, ostensoria, vas aquæ benedictæ cum aspersorio, vasa sacrorum oleorum, et urceolos cum pelvibus, ac tintinnabulo ; tandem baculum pastoralem, faldistorium, palmatorias, icones pacis, thuribulum, et his similia, exceptis annulis, et crucibus pectoralibus, etiam cum sacris reliquiis.

IV. Quando Episcopus duas, vel plures ecclesias successive rexerit, sacra utensilia decidi volumus proportionaliter inter Ecclesias cathedrales, habita ratione fructuum ac temporis, juxta constitutionem S. Pii V incipientem, « *Romani Pontificis.* »

V. Ubi vero aliquis Episcopus simul præfuerit duabus, pluribus ecclesiis unitis vel in perpetuam administrationem concessis, quæ habeant capitulum et cathedralem Ecclesiam propriam, ac distinctam, sacrorum utensilium divisionem faciendam esse edicimus æquis partibus singulis Ecclesiis cathedralibus, quatenus earumdem Ecclesiarum unitarum, seu in perpetuam administrationem concessarum reditus non sint divisi, sed unam episcopalem mensam perpetuo constituunt ; si vero reditus divisi fuerint, ac separati, divisionem fieri volumus singulis Ecclesiis cathedralibus proportionaliter ratione redituum.

VI. Quod si constet, Episcopum, qui per translationem duabus ecclesiis successive præfuerit, comparasse sibi omnia sacra utensilia reditibus tantum unius Ecclesiæ, nulli divisioni locus erit, sed eadem sacra utensilia ad Ecclesiam cathedralem tantum spectabunt illius diœcesis, ex cujus episcopalis mensæ proventibus fuerint acquisita.

Hæc volumus, et mandamus, decernentes has litteras firmas, validas, atque efficaces esse et fore, suosque plenarios, et integros effectus sortiri, ac obtinere, eisque ad quos spectant, aut spectabunt, plenissime suffragari; sicque in præmissis per quoscumque judices ordinarios, et extraordinarios judicari, ac definiri debere, irritumque et inane quidquid secus super his a quopiam, quavis auctoritate, scienter vel ignoranter contigerit attentari. Non obstantibus, si opus fuerit, Nostra et Cancellariæ Apostolicæ regula de Jure quæsito non tollendo, aliisque apostolicis, atque in universalibus, provincialibusque et synodalibus Conciliis editis generalibus vel specialibus constitutionibus, et ordinationibus, ceterisque etiam speciali, et individua mentione, ac derogatione dignis in contrarium facientibus quibuscumque.

Datum Romæ, apud Sanctam Mariam Majorem, sub annulo piscatoris, die I junii MDCCCXVII Pontificatus Nostri anno primo.

Aloisius Card. LAMBRUSCHINI, *a Brevibus Apostolicis.*

TRADUCTION.

PIE IX, PAPE.

Pour en conserver à toujours le souvenir.

Comme il importe singulièrement que, dans les concessions apostoliques, il n'y ait lieu à aucun doute qui puisse tourmenter les esprits et exciter des controverses, aussitôt que Nous apprenons qu'il existe quelque ambiguïté, Nous Nous occupons volontiers à la faire cesser. Déjà, outre l'indult que ce Siége apostolique est dans l'usage d'accorder à Nos Vénérables Frères les Cardinaux de la sainte Église romaine, pour leur permettre de disposer de leurs biens propres par testament, indult qui est accordé par lettres apostoliques en forme de bref, et commençant par ces mots : « *De Benignitate Sedis Apostolicæ,* » une autre faculté leur est également octroyée par d'autres lettres semblables en forme de bref, commençant par ces mots : « *Cum fel. record. Urbanus VIII;* » cette faculté consiste à disposer de leurs ornements sacrés en faveur de quelque église ou chapelle, ou lieu pieux, nonobstant la constitution d'Urbain VIII : « *Æquum est,* » publiée le 24 juillet de l'an 1642, par laquelle les ustensiles sacrés des Cardinaux sont attribués à la sacristie pontificale. Mais comme, dans le dernier bref que Nous venons de rappeler, même quand il s'agit des Cardinaux, Archevê-

ques et Abbés, l'usage s'est introduit d'ajouter la clause suivante : «Sauf en ce qui est dévolu aux Églises cathé-
« drales, métropolitaines ou patriarcales auxquelles
« vous avez été préposé, ou que vous aviez obtenues par
« concession ou disposition apostolique en titre , en
« administration ou en commende, et cela en vertu de
« la constitution de Pie V, de bienheureuse mémoire,
« datée du 3 des calendes de septembre 1567 ; » des doutes nombreux et fréquents se sont élevés sur l'interprétation et l'étendue de cette réserve ; surtout parce que, dans le bref ci-dessus mentionné, « *De Benignitate,* » il est ouvertement dérogé à la constitution de S. Pie V, dans la partie qui regarde les ustensiles sacrés. En effet, si les Pontifes romains ont l'habitude de concéder aux Cardinaux , Archevêques et Abbés le privilége de disposer des ustensiles sacrés, ce privilége deviendrait vain et illusoire, si la clause additionnelle dont il s'agit avait toute la force que ses termes comportent. Ajoutez à cela que plusieurs interprètes des saints canons enseignent que les Cardinaux qui ne sont point spécialement désignés dans la constitution de S. Pie V, ne sont point tenus par cette loi, bien que d'autres canonistes soutiennent l'opinion contraire. En cet état de choses, Notre Vénérable Frère Pierre, Cardinal Ostini, aujourd'hui Évêque d'Albano, qui gouvernait alors l'église épiscopale d'Æsina, sollicita vivement notre prédécesseur d'heureuse mémoire, Grégoire XVI, de définir catégoriquement le droit, et de déclarer solennellement si les Cardinaux , Évêques ou Abbés *nullius* étaient

compris dans les lettres apostoliques de S. Pie V, et de statuer quels seraient les ornements sacrés, mobiliers et ustensiles des Cardinaux de la sainte Église romaine qui doivent appartenir, selon la teneur de la constitution d'Urbain VIII, à la sacristie pontificale, et ceux des Patriarches, Archevêques, Évêques et Abbés *nullius*, revêtus ou non de la dignité cardinalice, qui appartiendront aux églises cathédrales, selon la constitution de S. Pie V ; comment doit se faire la division de ce mobilier sacré, quand l'Évêque a gouverné, soit successivement, soit simultanément plusieurs églises. C'est pourquoi, Nous, élevé, quoique sans l'avoir mérité, à la place de notre prédécesseur de digne mémoire, Grégoire XVI, et préposé à trancher toute cause de difficulté ou de doute sur ce point, de l'avis de Nos Vénérables Frères les Cardinaux de la sainte Église romaine de la Congrégation des Évêques et réguliers, nous décidons et ordonnons ce qui suit, de notre autorité apostolique :

I. Les Cardinaux-Évêques sont tenus, en ce qui touche les ustensiles sacrés, par la loi portée dans la constitution de S. Pie V, « *Romani pontificis,* » excepté cependant les Cardinaux-Évêques suburbicaires, et aussi les Cardinaux Abbés *nullius* qui demeurent dans la Cour romaine ; desquels les ustensiles sacrés, en vertu de la constitution précitée d'Urbain VIII, notre prédécesseur, commençant par « *Æquum est,* » appartiendront à la sacristie pontificale.

II. Confirmant les clauses dérogatoires à la constitution de S. Pie V, qui commence par «*Romani Ponti-ficis providentia* » clauses qu'il est d'usage d'insérer dans les lettres en forme de bref, « *De Benignitate Sedis Apostolicæ ;* » on enlèvera dans l'autre bref qui commence par « *Cum fel. rec. Urbanus VIII,* » la clause qui maintient les prescriptions de la constitution de S. Pie V, clause ainsi conçue : « Que si vous avez été préposé à des églises abbatiales, cathédrales, métropolitaines ou patriarcales, ou à toutes autres par concession, dispensation apostolique, soit en titre, soit en administration, soit en commende, nous vous exhortons vivement, ainsi que déjà Benoît XIV, notre prédécesseur, dans sa constitution « *Inter arduas,*» exhorte les Cardinaux, à ce que vous ayez surtout devant les yeux, pour la disposition de ces choses, lesdites églises, et que vous les préfériez à toutes autres. Ce que nous avons prescrit en cet article. nous l'étendons à tous les Cardinaux qui, avant la publication des présentes, ont obtenu la faculté de tester et de disposer, comme si ce point avait été spécialement exprimé dans leurs indults respectifs.

III. Nous édictons que les ustensiles sacrés qui, selon la teneur de la constitution de S. Pie V, «*Romani Pontificis,*» sont dus aux églises cathédrales, sont les suivants : les mitres, les chasubles, les chapes, les tunicelles, les dalmatiques, les sandales, les gants, les aubes avec les cordons, les amicts de lin et toutes choses semblables ; de même les missels, graduels, livres de plain-chant et de musique, pontificaux, et celui qui a pour titre, *Canon de la messe ;* de même les calices, patènes, pyxides, ostensoirs, encensoirs, bénitiers avec l'aspersoir, bassin avec le vase, vases des saintes huiles, burettes, plateau et sonnette, images de paix, croix archiépiscopales, chandeliers d'autel avec croix, crosse, fauteuil et toutes autres choses sacrées, soit parements, soit ornements, soit vases, et même ce qui, bien que convenant par nature à des usages profanes, aurait été destiné, non par accident, mais d'une manière permanente au culte divin : excepté les anneaux et croix pastorales, même portant des reliques sacrées, et tous les ustensiles de tout genre, qu'on prouverait légitimement avoir été acquis par les Évêques défunts, de biens n'appartenant pas aux églises, ou n'avoir pas été donnés à l'église. Nous voulons en outre que les Évêques soient tenus de faire, et fassent en forme authentique, un inventaire des ustensiles sacrés, dans lequel ils exprimeront sincèrement quand ils ont été acquis, notant d'une manière spéciale ceux qu'ils ont acheté avec les revenus et rentes de l'église; sans quoi on devrait présumer que tout a été acquis des biens de cette église. Quant aux ustensiles sacrés des Cardinaux de la sainte Église romaine qui doivent appartenir à la sacristie pontificale, nous ne voulons pas qu'on tienne compte de la qualité et de la nature des revenus sur lesquels ils ont été achetés, et excepté ceux qui sont énumérés spécialement dans la constitution d'Urbain VIII, *Æquum est*, nous voulons que ceux qui sont indiqués seulement en termes généraux, soient compris ainsi : les sandales, les gants, les amicts de lin, les aubes avec ceintures ; de même les pyxides, les ostensoirs, les bénitiers avec l'aspersoir, les vases aux saintes huiles, les burettes avec le plateau et la sonnette ; enfin la crosse, le fauteuil, les images de paix, les encensoirs et autres choses semblables, excepté les anneaux et les croix pastorales, même celles qui ont des reliques sacrées.

IV. Quand un Évêque a gouverné successivement deux ou plusieurs églises, Nous voulons que ses ustensiles sacrés soient dévolus et partagés proportionnellement à ces églises cathédrales, en tenant compte du temps et des fruits, selon la constitution de S. Pie V, « *Romani Pontificis.* »

V. Mais quand un Évêque aura été préposé simultanément à deux ou plusieurs églises unies ou concédées en administration perpétuelle, et ayant leur chapitre et leur église cathédrale propres et distincts, Nous ordonnons que la division soit faite en parties égales à chaque église cathédrale, en tant que les revenus de ces mêmes églises unies ou concédées en administration perpétuelle ne sont point divisés mais constituent à perpétuité une seule mense épiscopale ; mais si les revenus sont distincts et séparés, Nous voulons que le partage se fasse proportionnellement entre chaque église cathédrale, eu égard à leur revenu propre.

VI. Que s'il est constant qu'un Évêque qui, par translation, a successivement gouverné deux églises, a acquis tous ses ustensiles sacrés avec le revenu d'une seule, il n'y aura pas lieu à partage ; mais ces ustensiles sacrés appartiendront exclusivement à l'église cathédrale du diocèse sur le revenu duquel ils ont été achetés.

Nous voulons et ordonnons ces choses, décrétant que les présentes soient fermes et stables à toujours, sortent leur plein et entier effet, et soient complétement obéies par ceux qu'elles regardent ou regarderont ; qu'elles soient appliquées par leurs juges ordinaire et extraordinaires, déclarant nul et de nul effet tout ce qui serait fait à l'encontre par quelque autorité que ce soit, sciemment ou sans le savoir. Nonobstant toute règle *de Jure quæsito non tollendo* de la chancellerie apostolique, même la Nôtre si besoin est, et toutes ordonnances apostoliques, décrets rendus par conciles universels, provinciaux ou synodaux, toutes constitutions générales ou particulières, même avec expresse et spéciale mention ou dérogation contraires, quelles qu'elles soient.

Donné à Rome, près Sainte-Marie-Majeure, sous l'anneau du pêcheur, le 1ᵉʳ juin MDCCCXLVII, de Notre Pontificat l'an Iᵉʳ.

Louis Card. Lambruschini,
Secr. des brefs apostoliques.

De plus :

Des décrets particuliers de la S. Congrégation des rites approuvés par rescrits de S. S. Pie IX ont statué sur les points suivants, qu'il est utile et édifiant de rapporter en substance :

1° La fête du patronage de S. Joseph a été étendue à l'Église universelle. — Die x° septemb. 1847.

2° La fête de S. Antoine, arch. de Florence, a été élevée au rit double mineur. — Die xii° septemb. 1848.

AFFAIRES POLITIQUES DES ÉTATS ROMAINS.

PROCLAMATION

DE SA SAINTETÉ LE PAPE PIE IX,

AUX ROMAINS.

(10 février 1848.)

Romani! Ai desiderii vostri, ai vostri timori, non è sordo il Pontefice che in ormai due anni ha da voi ricevuto tanti segni di amore et di fede. Noi non Ci ristiamo dal continuo meditare come possano più utilmente svolgersi e perfezionarsi, salvi i Nostri doveri verso la Chiesa, quelle civili istituzioni che abbiam poste non da alcuna necessità costretti, ma persuasi dal desiderio della felicità dei Nostri popoli e dalla stima delle loro nobili qualità. Abbiamo volti altresì i Nostri pensieri al riordinamento della milizia prima ancora che la voce pubblica lo richiedesse; e abbiamo cercato modo di avere di fuori Ufficiali che venissero in ajuto a quelli che onoratamente servono il Governo Pontificio. Per meglio allargare la sfera di quelli che possano con l'ingenio e con l'esperienza concorrere ai pubblici miglioramenti, avevamo pur provveduto ad accrescere nel Nostro Consiglio de' Ministri la parte laicale. Se la concorde volontà dei Principi da cui l'Italia riconosce le nuovo riforme è una sicurezza della conservazione di questi beni con tanto plauso e con tanta gratitudine accolti, Noi la coltiviamo serbando e confermando con Essi le più amichevoli relazioni. Nessuna cosa insomma che giovar possa alla tranquillità e alla dignità dello Stato sarà mai negletta, o Romani e sudditi Pontificii, dal vostro Padre, et Sovrano, che dalla sua sollecitudine per voi vi ha date le prove più certe, ed è pronto a darvene ancora, se sarà fatto degno di ottenere da DIO che infonda nei cuori vostri e degl'Italiani tutti lo spirito pacifico della sua sapienza : ma è pronto altresì a resistere con la virtù delle già date istituzioni agl'impeti disordinati, come sarebbe pronto a resistere a domande non conformi ai doveri Suoi e alla felicità vostra. Ascoltate adunque la voce Paterna che v'assicura : e non vi commuova questo grido che esce da ignote bocche ad agitare i popoli d'Italia con lo spavento di una guerra straniera ajutata e preparata da interne congiure o da malevola inerzia de' governanti. Questo si è inganno, spingervi col terrore a cercare la pubblica salvezza nel disordine : confondere col tumulto i consigli di chi vi governa : e con la confusione apparecchiare pretesti ad una guerra che con nessun altro motivo si potrebbe rompere contro di Noi. Qual pericolo infatti può sovrastare all' Italia finchè un [vincolo di gratitudine e di fiducia, non corrotto da nessuna violenza, congiunga insieme la forza dei popoli con la sapienza dei Principi, con la santità del diritto? Ma Noi massimamente, Noi Capo e Pontefice Supremo della santissima Cattolica Religione, forsechè non avremmo a Nostra difesa, quando fossimo ingiustamente assaliti, innumerevoli Figliuoli che sosterrebbero come la casa del Padre il centro della Cattolica unità? Gran dono del Cielo è questo fra tanti doni con cui ha prediletto l' Ilalia : che tre milioni appena di sudditi Nostri abbiano dugento milioni di fratelli d' ogni nazione e d' ogni lingua. Questa fu in ben altri tempi , e nello scompiglio di tutto il mondo romano, la salute di Roma. Per questo non fu mai intera la rovina dell' Italia. Questa sarà sempre la sua tutela, finchè nel suo centro starà quest' Apostolica Sede. Oh, perciò benedite GRAN DIO l' Italia, e conservatele sempre questo dono di tutti preziosissimo , la fede! Beneditela con la Benedizione che umilmente vi domanda, posta la fronte per terra, il vostro Vicario. Beneditela con la Benedizione che per lei vi domandano i Santi a cui diede la vita , la Regina dei Santi che la protegge , gli Apostoli di cui serba le gloriose reliquie, il vostro Figlio Umanato , che in questa Roma mandò a risiedere il suo Rappresentante sopra la terra.

Datum Romæ, apud Sanctam Mariam Majorem, die

X Februari anni MCCCXLVIII, Pontificatus Nostri anno secundo.

PIUS PP. IX.

TRADUCTION.

Romains! il ne reste sourd ni à vos désirs ni à vos craintes, le Pontife qui depuis deux ans a reçu de vous tant de preuves d'amour et de fidélité. Nous ne cessons pas de méditer comment ces institutions civiles que Nous avons créées sans y être contraint par aucune force, mais uniquement guidé par le besoin du bonheur de nos peuples et l'estime pour leurs nobles qualités, peuvent se développer et se perfectionner sans porter atteinte à ce que nous devons à l'Église.

Avant que la voix publique l'eût demandé, nous avions déjà tourné nos pensées vers la réorganisation de la milice, et nous avions cherché le moyen d'avoir des officiers étrangers qui pussent venir en aide à ceux qui servent déjà si honorablement le gouvernement pontifical. Afin d'élargir la sphère d'action pour tous ceux qui, par leur habileté et leur expérience, peuvent contribuer aux améliorations dans l'État, nous avons également augmenté dans notre conseil des ministres le nombre des laïques. Si l'accord des souverains à qui l'Italie doit les nouvelles réformes est une garantie de la conservation de ces biens, accueillis avec tant d'approbation et de gratitude, nous avons cultivé cet accord en conservant et en raffermissant avec eux les relations les plus amicales. Rien enfin de ce qui peut contribuer à la tranquillité et à la dignité de l'État ne sera négligé, Romains et sujets pontificaux, par votre père et souverain qui vous a donné les preuves les plus certaines de sa sollicitude, et qui est prêt à vous en donner encore, si seulement Dieu daigne accorder à ses prières la grâce de voir vos cœurs et ceux de tous les Italiens inspirés par l'esprit pacifique de sa sagesse. Mais, d'un autre côté, il est prêt à résister, en s'appuyant sur la force même des institutions déjà accordées, aux mouvements désordonnés, comme il résisterait pareillement aux demandes contraires à ses devoirs et à votre bonheur.

Écoutez donc la voix paternelle qui cherche à vous rassurer ; ne vous laissez pas émouvoir par les bruits que répandent des bouches inconnues pour agiter les peuples de l'Italie par l'épouvantail d'une guerre étrangère préparée et fomentée par des conspirations intérieures ou par l'inertie malveillante des gouvernants. Ce n'est qu'un leurre. On veut vous forcer par la terreur à chercher le salut public dans le désordre ; on veut troubler les conseils de ceux qui vous gouvernent par le tumulte, et par la confusion créer des prétextes pour une guerre que l'on ne saurait nous susciter par aucun autre motif.

Quel danger en effet peut menacer l'Italie, tant qu'un lien étroit de confiance et de gratitude, que nulle violence n'aura altéré, unira la force des peuples, avec la sagesse des princes et la sainteté du droit! Mais Nous surtout, Nous, Chef et Pontife suprême de la très-sainte Religion catholique, n'aurions-Nous pas pour Notre défense, si nous étions injustement attaqué, de nombreux enfants qui soutiendraient, comme étant la maison du père, le centre de l'unité catholique?

C'est un grand don du ciel, parmi tous les dons qu'il a prodigués à l'Italie, que nos trois millions de sujets aient deux cents millions de frères de toute langue et de toute nation. C'est là ce qui, dans d'autres temps et au milieu de la confusion de tout le monde romain, a fait le salut de Rome; c'est ce qui a empêché que jamais la ruine de l'Italie fût complète. Ce sera toujours sa protection tant que ce Siége Apostolique sera debout au centre de la Péninsule.

Bénissez donc l'Italie, ô grand Dieu! et conservez-lui toujours le plus précieux de tous vos dons, la foi! Bénissez-la de la bénédiction que vous demande humblement votre vicaire, le front prosterné jusqu'à terre. Bénissez-la de la bénédiction que vous demandent pour elle les saints à qui elle a donné le jour, la Reine des saints qui la protége, les apôtres dont elle garde les glorieuses reliques, et votre Fils fait homme, qui a voulu que cette Rome fût la résidence de son représentant sur la terre.

Donné à Rome, près Sainte-Marie-Majeure, le 10 février 1848.

Pius PP. IX.

BÉNÉDICTION DES DRAPEAUX.

(10 février 1848.)

PIO IX

AI SIGG. COMANDANTI I CORPI TANTO DI CIVICA, CHE DI LINEA, IL GIORNO 11 FEBBRARO 1848.

La circostanza tanto imperiosa, le cose incalzano tanto che mi piace appellarmi alla lealtà della Guardia Civica; a questo corpo affido la mia persona, le mie sostanze, il Sagro Collegio, le vite, e le sostanze di tutti i Cittadini, il mantenimento dell' ordine e della tranquillita publica. Non credo potermi affidare che a questo corpo, che tante prove mi ha dato di attaccamento in tanto poco tempo. Ho incaricato una commissione di riunire tutte le disposizioni da me date onde poter vedere quale estensione maggiore possa dars allei riforme onde sieno più in armonia nei bisogni, e desiderj attuali. Aumenterò il numero dei Componenti della Consulta di Stato, e darò una maggiore estensione alle sue facoltà. Ho promesso, perchè voglio mantenerlo, la secolarizzazione di altri Ministri ed a quest' ora si sarebbe effettuata, se quelli, ai quali ho offerto il rispettivo portafoglio, non si fossero espressi di volerlo accettare con condizioni; ed io condizioni non le riceverò mai. Non sarà mai che io acconsenta alle cose contrarie alla Chiesa ed ai principj della Religione. Se mi si volesse forzare a ciò, se mi vedessi abbandonato, non mai cederei et mi metterei in braccio alla Providenza. I cittadini stiano in guardia de' mali intenzionati, che sotto vani pretesti desiderano sconvolgere l'ordine publico per potere più facilmente appropriarsi le altrui sostanze. La Costituzione non è un nome nuovo per il nostro Stato. Quelli Stati che attualmente l'hanno, la copiarono da noi. Noi avevamo la Camera dei Deputati nel Collegio degl' Avvocati Concistoriali, e la Camera de' Pari nel Sagro Collegio de' Cardinali fino all' epoca di Sisto V.

———◆———

TRADUCTION.

PIE IX

AUX COMMANDANTS DE LA GARDE CIVIQUE ET DE LA TROUPE DE LIGNE.

Les circonstances sont si graves, et l'état des affaires si pressant, que je viens faire appel à la loyauté de la garde civique. Je confie à ce corps ma personne, mes biens, le Sacré Collége, la vie et les propriétés de tous les citoyens, le maintien de l'ordre et de la paix publique. Je pense ne mieux pouvoir mettre ma confiance qu'en ce corps qui m'a donné, en si peu de temps, des preuves si nombreuses d'attachement. J'ai chargé une Commission de réunir toutes les dispositions que j'ai prises et de voir quelle extension plus grande peut être donnée aux réformes, pour les mettre plus en harmonie avec les besoins et les désirs actuels. J'augmenterai le nombre des membres de la Consulte d'État et je donnerai une plus grande étendue à leurs pouvoirs. Je promets, et je veux le maintenir, la sécularisation des autres ministères, et elle serait déjà effectuée si ceux à qui j'ai offert les portefeuilles n'avaient pas prétendu mettre des conditions à leur acception. Ces conditions, je ne les accepterai jamais. Jamais je ne consentirai à aucune chose contraire à l'Église et aux principes de la religion. Si on voulait m'y forcer, si je me voyais abandonné, jamais je ne céderai, mais je remettrai aux mains de la Providence. Que les citoyens se tiennent en garde contre les gens malintentionnés, qui sous de vains prétextes ne désirent que le renversement de l'ordre public, pour pouvoir plus facilement s'approprier le bien des autres. La Constitution n'est pas un nom nouveau pour notre État. Les États qui la possèdent l'ont copiée sur nous. Nous avions une chambre des Députés, dans le Collége des avocats consistoriaux, et la chambre des Pairs dans le Sacré Collége des Cardinaux, jusqu'au temps de Sixte V.

BÉNÉDICTION

DE LA GARDE CIVIQUE.

(20 février 1848.)

È dolce, EGLI disse, è dolce al mio cuore di vedervi intorno a me amorosamente raccolti. Nel veder voi, vedo in voi stessi risplendere la face dell' amor fraterno, l' ordine, la concordia. Vedo in voi gl' inimici dell' anarchia, vedo in voi gli amici del Pontefice, della Patria, del Trono. Mio Dio benedite questo onorifico Corpo, che chiude le orecchie alle insidie di pochi che invano tentano di pervertirlo : beneditelo affine ogn' ora più si afforzi nelle savie operazioni. Beneditelo su tutte le sue facoltà, e scenda la benedizione Vostra, anche sopra le sue famiglie, che pure formano la più grande parte di Roma.

TRADUCTION.

Il est doux pour mon cœur de vous voir réunis et rangés autour de moi ; en vous voyant, je vois l'ordre dans Rome ; je vois en vous les ennemis de l'anarchie et les amis du Saint-Siége, du Pontife et de l'ordre. Mon Dieu, bénissez ce corps, afin qu'il demeure fidèle à vous, à l'Église, et qu'il ferme les oreilles à un petit nombre de voix insidieuses qui détournent du bien. Bénissez-le dans ses chefs, afin qu'ils continuent à le commander; faites que la bénédiction ne descende pas seulement sur eux, mais aussi sur leurs familles, qui forment une grande partie de Rome.

CIRCULAIRE

DE S. ÉM. LE CARDINAL BOFONDI.

(28 février 1848.)

I gravi noti delitti che da poco tempo in qua hanno avuto luogo con frequenza in alcune provincie dello Stato pontificio, per parte però di pochi individui, cagionano alla SANTITA' DI NOSTRO SIGNORE il più profondo dolore. Tali criminosi fatti sono del tutto in opposizione con quella pace che sino da' primordii del glorioso Suo pontificato volle generosamente promuovere la SANTITA' SUA tra i diletti Suoi sudditi, riguardandoli tutti come figli, e che volendoli stretti al Suo paterno cuore come una famiglia, procurò indefessamente di felicitarli con ogni maniera di beneficii, arricchendoli di sagge instituzioni governative, quali giudicò poter convenire ai tempi di progredita civiltà. Questa condotta tenuta da NOSTRO SIGNORE verso i Suoi sudditi fu dalla maggiorità ben corrisposto con segni di gratitudine, et più ancora coll' addimostrarsi degni delle novelle instituzioni ; ma per colpa de' nemici di ogni ordine si ha a deplorare che resti sì mal compensata la generosità sovrana della SANTITA' SUA , e che in pari tempo venga compromessa la dignità nazionale de' Suoi Stati, facendo piombare sulla maggiorità una colpa, dalla quale è certamente immune, e che la espone a cadere sotto il marchio della ingratitudine al giudizio del mondo osservatore, ingratitudine che ferisce il cuore del benefico SOVRANO , ma che è tutta propria de' pochi sfrenati agitatori nemici sempre di ogni bene. Quello però che maggiormente ha riempito d iamarezza il cuore di SUA SANTITA' è stato l'apprendere che in alcune città dello Stato da disordinate e ristrette moltitudini siasi fatta violenza ad alcune Famiglie religiose per discacciarle, e ciò o coll' intimorirle o coll' intimare perfino apertamente ad esse la emigrazione. Questa specie di criminosi avvenimenti non potevansi certamente attendere ne' nostri tempi , ne' quali s' invocano e si esiggono legalità, moderazione ed umanità. Quindi la SANTITA' SUA e come Sovrano e come Capo della cattolica Religione, non può non altamente disapprovare e condannare sì gravi attentati, che disonorano la civiltà stessa e contradicono apertamente le libertà che s'invocano. Che se gli autori de' medesimi reati si lasciasssero andare impuniti, chi sa fin dove giungerebbe la loro baldanza , e chi sa da quali disastri verrebbe minacciata la Società, la quale ha il suo riposo nella osservanza delle leggi che garantiscono a ciascuno la libertà e la sicurezza della personna è delle proprietà.

« Penetrato il SANTO PADRE da questi sentimenti, che con la Sua viva voce si è degnato di esprimere, ha comandato che in via straordinaria col mio mezzo, e come Segretario di Stato e come Presidente del Consiglio de' Ministri, venissero manifestati alle locali Autorità Governative delle Provincie, per richiamare in modo speciale sul grave argomento tutta la loro attenzione; e perchè procurino con ogni efficacia lo scuoprimento e le punizioni degli autori di sì gravi delitti, ove questi sono avvenuti; e perchè altrove non ne venga imitato il pravo esempio. A tal' uopo io mi rivolgo a Vostra Eminenza (o V. S. Illma e Rma), che certamente è sì bene animata per corrispondere alle rette e ferme intenzioni della SANTITA' SUA; e sono certo che Ella non solo troverà l'approvazione di tutt' i buoni, ma la zelante cooperazione della Magistratura Municipale e l'appoggio nella mano forte, che presteranno le milizie, et specialmente la Civica, la quale, come giustamente si confida il SANTO PADRE che fu il primo tra i Sovrani d'Italia ad instituirla, non vorrà cedere nell'. impegno alle milizie civiche degli altri Stati; ed anzi vorrà emularle, rammentandosi sempre che suo scopo principale quello si è di mantenere l'ordine interno per ben meritare del Sovrano, il quale ha voluto in essa rippore illimitata fiducia fiducia. Non dubito di vedere felici effetti delle misure, ch' Ella andrà ad addottare : et nel desiderio di tranquillizare l'animo del Santo Padre, La interesso a rendermi informato dei passi che verranno da Lei fatti all'oggetto : e frattanto Le confermo i sentimenti di profondo ossequio, baciandole umilissimamente le mani.

Il Segretario di Stato
Presidente del Consiglio dei Ministri,

G. card. Bofondi.

P. S. Mi giova avvertirla che Monsignor Ministro dell'Interno ed i Ministri di Polizia e delle Armi d'appresso la risoluzione del consiglio de' Ministri sono incaricati a prestarsi in tutto quello ch'è relativo ai respettivi loro Ministeri per l'adempimento delle misure ch'Ella stimerà opportune di addotare alla circostanza.

TRADUCTION.

De graves délits, commis depuis peu de temps et en grand nombre, dans quelques provinces de l'État pontifical, par le fait de quelques individus, causent à notre très-saint Père la plus profonde douleur. Rien de plus opposé que de tels crimes à cette paix que, dès les premiers jours de son glorieux pontificat, Sa Sainteté a si généreusement cherché à établir parmi ses bien-aimés sujets, les regardant tous comme des fils, ne voulant voir en eux que les membres d'une même famille et les enrichissant des institutions gou-

vernementales les plus sages, les mieux appropriées
aux besoins des temps et aux progrès de la civilisation. La majorité des sujets de notre très-saint Père
a répondu à ces bienfaits par des témoignages de reconnaissance, et s'est montrée digne des institutions
nouvelles : mais combien n'est-il pas à déplorer que
quelques fauteurs de désordre, compromettant la dignité nationale, fassent retomber, aux yeux des nations étrangères, la responsabilité de leurs crimes sur
la majorité du peuple, qui, certes, en est pleinement
innocent ! Le cœur de notre bien-aimé souverain est
profondément blessé de l'ingratitude de ces agitateurs
effrénés, ennemis de tout ordre et de tout bien. Mais
le cœur du Saint-Père a surtout été rempli d'amertume, en apprenant que, dans quelques villes de l'É-
tat pontifical, des multitudes ameutées ont chassé par
la violence certaines familles religieuses, en les menaçant et en leur intimant hautement l'ordre d'émi-
grer. En nos jours, où l'on invoque si haut, et où
sont plus nécessaires que jamais, la légalité, la modération et l'humanité, pouvait-on s'attendre à des
événements de cette nature et si criminels ? Comme
souverain et comme chef de la religion catholique, Sa
Sainteté ne peut pas ne pas désapprouver et condam-
ner hautement de tels attentats, qui déshonorent la
civilisation elle-même, et qui sont en contradiction
flagrante avec les libertés au nom desquelles on les
commet. Si on laissait aller impunis les auteurs de
semblables délits, qui peut dire jusqu'à quel point
s'accroîtrait leur audace, et de quelles catastrophes

la société serait menacée, elle dont la tranquillité n'a d'autre fondement que l'observation des lois qui garantissent à chacun la liberté, la sûreté des personnes et des propriétés?

Pénétré de ces sentiments, qu'il a voulu nous exprimer de sa propre bouche, le Saint-Père m'a ordonné, comme secrétaire d'État et président du conseil des ministres, d'en faire parvenir l'expression, par voie extraordinaire, aux autorités chargées du gouvernement des provinces, pour appeler d'une manière toute spéciale leur attention sur ces faits, et leur enjoindre de prendre des mesures efficaces, afin que les auteurs de ces graves délits soient découverts et punis, et afin que ce détestable exemple ne trouve pas d'imitateurs dans les lieux où rien de semblable n'a encore eu lieu. C'est pourquoi je m'adresse à Votre Éminence, qui, sans nul doute, est fermement résolue à remplir les justes et irrévocables intentions de Sa Sainteté, et je suis certain que vous aurez non-seulement l'approbation de tous les gens de bien, mais encore la coopération zélée de la magistrature municipale. Les troupes vous prêteront main-forte, et surtout la garde civique, le Saint-Père en a la confiance, lui qui l'a instituée le premier entre les princes d'Italie; elle ne le cédera en rien aux milices civiques des autres États, et elle se souviendra que son but principal est le maintien de l'ordre intérieur. Je ne doute point que les mesures que vous allez prendre n'aient le plus heureux résultat, et je vous prie de m'en rendre compte exactement, afin que le

Saint-Père les puisse apprécier. En attendant, je suis, etc.

> Le secrétaire d'État, président du conseil des ministres,

> G. card. BOFONDI.

P. S. Je dois vous avertir que le ministre de l'intérieur et les ministres de la police et de la guerre sont, d'après une délibération du conseil des ministres, chargés, chacun en ce qui le concerne, de vous aider dans l'accomplissement des mesures que vous jugerez opportun de prendre dans cette circonstance.

STATUT FONDAMENTAL

POUR LE GOUVERNEMENT TEMPOREL DES ÉTATS DE L'ÉGLISE.

(14 mars 1848.)

Nelle istituzioni di cui finora dotammo i Nostri sudditi fu Nostra intenzione di riprodurre alcune istituzioni antiche, le quali furono lungamente lo specchio della sapienza degli augusti Notri Predecessori, et poi col volgere dei tempi volevansi adattare alle mutate condizioni, per rappresentare quel maestoso edifizio che erano state dapprincipio.

Per questa via procedendo eravamo venuti a stabilire una Rappresentanza consultiva di tutte le Provincie, la quale dovesse ajutare il Nostro Governo nei lavori legislativi, et nell' amministrazione dello Stato : e aspettavamo che la bontà dei risultamenti avesse lodato l' esperimento che primi Noi facevamo in Italia. Ma poichè i Nostri Vicini hanno guidicato maturi i loro popoli a ricevere il benefizio di una Rappresentanza non meramente consultiva, ma deliberativa, Noi non vogliamo fare minore stima dei popoli Nostri, nè fidar meno nella loro gratitudine, non già verso la Nostra umile Persona, per la quale nulla vogliamo, ma verso la Chiesa e quest' Apostolica Sede, di cui Iddio Ci ha commessi gl' inviolabili e supremi diritti, e la cui presenza fu e sarà sempre a loro di tanti beni cagione.

Ebbero in antico i nostri Communi il privilegio di governarsi ciascuno con leggi scelte da loro medesimi sotto la sanzione Sovrana. Ora non consentono certamente le condizioni della nuova civiltà che si rinnovi sotto le medesime forme un ordinamento pel quale la differenza delle leggi e delle consuetudini separava sovente l' un Comune dal consorzio dell' altro. Ma Noi intendiamo di affidare questa prerogativa a due Consigli di probi e prudenti cittadini, nell' uno da Noi nominati, nell' altro deputati da ogni parte dello Stato mediante une forma di elezioni opportunamente stabilita : i quali e rappresentino gl' interessi particolari di ciascun luogo dei Nostri Domini, e saviamente li contemperino con quell' altro interesse grandissimo di ogni Comune e di ogni

Provincia, che è l'interesse generale dello Stato.

Siccome poi, nel Nostro Sacro Principato, non può essere disgiunto dall'interesse temporale della interna prosperità l'altro piu grave della politica indipendenza del Capo della Chiesa, pel quale stette altresì l'indipendenza di questa parte d'Italia; così non solamente riserbiamo a Noi e ai Successori Nostri la suprema sanzione e la promulgazione di tutte le leggi che saranno dai predetti Consigli deliberate, e il pieno esercizio dell'autorità sovrana nelle parti di cui col presente atto non è disposto; ma intendiamo altresì di mantenere intera l'autorità Nostra nelle cose che sono naturalmente congiunte con la religione e la morale cattolica. E ciò dobbiamo per sicurezza a tutta la Christianità che nello Stato della Chiesa in questa nuova forma costituito nessuna diminuzione patiscano la libertà et i diritti della Chiesa medesima et della S. Sede, nè veruno esempio sia mai per violare la santità di questa Religione, che Noi abbiamo obbligo e missione di predicare a tutto l'universo come unico simbolo di alleanza di Dio con gli uomini, come unico pegno di quella benedizione celeste per cui vivono gli Stati e fioriscono le Nazioni.

Implorato per tanto il Divino ajuto, e udito l'unanime parere dei Nostri Venerabili Fratelli Cardinal, di S. R. C. espressamente a tal uopo adunati in Consistorio, abbiamo decretato e decretiamo quanto segue.

DISPOSIZIONI GENERALI.

Art. I. Il S. Collegio dei Cardinali, del Sommo Pontefice, è Senato inseparabile dal medesimo.

II. Sono istituiti due Consigli deliberanti per la formazione delle leggi, cioè l'alto Consiglio ed il Consiglio dei Deputati.

III. Sebbene ogni giustizia emani dal Sovrano, e sia un suo nome amministrata, l'ordine giudiziario è nondimeno indipendente nell'applicazione delle leggi ai casi speciali, salvo sempre nello stesso Sovrano il diritto di far grazia. I giudici dei tribunali collegiali sono inamovibili quando vi avranno esercitate le loro funzioni per tre anni dalla promulgazione del presente Statuto. Possono però essere traslocati ad altro tribunale eguale o superiore.

IV. Non saranno istituiti tribunali o commissioni straordinarie: ognuno in materia tanto civile quanto criminale sarà giudicato dal tribunale espressamente determinato dalla legge, innanzi alla quale tutti sono eguali.

V. La Guardia civica si ha come istituzione dello Stato; e rimarrà costituita sulle basi della legge del 5 lulio 1847, e del regolamento del 30 dello stesso mese.

VI. Niun impedimento alla libertà personale può essere posto se non nei casi e colle forme prescritte dalle leggi. E perciò niuno può essere arrestato se non in forza d'un atto emanato dall'autorità competente. È eccettuato il caso di delitto flagrante o quasi flagrante, nel quale l' arrestato dentro 24 ore e consegnato all' autorità competente.

Le misure di polizia e preventive sono pure regolate da una legge.

VII. Il debito pubblico è garantito, come pure le altre obbligazioni assunte dallo Stato.

VIII. Tutte le proprietà, sia dei privati, sia dei corpi morali, sia delle altre pie o pubbliche istituzioni, contribuiscono indistintamente ed egualmente agli aggravj dello Stato, chiunque ne sia il possessore.

Quando il Sommo Pontefice dà la sanzione alle leggi sopra i tributi, l' accompagna con una speciale Apostolica deroga alla immunità ecclesiastica.

IX. Il diritto di proprietà in egual modo in tutti è inviolabile.

Sono eccettuate soltanto le espropriazioni per causa di publica utilità riconosciuta, e previo l' equivalente compenso a norma delle leggi.

X. La proprietà letteraria è riconosciuta.

XI. L' attuale preventiva censura governativa o politica per la stampa è abolita, e saranno a questa sostituite misure repressive da determinarsi con apposita legge.

Nulla è innovato quanto alla censura ecclesiastica stabilita dalle canoniche disposizioni, fino a che il Sommo Pontefice nella sua Apostolica autorità non provvegga con altri regolamenti.

Il permesso della censura ecclesiastica in niun

caso toglie o diminuisce la responsabilità politica e civile di coloro, i quali a forma delle leggi sono garanti delle pubblicazioni per mezzo della stampa.

XII. I pubblici spettacoli sono regolati con misure preventive stabilite dalle leggi. Le composizioni teatrali, prima di essere rappresentate, sono perciò soggette alla censura.

XIII. L'amministrazione comunale e provinciale sarà presso dei respettivi cittadini, con apposite leggi verrà regolata in modo da assicurare alle comuni e provincie le più convenienti libertà compatibili con la conservazione dei loro patrimonj e coll' interesse dei contribuenti.

DELL' ALTO CONSIGLIO ET DEL CONSIGLIO DEI DEPUTATI.

XIV. Il Sommo Pontefice convoca, proroga, e chiude le sessioni d' ambedue i Consigli. Scioglie quello dei Deputati, convocandolo nuovamente nel termine di tre mezi per mezzo di nuove elezioni. La durata ordinaria della sessione annuale non oltrepassa tre mesi.

XV. Nessuno dei Consigli può adunarsi mentre è sciolto o prorogato, fuori del caso preveduto all' art. XLVI.

XVI. I due Consigli ogni anno sono convocati e chiusi in pari tempo. L' atto dell' apertura è fatto da un Cardinale specialmente delegato dal Pontefice, ed a quest' unico oggetto si riuniscono insieme ambedue i Consigli. Nel resto i Consigli si adunano sempre separatamente. Agiscono validamente quando sia presente la metà degl'individui dei quali ciascheduno è composto. Le risoluzioni sono prese a maggiorità di suffragi.

XVII. Le sessioni dell'uno e dell'altro Consiglio sono pubbliche. Ciascun Consiglio però si forma in Comitato segreto sulla domanda di dieci membri.

Gli atti dei due Consigli sono pubblicati a cura di essi.

XVIII. Ambedue i Consigli, quando saranno costituiti, redigeranno il respettivo regolamento sul modo da tenersi nel trattare gli affari.

XIX. I membri dell'alto Consiglio sono nominativi a vita dal Sommo Pontefice. Il loro numero non è limitato. È necessaria in essi l'età d'anni 30 ed il pieno esercizio dei diritti civili e politici.

XX. Sono desunti dalle seguenti categorie :

1. I prelati, ed altri ecclesiastici costituiti in dignità.

2. I Ministri, il Presidente del Consiglio dei Deputati, il Senatore di Roma e di Bologna.

3. Le persone che hanno occupato o occupano un distinto grado nell'ordine governativo, amministrativo e militare.

4. I presidenti dei tribunali di appello, i consiglieri di Stato, gli avvocati consistoriali; tutti dopo l'esercizio di sei anni.

5. I possidenti con una rendita di scudi 4,000 annui sopra capitali imponibili, et posseduta dai sei anni innanzi.

6. E finalmente le persone benemerite dello Stato per distinti servigi, o per averlo illustrato con opere insigni nelle scienze o nelle arti.

XXI. Al principio d'ogni sessione il Sommo Pontefice fra i membri dell' alto Consiglio nomina tanto il presidente, quanto i due vicepresidenti, qualora non gli piaccia di nominare un Cardinale alla presidenza.

XXII. L'altro Consiglio si compone dei deputati scelti dagli elettori, sulla base approssimativa di un deputato per ogni 30,000 anime.

XXIII. Sono elettori:

1. I gonfalonieri, priori ed anziani delle città, e communi: i sindaci degli appodiati.

2. Quelli che nel censo sono iscritti possessori di un capitale di scudi 300.

3. Quelli che per altri titoli pagano al Governo una tassa diretta di scudi dodici annui.

4. I membri dei collegj, delle facoltà, ed i professori titolari delle università dello Stato.

5. I membri dei Consigli di disciplina, degli avvocati e procuratori presso i tribunali collegiali.

6. I laureati *ad honorem* nelle università dello Stato.

7. I membri delle camere di commercio.

8. I capi di fabbriche o stabilimenti industriali.

9. I capi o i rappresentanti di società, corpi morali, istituzioni pie o pubbliche, lequali sono intestate nel censo come al num. 2, ovvero pagano la tassa di cui al num. 3.

XXIV. Sono elegibili.

1. Quei che nel censo sono iscritti possessori di un capitale di scudi tremila.

2. Quelli che per altri titoli pagano al Governo una tassa fissa di scudi cento annui.

3. I membri dei collegj, delle facoltà, ed i professori titolari delle università di Roma e Bologna : i membri dei collegj di disciplina, degli avvocati e procuratori presso i tribunali di appello

4. Gli altri enunciati nei num. 1, 4, 5, 6, 7, 8, dell' art. precedente, quando siano iscritti per la metà del capitale notato nel num. 1, ovvero paghino la metà della tassa di cui al num. 2 del presente articolo.

XXV. Negli elettori si richiede l' età di anni 25, negli elegibili quella di anni trenta : negli uni e negli altri il pieno esercizio dei diritti civili e politici ; e perciò la professione della Religione Cattolica, la quale è condizione necessaria pel godimento dei diritti politici nello Stato.

XXVI. Niuno quantunque abbia più domicilj, e per più titoli sia compreso fra gli elettori, potrà dare il voto doppio. Potrà però la medesima persona essere eletta in due o più distretti, nel qual caso l' eletto avrà l' ozione.

XXVII. I collegj elettorali radunati per convocazione fatta dal Sommo Pontefice procedono alla elezione dei deputati nei modi et forme che saranno prescritte dalla legge elettorale.

XXVIII. Al principio d' ogni sessione, il Consiglio

dei deputati elegge fra i suoi membri il presidente e vicepresidenti.

XXIX. I membri d'ambedue i Consigli esercitano le di loro funzioni gratuitamente.

XXX. I membri d'ambedue i Consigli sono inviolabili per le opinioni e voti che proferiscono nell' esercizio delle loro attribuzioni.

Non possono essere arrestati per debiti durante il periodo delle sessioni, ed un mese innanzi ed altro dopo.

Non possono pure essere arrestati per giudizj criminali durante la sessione, se non previo l' assenso del Consiglio al quale appartengono, eccettuato il caso di delitto flagrante o quasi flagrante.

XXXI. Oltre il caso in cui venga sciolto il Consiglio dei Deputati, cessa l'ufficio di deputato :

1. Con la morte naturale o civile, e con le sospensioue dei diritti civici.

2. Con la rinuncia.

3. Con il lasso di quattro anni.

4. Con la nomina all'alto Consiglio.

5. Con avere accettato un impiego con stipendio dal Governo, o con una promozione in quello che aveva.

Ogni volta che si verifica un caso di vacanza, sarà immediatamente convocato il collegio elettorale dal quale quel deputato era stato eletto. Il caso del n. 3 e 5 non è d' impedimento alla rielezione.

XXXII. Se, durante l'officio, il deputato perde una delle qualifiche di eligibilità che di loro natura non siano temporanee, il Consiglio, verificato il fatto, dichiara vacante l'officio. Si procederà alla nuova elezione a forma dell' articolo precedente.

L'alto Consiglio nello stesso caso pe' suoi membri ne fa rapporto al Sommo Pontefice; cui è riservato di prendere la conveniente determinazione.

ATTRIBUZIONI DEI DUE CONSIGLI.

XXXIII. Tutte le leggi in materie civili, administrative e governative, sono proposte, discusse e votate nel due Consigli; comprese le imposizioni di tributi, et le interpretazioni et declaratorie che abbiano forza di legge.

XXXIV. Non hanno forza le leggi concernenti le materie di cui all' articolo precedente, se non dopo di essere state liberamente discusse ed accettate da ambedue i Consigli, et munite della sanzione del Sommo Pontefice.

Non possono quindi essere riscossi i tributi, se non sono approvati da une legge.

XXXV. La proposta delle leggi è fatta dai Ministri : può pure essere fatta da ognuno dei due Consigli dietro richiesta di dieci dei suoi membri. Ma le proposizioni fatte dai Ministri saranno sempre prima delle altre discusse e votate.

XXXVI. I Consigli non possono mai proporre alcuna legge

1. Che riguardi affari ecclesiastici o misti.

2. Che sia contraria ai canoni o discipline della Chiesa.

3. Che tenda a variare o modificare il presente statuto.

XXXVII. Negli affari misti possono in via consultativa essere interpellati i Consigli.

XXXVIII. È vietata nei due Consigli ogni discussione che riguardi le relazioni diplomatico-religiose della S. Sede all' estero.

XXXIX. I trattati di commercio, e quelle soltanto fra le clausole di altri trattati, che riguardassero le finanze dello Stato, prima di essere ratificati sono portati ai Consigli, i quali li discutono et votano a forma dell' art. XXXIII.

XL. Le proposte di legge possono dal Ministero essere trasmesse indistintamente all' uno o all' altro Consiglio.

XLI. Saranno pero sempre presentati prima alla deliberazione e voto del Consiglio dei deputati i progetti di legge riguardanti :

1. Il preventivo e consuntivo di ogni anno ;

2. Quelle tendenti a creare, liquidare, dimittere debiti dello stato.

3. Quelle sulle imposte, appalti ed altre concessioni o alienazioni qualsivogliano dei redditi e proprietà dello Stato.

XLII. L' imposta diretta è consentita per un anno: le imposte indirette possono essere stabilite per più anni.

XLIII. Ogni proposta di legge, dopo di essere stata esaminata nelle sezioni, sarà discussa e votata dal Consiglio, al quale fu trasmessa. Quando sia approvata, e trasmessa all' altro Consiglio, che in egual modo la esamina , la discute e la vota.

XLIV. Se le proposte di legge saranno rigettate da uno dei due Consigli, o se il Sommo Pontefice non dà la sanzione dopo il voto dei due Consigli, in tali casi la proposta non potrà essere riprodotta nel corso di quella sessione.

XLV. La verifica dei poteri , e la questione sulla validità delle elezioni dei singoli membri del Consiglio dei deputati, spetta al medesimo.

XLVI. Il Consiglio dei Deputati soltanto ha il diritto di porre in istato di accusa i ministri. Se essi sono laici, spetterà all' alto Consiglio il giudicarli, e per quest' unico oggetto potrà radunarsi come tribunale fuori del tempo et del caso di cui all' art. XV, eccettuato sempre il tempo di cui all' art. LVI. Se essi sono ecclesiastici, l' accusa sarà deferita al S. Collegio, che procederà nelle forme canoniche.

XLVII. Ogni cittadino maggiore di età ha diritto di fare petizioni dirette al Consiglio de' Deputati negli affari di cui all' art. XXXIII, o per i fatti degli agenti del potere esecutivo riguardanti gli oggetti indicati. La petizione dovrà essere in iscritto o depositata all' officio o in persona o per mezzo di legittimo procuratore. Il Consiglio , sul rapporto d' una sezione , delibererà se e come averne ragione.

Coloro che fecero le petizioni possono essere tradotti innanzi il tribunale competente dalla parte che si crederà lesa dai fatti esposti.

XLVIII. I Consigli non ricevono deputazioni ; non

ascoltano fuori dei proprj membri altro che i commissarj del Governo ed i ministri : corrispondono in iscritto unicamente fra loro e col ministero, inviano deputazioni al Sommo Pontefice nei casi e forme prevedute dal regolamento.

XLIX. Le somme occorrenti pel trattamento del Sommo Pontefice, del S. Collegio dei Cardinali, per le Congregazioni ecclesiastiche, per sussidio o assegno a quella *de Propaganda fide*, pel Ministero degli affari esteri, pel corpo diplomatico della S. Sede all' estero, pel mantenimento delle Guardie Pontificie palatine, per le sagre funzioni, per l'ordinaria manutenzione e custodia dei Palazzi Apostolici, et di loro dipendenze, degli annessi musei e biblioteca, per gli assegnamenti, giubilazioni e pensioni degli addetti alla Corte pontificia, sono determinate in annui scudi seicento mila sulle basi dello stato attuale, compreso un fondo di riserva per le spese eventuali. Detta somma sarà riportata in ogni annuo preventivo Di pieno diritto si ha sempre per approvata e sanzionata tale partita, e sarà pagata al Maggiordomo del Sommo Pontefice o ad altra persona da esso destinata. Nel rendiconto o consuntivo annuo sarà portata la sola giustificazione di tale pagamento.

L. Rimangano inoltre a piena disposizione del Sommo Pontefice i canoni, tributi e censi, ascendenti ad un'annua somma di scudi tredicimila circa, nonchè i diritti dei quali si fa menzione in occasione della Camera di tributi nella vigilia et festa dei SS. Apostoli Pietro e Paolo.

LI. Le spese straordinarie di grandi riparazioni nei palazzi Apostolici, dipendenze, musei ed annessi, le quali non sono comprese nelle dette somme (quando abbiamo luogo) saranno portate e discusse nei preventivi annuali, et nei consuntivi.

DEL SACRO CONSISTORO.

LII. Quando ambedue i Consigli hanno ammessa la proposta di legge, sarà questa presentata al Sommo Pontefice, e proposta nel Consistoro segreto. Il Pontefice, udito il voto dei Cardinali, dà o niega la sanzione.

DEI MINISTRI.

LIII. L'Autorità governativa provvede con ordinanze regolamenti alla esecuzione delle leggi.

LIV. Le leggi e tutti gli atti governativi riguardanti gli oggetti di cui all'art. XXXIII, sono firmati dai rispettivi Ministri, che ne sono responsabili. Una apposita legge determinerà i casi di tale responsabilità, le pene, le forme dell'accusa e del giudizio.

LV. I Ministri hanno diritto d'intervenire ed essere uniti in ambedue i Consigli: vi hanno voto se ne sono membri: possono essere invitati ad intervenirvi per dare gli schiarimenti opportuni.

DEL TEMPO DELLA SEDE VACANTE.

LVI. Per la morte del Sommo Pontefice immediatamente e di pieno diritto restano sospese le sessioni d' ambedue i Consigli. Non potranno mai essi adunarsi durante la Sede vacante, nè in quel tempo potrà procedersi o proseguirsi nella elezione dei deputati. Sono di diritto convocati ambedue i Consigli un mese dopo la elezione del Sommo Pontefice. Se però il Consiglio dei deputati fosse sciolto, e non fossero compiute le elezioni, sono di diritto convocati i collegj elettorali un mese dopo come sopra, et dopo un altro mese sono convocati i Consigli.

LVII. I Consigli non potranno mai, anche prima di sospendere le sessioni, ricevere o dare petizioni dirette al Sacro Collegio o risguardanti il tempo della Sede vacante.

LVIII. Il Sacro Collegio, secondo le regole stabilite nelle costituzioni Apostoliche, conferma i Ministri o ne sostituisce altri. Fino a che non abbia luogo tale atto, i Ministri proseguono nel loro offizio. Il Ministero per altro degli affari esteri passa immediatamente al Segretario del Sagro Collegio, salvo allo stesso Sagro Collegio il diritto di affidarlo ad altro soggetto.

LIX. Le spese del funere del Sommo Pontefice, quelle del Conclave, quelle per la Creazione, coronazione e possesso del nuovo Pontefice, sono a carico dello Stato. I Ministri, sotto la dipendenza del Cardinale Camerlingo, provvedono la somma occorrente, quantunque non contemplata nel preventivo di quell' anno, fermo l' obbligo di renderne conto, dimostrano d' averla impiegata per i titoli sopra enunciati.

LX. Se allorchè muore il Sommo Pontefice, il bilancio preventivo dell' anno non fosse ancora stato votato da ambedue i Consigli, i Ministri di pieno diritto sono autorizzati ad esigere i tributi e provvedere alle spese sulle basi dell' ultimo preventivo votato dai Consigli e sanzionato dal Pontefice.

Se però il preventivo allorchè muore il Pontefice era già stato votato da ambedue i Consigli, in questo caso il Sacro Collegio userà del diritto di dare o negare la sanzione alla risoluzione dei Consigli.

LXI. I diritti di Sovranità temporale esercitati dal defunto Pontefice, durante la Sede vacante, risiedono nel Sacro Collegio, il quale ne userà a forma delle costituzioni Apostoliche, et del presente Statuto.

DEL CONSIGLIO DI STATO.

LXII. Vi sarà un Consiglio di Stato composto di dieci Consiglieri et di un corpo di Uditori non eccedente il numero di ventiquattro, tutti di nomina Sovrana.

LXIII. Il Consiglio di Stato è incaricato, sotto la direzione del Governo di redigere i progetti di legge, i regolamenti di amministrazione pubblica e di dar parere sulle difficoltà in materia governativa. Con apposita legge può essere conferito al medesimo il contenzioso amministrativo :

DISPOSIZIONI TRANSITORIE.

LIV. Saranno quanto prima promulgate :

1. La legge elettorale che farà parte integrante del presente Statuto;

2. La legge repressiva della stampa, di cui nella prima parte dell'art. XI.

LXV. Sarà proposto alla prima deliberazione dei Consigli il preventivo del 1849. Saranno pure proposte le seguenti legi per averne ragione in questa o in altra prossima sessione; la legge sulle istituzioni municipali e provinciali; il Codice di polizia; la riforma della legislazione civile, criminale, et di procedura; la legge sulla responsabilità dei ministri, e sopra i pubblici funzionarj.

LXVI. In quest'anno i Consigli si raduneranno al più tardi il primo lunedì di giugno.

LXVII. L'attuale Consulta di Stato cesserà venti giorni innanzi che sieno aperti i Consigli.

Intanto essa proseguirà nell'esame del preventivo ed altre materie amministrative, che le sono state o le saranno rimesse.

LXVIII. Il presente Statuto sarà messo in vigore all'apertura dei due Consigli.

Ma per quel che riguarda la elezione dei deputati avrà forza appena pubblicata la legge elettorale.

LXIX. Rimangono in vigore tutte le disposizioni legislative, che non sono contrarie al presente Statuto.

E similmente vogliamo, et decretiamo che nessuna legge o consuetudine preesistente, o diritto quesito, o diritto dei terzi, o vizio di orrezione, o surrezione possa allegarsi contro le disposizioni del presente

Statuto, il quale intendiamo, che debba essere quanto prima inserito in una Bolla consistoriale, secondo l'antica forma, a perpetua memoria.

Datum Romæ apud S. Mariam Majorem, die XIV Martii MDCCCXLVIII, Pontificatus Nostri anno secundo.

* * *

TRADUCTION.

STATUT FONDAMENTAL DE L'ÉTAT ROMAIN.

Dans les institutions dont jusqu'à ce jour Nous avons doté Nos sujets, notre attention a été de reproduire quelques institutions antiques, qui furent longtemps comme le miroir de la sagesse de Nos augustes prédécesseurs, et qui, par la marche des temps, devaient s'adapter aux nouveaux changements pour reproduire le majestueux édifice qu'elles formaient autrefois.

En procédant par cette voie, Nous en étions venus à établir une représentation consultative de toutes les provinces, qui devait aider Notre gouvernement dans les travaux législatifs et dans l'administration du pays, et Nous attendions que la bonté des résultats eût justifié l'expérience que, les premiers, Nous faisions en Italie. Mais puisque les princes Nos voisins ont jugé que leurs peuples étaient mûrs pour recevoir le bienfait d'une représentation, Nous ne voulons pas tenir Nos peuples en moindre estime ni compter moins sur leur reconnaissance, non pas envers Notre humble personne, pour laquelle nous ne demandons rien, mais vis-à-vis de l'Église et de ce Siége Apostolique dont le Seigneur Nous a commis les droits suprêmes et inviolables, et dont la présence fut et sera toujours pour eux la source de tant de biens.

Dans les temps anciens, Nos communes eurent le privilége de se gouverner individuellement par des lois qu'elles-mêmes avaient choisies sous la sanction souveraine. Maintenant les conditions de la civilisation nouvelle ne permettent pas assurément que l'on fasse revivre sous les mêmes formes un état de choses dans lequel la différence des lois et des coutumes séparait souvent une commune de la société de l'autre. Mais Nous avons résolu de confier cette prérogative à deux Conseils de citoyens probes et sages, qui, dans l'un, seront nommés par Nous, et, dans l'autre, devront être députés par toutes les parties de l'État moyennant une forme d'élection convenablement établie. Ces Conseils représenteront les intérêts particuliers de chaque lieu de Nos domaines et les coordonneront avec cet autre intérêt, le plus grand pour toute commune et toute province, l'intérêt général de l'État.

Et comme dans Notre souveraineté sacrée, on ne peut séparer de l'intérêt temporel de la prospérité intérieure l'autre intérêt plus grave de l'indépendance par laquelle s'est maintenue celle de cette partie de l'Italie, non-seulement Nous réservons à Nous et à

Nos successeurs la sanction suprême et la promulgation de toutes les lois qui seront délibérées par les
Conseils susdits et le plein exercice de l'autorité souveraine sur les points à l'égard desquels il n'est pas
disposé par le présent acte; mais Nous entendons encore maintenir Notre autorité entière dans les choses
qui sont naturellement liées à la religion et à la morale catholique. Nous le devons à la sécurité de la
chrétienté tout entière, afin que, dans l'État de l'Église
constitué sous cette nouvelle forme, la liberté et les
droits de cette même Église et du Saint-Siége ne souffrent aucun amoindrissement, et que nul exemple ne
viole jamais la sainteté de cette religion que Nous
avons obligation et mandat de prêcher à tout l'univers comme l'unique symbole d'alliance de Dieu avec
les hommes, comme l'unique gage de cette bénédiction céleste par laquelle vivent les Etats et fleurissent
les nations.

En conséquence, le secours de Dieu invoqué, et
après avoir entendu l'avis unanime de Nos Vénérables
Frères les Cardinaux de la sainte Église romaine, réunis expressément en consistoire, Nous avons décrété
et décrétons ce qui suit :

DISPOSITIONS GÉNÉRALES.

Art. 1ᵉʳ. Le Sacré Collége des Cardinaux, électeurs du Souverain Pontife, est le sénat indispensable
de celui-ci.

Art. 2. Deux Conseils délibérants sont institués pour

la discussion et le vote des lois, savoir, le Haut Conseil et le Conseil des députés.

Art. 3. Quoique toute justice émane du souverain et soit rendue en son nom, l'ordre judiciaire est indépendant dans l'application des lois aux cas particuliers, sauf l'exercice du droit de grâce toujours réservé au souverain ; les juges des tribunaux dits *collegiali* sont inamovibles après un exercice de trois ans à dater de la promulgation du Statut. Mais ils peuvent être transférés à un autre tribunal égal ou supérieur.

Art. 4. Il n'y aura ni tribunaux ni commissions extraordinaires. En matière civile comme en matière criminelle, chacun sera jugé par le tribunal établi à cet effet par la loi, devant laquelle tous les citoyens sont égaux.

Art. 5. La garde civique est considérée comme institution de l'État : elle demeure constituée d'après les bases de la loi du 5 juin 1847 et du règlement du 30 du même mois.

Art. 6. Aucune entrave ne peut être mise à la liberté personnelle, si ce n'est dans le cas et dans les formes déterminés par les lois. En conséquence, personne ne peut être arrêté qu'en vertu d'un acte émané de l'autorité compétente. Est excepté le cas de flagrant ou de quasi-flagrant délit, auquel cas la personne arrêtée devra être consignée dans les vingt-quatre heures à l'autorité compétente. — Les mesures préventives et de police sont également réglées par la loi.

Art. 7. La dette publique, ainsi que les autres obligations contractées par l'État, sont garanties.

Art. 8. Toutes les propriétés, soit des particuliers, soit des corporations, soit de tout établissement pieux ou public, contribuent indistinctement et également aux charges de l'État, quel qu'en soit le possesseur.

Lorsque le Souverain Pontife donne sa sanction aux lois relatives à l'impôt, il l'accompagne d'une dérogation apostolique spéciale pour l'immunité ecclésiastique.

Art. 9. Le droit de propriété est également inviolable pour tous. — Sont exceptées seulement les expropriations pour cause d'utilité publique reconnue, avec une indemnité préalable conformément aux lois.

Art. 10. La propriété littéraire est reconnue.

Art. 11. La censure préventive actuelle, administrative ou politique, à l'égard de la presse, est abolie, et sera remplacée par des mesures répressives qui seront déterminées par une loi spéciale.

Rien n'est changé en ce qui concerne la censure ecclésiastique établie par les lois canoniques, jusqu'à ce que le Souverain Pontife, de son autorité apostolique, y ait pourvu par d'autres règlements.

La permission de la censure ecclésiastique n'enlève ni ne diminue en aucun cas la responsabilité politique et civile de ceux qui, d'après les lois, sont responsables de leurs publications par la voie de la presse.

Art. 12. Les spectacles publics sont réglés par des

mesures préventives établies par les lois. En conséquence, les compositions théâtrales, avant d'être représentées, sont soumises à la censure.

Art. 13. L'administration communale et provinciale appartiendra aux citoyens respectifs : des lois spéciales fixeront le mode d'assurer aux communes et aux provinces les libertés les plus convenables, compatibles avec la conservation de leurs patrimoines et l'intérêt des contribuables.

DU HAUT CONSEIL ET DU CONSEIL DES DÉPUTÉS.

Art. 14. Le Souverain Pontife convoque, proroge et clôt les sessions des deux Conseils. Il dissout celui des députés, en le convoquant de nouveau dans le délai de trois mois par de nouvelles élections. La durée ordinaire de la session annuelle ne peut pas être de plus de trois mois.

Art. 15. Aucun des Conseils ne peut s'assembler tandis que l'autre est dissous ou prorogé, hors le cas prévu dans l'art. 46.

Art. 16. Les deux Conseils sont convoqués chaque année et clos en même temps. L'ouverture en est faite par un cardinal spécialement délégué par le Souverain Pontife, et pour cette circonstance seulement les deux Conseils se réunissent ensemble. Les autres réunions des Conseils ont toujours lieu séparément. Leurs actes sont valides quand la moitié des membres dont chacun se compose est présente. Les résolutions sont prises à la majorité des suffrages.

Art. 17. Les séances de l'un et l'autre Conseil sont publiques. Chaque Conseil peut cependant se former en comité secret sur la demande de dix membres. Les actes des deux Conseils sont publiés par leurs soins.

Art. 18. Les deux Conseils, dès qu'ils seront constitués, rédigeront leur règlement respectif sur la manière de tenir leurs séances et de traiter les affaires.

Art. 19. Les membres du Haut Conseil sont nommés à vie par le Souverain Pontife. Leur nombre n'est pas limité. Il est nécessaire qu'ils aient trente ans, et qu'ils jouissent de leurs droits civils et politiques.

Art. 20. Ils sont pris dans les catégories suivantes :

1° Les prélats et autres ecclésiastiques constitués en dignité; 2° les ministres, le président du Conseil des députés, le sénateur de Rome et celui de Bologne; 3° les personnes qui occupent ou qui ont occupé un rang distingué dans l'ordre gouvernemental, administratif et militaire; 4° les présidents des tribunaux d'appel, les conseillers d'État, les avocats consistoriaux, tous après un exercice de six ans; 5° les propriétaires ayant un revenu annuel de 4,000 écus (21,600 fr.) sur capitaux imposables possédés depuis six ans; 6° enfin les personnes qui ont mérité de l'État par des services distingués, ou qui l'ont illustré par des œuvres remarquables dans les sciences et les arts.

Art. 21. Au commencement de chaque session, le Souverain Pontife nomme parmi les membres du Haut Conseil un président et deux vice-présidents, si mieux il n'aime nommer un cardinal à la présidence.

Art. 22. L'autre Conseil se compose des députés choisis parmi les électeurs sur la base approximative d'un député par trente mille âmes.

Art. 23. Sont électeurs :

1° Les gonfaloniers (maires), prieurs et anciens des villes et communes; les syndics des bourgs; 2° ceux qui sont inscrits au recensement pour un capital de 300 écus (1,620 fr.); 3° ceux qui, à d'autres titres, payent au gouvernement une taxe annuelle de 12 écus (64 fr. 30 c.); 4° les membres des colléges, des facultés, les professeurs titulaires des universités de l'État; 5° les membres des conseils de discipline des avocats et des procureurs près les tribunaux dits *collegiali;* 6° les lauréats *ad honorem* des universités de l'État; 7° les membres des chambres de commerce ; 8° les chefs de fabriques et d'établissements industriels; 9° les chefs ou représentants des sociétés, corporations, institutions pieuses ou publiques, lesquels sont inscrits au rôle du cens, comme il est dit au n° 2, ou qui payent l'impôt dont il est parlé au n° 3.

Art. 24. Sont éligibles :

1° Ceux qui sont inscrits au cens, possesseurs d'un capital de 3,000 écus ;

2° Ceux qui, à tout autre titre, payent à l'État une taxe annuelle et fixe de cent écus ;

3° Les membres des colléges et facultés, les professeurs titulaires des universités de Rome et de Bologne, les membres des conseils de discipline des avocats et procureurs près les tribunaux d'appel;

4° Les autres personnes énoncées dans les n°ˢ 1, 4, 5, 6, 7, 8 de l'art. précédent, s'ils sont inscrits pour la moitié du capital mentionné au n° 1, ou s'ils payent la moitié de la taxe dont il est parlé au n° 2 du présent article.

Art. 25. Les électeurs doivent être âgés de vingt-cinq ans, et les éligibles de trente. Les uns et les autres doivent jouir de leurs droits civils et politiques, et par conséquent faire profession de la religion catholique, qui est la condition nécessaire pour la jouissance des droits politiques dans l'État.

Art. 26. Personne, ayant même plusieurs domiciles et étant porté à titres divers sur la liste des électeurs, ne peut donner un double vote. La même personne pourra cependant être élue en deux ou plusieurs districts, auquel cas elle devra opter.

Art. 27. Les colléges électoraux, réunis en vertu de la convocation faite par le Souverain Pontife, procèdent à l'élection des députés de la manière et dans la forme qui seront prescrites par la loi électorale.

Art. 28. Au commencement de chaque session, le Conseil des députés choisit parmi ses membres le président et les vice-présidents.

Art. 29. Les membres des deux Conseils remplissent leurs fonctions gratuitement.

Art. 30. Les membres des deux Conseils sont inviolables pour les opinions et les votes qu'ils émettent dans l'exercice de leurs attributions. — Ils ne peuvent pas être arrêtés pour dette pendant la durée des sessions, un mois avant ni un mois après. — Ils ne peuvent pas non plus être arrêtés pour jugement criminel durant la session , à moins de l'autorisation préalable du Conseil auquel ils appartiennent, excepté cependant le cas de flagrant ou de quasi-flagrant délit.

Art. 31. En outre du cas de dissolution du Conseil des députés, les fonctions de député cessent : 1° par la mort naturelle et civile, et par la suspension des droits civils ; 2° par la démission ; 3° par une interruption de quatre années ; 4° par la nomination au Haut Conseil ; 5° par l'acceptation d'un emploi salarié par l'État, ou par la promotion à un poste supérieur.

Chaque fois qu'une vacance aura lieu , le collége électoral qui avait nommé le député sera immédiatement convoqué. Le cas prévu par les numéros 3 et 5 n'est pas un empêchement à la réélection.

Art. 32. Si durant le temps de son mandat, le député perd l'une des conditions d'éligibilité, qui de leur nature ne soient pas temporaires , le Conseil, après examen du fait, déclare ses fonctions vacantes. Il sera procédé à une nouvelle élection, conformément à l'article précédent.

Le Haut Conseil, en pareil cas relativement à ses membres, en fait rapport au Souverain Pontife, à qui est réservé le droit de prendre telles déterminations qu'il jugera convenable.

ATTRIBUTIONS DES DEUX CONSEILS.

Art. 33. Toutes les lois en matière civile, en matière d'administration et de gouvernement sont proposées, discutées et votées dans les deux Conseils, ainsi que les impositions de taxes, les interprétations et déclarations destinées à avoir force de loi.

Art. 34. Les lois concernant les matières mentionnées dans l'article précédent, n'ont de force qu'après avoir été librement discutées et adoptées par les deux Conseils, et revêtues de la sanction du Souverain Pontife. Les impôts ne peuvent être perçus qu'autant qu'ils sont approuvés par une loi.

Art. 35. La proposition des lois est faite par les ministres : elle peut aussi être faite par chacun des deux Conseils, sur la demande de dix de ses membres. Mais les propositions faites par les ministres auront toujours la priorité pour la discussion et pour le vote.

Art. 36. Les Conseils ne peuvent jamais proposer aucune loi,

1° Qui regarde les affaires ecclésiastiques ou mixtes,

2° Qui soit contraire aux canons ou règles de l'Église,

3° Qui tende à changer ou à modifier le présent Statut.

Art. 37. Dans les affaires mixtes, les Conseils peuvent être interpellés par voie consultative.

Art. 38. Est interdite aux deux Conseils toute discussion concernant les relations diplomatico-religieuses du Saint-Siége à l'étranger.

Art. 39. Les traités de commerce, et dans les autres traités, les seules clauses qui regarderaient les finances de l'État, avant d'être ratifiés sont portés aux Conseils, qui les discutent et les votent conformément à l'art. 33.

Art. 40. Les propositions de loi peuvent être indistinctement transmises par le ministère à l'un ou à l'autre Conseil.

Art. 41. Seront cependant toujours présentés d'abord à la délibération et au vote du Conseil des députés les projets de loi concernant :

1° Le budget des recettes et des dépenses de chaque année ;

2° Toute mesure tendant à créer, liquider ou remettre des dettes de l'État ;

3° Les impositions, les fermages et autres concessions ou aliénations quelconques des revenus et propriétés de l'État.

Art. 42. L'impôt direct est consenti pour un an : les impositions indirectes peuvent être établies pour plusieurs années.

Art. 43. Toute proposition de loi, après avoir été examinée dans les sections, sera discutée et votée par le Conseil auquel elle aura été transmise. Si elle est adoptée, elle est transmise à l'autre Conseil, qui, de la même manière, l'examine, la discute et la vote.

Art. 44. Si les propositions de loi sont rejetées par l'un des deux Conseils, ou si le Souverain Pontife leur refuse sa sanction après le vote des deux Conseils, ces propositions ne pourront pas être reproduites dans le cours de la même session.

Art. 45. La vérification des pouvoirs et les questions sur la validité des élections de chaque membre du Conseil des députés appartiennent à ce Conseil.

Art. 46. Le Conseil des députés a seul le droit de mettre les ministres en état d'accusation. Si les ministres accusés sont laïques, il appartiendra au Haut Conseil de les juger, et pour cet unique objet il pourra se réunir comme tribunal, hors du temps et des cas prévus par l'art. 15, toujours exceptés le temps et le cas mentionnés dans l'art. 56. — S'ils sont ecclésiastiques, l'accusation sera portée devant le Sacré Collége, qui procédera dans les formes canoniques.

Art. 47. Tout citoyen majeur a le droit de faire et de présenter au Conseil des députés des pétitions relatives aux objets mentionnés dans l'art. 33, ou aux actes des agents du pouvoir exécutif concernant les objets indiqués. La pétition devra être écrite et déposée au bureau par la personne elle-même ou par un fondé de pouvoir régulièrement constitué. Le Conseil, sur le rapport d'une section, décidera s'il y a lieu d'y donner suite. Ceux qui feront ces pétitions pourront être traduits devant les tribunaux compétents par la partie qui se croira lésée par les faits exposés.

Art. 48. Les Conseils ne reçoivent point de députations : ils n'entendent, outre leurs propres membres, que les commissaires du gouvernement et les ministres : ils correspondent par écrit uniquement entre eux et avec le ministère ; ils envoient des députations au Souverain Pontife dans les cas et dans les formes prévus par le règlement.

Art. 49. Les sommes nécessaires pour le traitement du Souverain Pontife, du Sacré Collége des cardinaux, pour les congrégations ecclésiastiques, pour subvention et entretien de la congrégation de la Propagande, pour le ministère des affaires extérieures, pour le corps diplomatique du Saint-Siége à l'étranger, pour le maintien des gardes pontificales palatines, pour les cérémonies religieuses, pour les réparations ordinaires et la garde des palais apostoliques, de leurs dépendances, des musées et des bibliothèques qui y sont annexés, pour les traitements, retraites et pensions des employés de la cour pontificale, sont fixées à six cent mille écus sur les bases de l'état actuel, y compris un fonds de réserve pour les dépenses éventuelles. Cette somme sera portée chaque année au budget. Elle est de plein droit et pour toujours approuvée et sanctionnée; elle sera payée entre les mains du majordome du Souverain Pontife ou de toute autre personne par lui désignée. Dans le budget des dépenses, il ne sera produit que la justification du payement de cette somme.

Art. 50. Demeurent en outre à la pleine disposition du Souverain Pontife les redevances, tributs et rentes montant annuellement à la somme de treize mille écus environ, ainsi que les droits dont il est fait mention à l'occasion de la Chambre des tributs, la veille et le jour de la fête des saints Apôtres Pierre et Paul.

Art. 51. Les dépenses extraordinaires pour les grosses réparations des palais apostoliques, de leurs dépendances, des musées y annexés, lesquelles ne sont pas comprises dans lesdites sommes, seront, lorsqu'il y aura lieu, portées et discutées dans les budgets annuels des recettes et des dépenses.

DU SACRÉ CONSISTOIRE.

Art. 52. Lorsque les deux Conseils auront adopté un projet de loi, ce projet sera présenté au Souverain Pontife et proposé au consistoire secret. Le Souverain Pontife, après avoir entendu l'avis des cardinaux, donne ou refuse la sanction.

DES MINISTRES.

Art. 53. L'autorité gouvernementale pourvoit par des ordonnances et des règlements à l'exécution des lois.

Art. 54. Les lois et tous les actes gouvernementaux concernant les objets mentionnés à l'article 33 sont signés par les ministres respectifs, qui en sont responsables. Une loi spéciale déterminera les cas de cette responsabilité, les peines, les formes de l'accusation et du jugement.

Art. 55. Les ministres ont le droit d'intervenir et d'être entendus dans les deux Conseils : ils y ont voix délibérative s'ils en sont membres : ils peuvent être invités à venir y donner des explications opportunes.

DU TEMPS DE LA VACANCE DU SAINT-SIÉGE.

Art. 56. Par la mort du Souverain Pontife, immédiatement et de plein droit demeurent suspendues les sessions des deux Conseils. Ils ne pourront jamais se rassembler durant la vacance du Saint-Siége : il ne pourra pas non plus, pendant ce même temps, être procédé à l'élection des députés. Les deux Conseils sont convoqués de droit un mois après l'élection du Souverain Pontife. Si cependant le Conseil des députés se trouvait dissous et que les élections ne fussent pas encore faites, les colléges électoraux sont convoqués de droit dans le délai d'un mois, comme il vient d'être dit, et après un autre mois les Conseils sont convoqués.

Art. 57. Les Conseils ne pourront jamais, même avant de suspendre les sessions, recevoir ou présenter des pétitions adressées au Sacré Collége ou relatives à la vacance du Saint-Siége.

Art. 58. Le Sacré Collége, conformément aux règles établies par les constitutions apostoliques, confirme les ministres ou leur en substitue d'autres. Jusque-là, les ministres continuent à remplir leurs fonctions. Toutefois, le ministère des affaires étrangères passe immédiatement au secrétaire du Sacré Collége, sauf le droit de ce même Sacré Collége, de confier ce ministère à d'autres mains.

Art. 59. Les frais de funérailles du Souverain Pontife, les dépenses du conclave, de la création, du couronnement et de la prise de possession du nouveau Pontife, sont à la charge de l'État. Les ministres, sous l'autorité du cardinal camerlingue, fournissent la somme nécessaire, si elle n'a pas été prévue dans le budget de l'année, avec l'obligation d'en rendre compte et de justifier de son emploi pour les causes susénoncées.

Art. 60. Si, au moment de la mort du Souverain Pontife, le règlement des comptes de l'année n'était pas encore voté par les deux Conseils, les ministres sont de plein droit autorisés à exiger les impôts et à pourvoir aux dépenses sur les bases du dernier budget voté par les Conseils et approuvé par le Souverain Pontife.

Si cependant le budget se trouvait voté par les deux Conseils, à la mort du Pontife, le Sacré Collége userait dans ce cas du droit de donner ou de refuser son approbation à la résolution des Conseils.

Art. 61. Les droits de la souveraineté temporelle exercés par le Pontife défunt résident, durant la vacance du Saint-Siége, dans le Sacré Collége, qui en usera selon les constitutions apostoliques et conformément au présent Statut.

DU CONSEIL D'ÉTAT.

Art. 62. Il y aura un Conseil d'État composé de dix conseillers et d'un corps d'auditeurs n'excédant pas le nombre de vingt-quatre, tous à la nomination du souverain.

Art. 63. Le Conseil d'État est chargé, sousla direction du gouvernement, de rédiger les projets de loi, les règlements d'administration publique, de donner son avis sur les difficultés en matière de gouvernement. Par une loi spéciale, il peut être aussi chargé du contentieux administratif.

DISPOSITIONS TRANSITOIRES.

Art. 64. Seront le plus tôt possible promulguées :
1° La loi électorale qui fera partie intégrante du présent Statut;
2° La loi pour la répression des délits de la presse dont il a été parlé dans le premier paragraphe de l'article 11.

Art. 65. Le budget de 1849 sera présenté à la première délibération des Conseils. Seront aussi présentées les lois suivantes pour être votées dans cette session ou dans la session prochaine : la loi sur les institutions municipales et provinciales ; le code de police ; la réforme de la législation civile, criminelle et de procédure; la loi sur la responsabilité des ministres et sur les fonctionnaires publics.

Art. 66. Cette année, les Conseils se réuniront au plus tard le premier lundi de juin.

Art. 67. L'actuelle Consulte d'État cessera vingt jours avant l'ouverture des Conseils.

En attendant, elle poursuivra l'examen du budget et des autres matières administratives qui lui ont été ou qui lui seront soumises.

Le présent STATUT sera mis en vigueur à l'ouverture des deux Conseils.

Mais pour ce qui regarde l'élection des députés, il aura force dès que la loi électorale sera publiée.

Art. 68. Toutes les dispositions législatives qui ne sont pas contraires au présent STATUT, demeurent en vigueur.

Et pareillement Nous voulons qu'aucune loi ou coutume préexistante, droit réclamé ou droit des tiers, vice obreptice ou subreptice, ne puissent être allégués contre le présent STATUT, lequel devra le plus promptement possible être transcrit dans une Bulle consistoriale, selon l'antique forme et pour en perpétuer le souvenir.

Donné à Rome, près Sainte-Marie-Majeure, le 14 mars 1848, la seconde année de Notre Pontificat.

PIE IX.

PROCLAMATION

DE SA SAINTETÉ LE PAPE PIE IX

AUX ROMAINS.

(14 mars 1848.)

Romani, e quanti siete Figli e Sudditi Pontificj, ascoltate ancora una volta la voce di un Padre che vi ama, e che desidera di vedervi amati e stimati

da tutto il mondo. Roma è la Sede della Religione
ove sempre ebbero stanza i Ministri della medesima,
che sotto diverse forme costituiscono quella mirabile
varietà, della quale è bella la Chiesa di Gesù Cristo,
Noi v'invitiamo tutti e vi inculchiamo di rispettarla,
e di non provocar giammai il terribile anatema di un
DIO sdegnato, che fulminerebbe le sue sante ven-
dette contro gli assalitori degli Unti suoi. Risparmiate uno scandalo, del quale il Mondo intero reste-
rebbe maravigliato, e la massima parte de Sudditi af-
flitta e dolente. Risparmiate il colmo all' amarezza
ond' è già travagliato il Pontefice pe' fatti di simil
genere testè altrove accaduti. Che se anche fra gli
uomini, che in qualunque Istituto appartengono
alla Chiesa di DIO, ve ne fossero di quelli che me-
ritassero per la loro condotta la disistima e la diffidenza, avvi sempre aperta la strada alle legali rap-
presentanze, le quali quando sian giuste, Noi come
Sommo Pontefice saremo pronti ad accoglierle per
provvedervi. Siamo persuasi che queste parole ba-
steranno a far tornare in senno tutti quelli i quali
(speriamo sian pochi) avessero formato qualche pravo
disegno, la di cui esecuzione mentre servirebbe al
Nostro Cuore di acuto dolore, chiamerebbe sul loro
capo i flagelli che DIO sempre scagliò sopra gl'ingrati.
Che se queste Nostre voci per somma sventura non
bastassero a trattenere i traviati, Noi intendiamo di
far prova della fedeltà della Civica, e di tutte le forze
che sono da Noi destinate a mantener l'ordine pubblico. Noi siamo pieni di fiducia di vedere il buon

effetto di queste Nostre disposizioni, et di veder so-
stituita in tutto lo Stato all' agitazione la calma, e i
pratici sentimenti di religione, che deve professare
un popolo eminentemente cattolico, sul quale hanno
diritto di prender norma le altre nazioni.

Non vogliamo amareggiare il Nostro spirito, e il
cuore di tutti i buoni, con la previsione delle risoluzioni che saremmo costretti di prendere, per non
soffrire lo spettacolo dei flagelli coi quali suole IDDIO
richiamare i popoli dagli errori, e invece speriamo
che la Benedizione Apostolica che spargiamo sopra
tutti allontanerà ogni funesto presagio.

Datum Romæ apud S. Mariam Majorem, die XIV
Martii MDCCCXLVIII, Pontificatus Nostri anno secundo.

—◆◦◆—

TRADUCTION.

Romains, et vous tous Nos fils et Nos sujets,
écoutez encore une fois la voix d'un père qui vous
aime et qui voudrait vous voir aimés et estimés de
tout l'univers. Rome est le siége de la religion; sous
les diverses formes d'où résulte l'admirable variété qui
rend si belle l'Église de Jésus-Christ, les ministres
de la religion y eurent toujours leur demeure. Nous
vous invitons tous et Nous vous exhortons à la respecter, à ne provoquer jamais les terribles anathèmes
d'un Dieu indigné, dont les saintes vengeances fou-
droieraient quiconque aurait l'audace de s'attaquer

15

aux oints du Seigneur. Épargnez-vous un scandale qui jetterait le monde entier dans l'étonnement, et la plus grande partie de Nos sujets dans l'affliction et dans la douleur. Les faits du même genre survenus ailleurs remplissent d'amertume votre Pontife : épargnez-vous la honte de porter cette amertume au comble. Si, parmi les hommes qui, dans les divers instituts, appartiennent à l'Église de Dieu, quelques-uns méritaient par leur conduite le mépris et la défiance, la voie des représentations légales est toujours ouverte, et Nous, Souverain Pontife, Nous serons toujours prêt à les accueillir et à y faire droit, lorsque Nous les trouverons fondées sur la justice. Ces paroles suffiront, Nous en sommes persuadé, pour rappeler à la raison tous ceux (Nous espérons que le nombre en est petit) qui auraient formé quelque mauvais dessein dont l'exécution percerait notre cœur et appellerait sur leurs têtes les fléaux par lesquels Dieu frappe toujours les ingrats. Mais si, par malheur, Nos paroles ne suffisaient pas pour retenir ces égarés, Nous entendons mettre à l'épreuve la fidélité de la garde civique et de toutes les forces qui sont destinées à maintenir l'ordre public.

Nous avons la pleine confiance que ces dispositions auront leur effet, et de voir succéder à l'agitation, dans tous Nos États, le calme et les sentiments pratiques de religion que doit professer un peuple éminemment catholique, auquel toutes les nations ont le droit de demander qu'il leur serve de modèle.

Nous ne voulons pas affliger Notre propre cœur

et le cœur de tous les gens de bien par la prévision
des mesures que Nous serions contraint de prendre
afin de n'avoir pas le spectacle des fléaux par.les-
quels Dieu a coutume de retirer les peuples des voies
de l'erreur. Nous espérons, au contraire, que ces funestes présages seront écartés par la bénédiction
apostolique que Nous vous donnons à tous.

Donné à Rome, près Sainte-Marie-Majeure, le 14
mars 1848, la seconde année de Notre Pontificat.

Le Pape PIE IX.

LETTRE

DE N. T. S. P. LE PAPE PIE IX

AU GÉNÉRAL COMMANDANT DE LA GARDE CIVIQUE.

(Mars 1848.)

« Les nombreuses protestations d'attachement à
Notre personne et à l'ordre public que Nous avons
reçues de vous, général, et de toute la garde civique,
Nous ont pleinement convaincu qu'elles se réaliseront
au besoin avec la loyauté qui distingue ce corps. Nous
vous recommandons, dans les circonstances actuelles,
de faire respecter les personnes et les propriétés de
tous indistinctement, si des hommes coupables venaient à menacer les unes ou les autres de quelque attentat. Nous vous renouvelons en cette occasion, gé-

neral, les sentiments de la confiance sans bornes que Nous avons placée dans la garde civique de Rome, et que Nous lui avons exprimée dans ce jour si consolant pour Nous où, entouré de tous les chefs des bataillons, Nous Nous adressâmes au corps tout entier. Que Dieu bénisse la garde civique! que ses mains divines en fassent un instrument contre tout excès dans cette capitale! »

DÉCLARATION

DE SA SAINTETÉ LE PAPE PIE IX

SUR LES RR. PP. JÉSUITES.

(30 mars 1848.)

Vennero più volte rassegnate a NOSTRO SIGNORE le istanze de' RR. PP. Gesuiti, con le quali rappresentavansi le angustie ond' è travagliata anche quì nella Capitale la loro Compagnia, e il bisogno perciò che si provvedesse alla personale loro sicurezza. Il S. PADRE, che con somma compiacenza ha riguardato sempre i Religiosi medesimi come instancabili collaboratori nella Vigna del Signore, non potè non provare nuova e più viva amarezza per sì disgraziata vicenda; ma tuttavia per la ognora crescente concitazione degli animi, et per la diversità de' partiti minacciante deplorabili conseguenze, Gli fu forza di prendere in seria considerazione la gravità del caso.

Laonde avant' jeri, per mezzo di ragguardevole Personaggio, volle far noti al R. P. Generale della sullodata Compagnia i sopraespressi sentimenti, ed insieme l'agitazione in che Egli era per la difficoltà de' tempi, ed il pericolo di qualche luttuoso inconveniente. Alle quali significazioni avendo il P. Generale chiamati i PP. Consultori a deliberazione, fu da essi risoluto di cedere alla imponenza delle circostanze : non volendo che la loro presenza serva di pretesto ad un qualche grave disordine e spargimento di sangue.

Dopo tutto ciò sono stati presi gli opportuni concerti col R. P. Generale, sì pel modo di effettuare tale risoluzione, sì per provvedere alle scuole del Collegio Romano, alle Case Religiose da essi abitate, ed alla tutela dei loro beni e delle loro proprietà : affinchè per tal guisa venga specialmente soddisfatto al loro mantenimento.

Presso questa esposizione di cose, siamo autorizzati a dichiarare essere insussistente quanto divulgavasi jeri in un foglio anonimo a stampa.

TRADUCTION.

« Plusieurs fois on a soumis à Sa Sainteté les instances des RR. PP. Jésuites, par lesquelles ils exposaient les angoisses dont leur Compagnie est travaillée, même dans cette capitale, et la nécessité qu'il fût pourvu à leur sûreté personnelle. Le Saint-Père, qui a toujours regardé avec une extrême bienveillance ces religieux comme d'infatigables auxiliaires dans la vigne du Seigneur, n'a pu qu'éprouver une nouvelle et plus vive amertume devant une si malheureuse situation ; toutefois, eu égard à l'excitation toujours croissante des esprits et à la diversité des partis qui menacent d'amener de sérieuses conséquences, force lui a été de prendre en sérieuse considération la gravité de la question. Il a donc voulu, avant-hier, par l'entremise d'un haut personnage, faire connaître au R. P. général de la Compagnie les sentiments exprimés ci-dessus, en même temps que la perplexité où il se trouvait par la difficulté des temps et le danger de quelque sérieux accident. Sur cette signification, le P. général ayant convoqué les P. consulteurs à délibérer, il a été résolu par eux de céder à la force des circonstances, ne voulant pas que leur présence servît de prétexte à quelque grave désordre et à l'effusion du sang.

« En suite de quoi, les mesures nécessaires ont été prises avec le R. P. général, tant pour la manière d'effectuer cette résolution qu'afin de pourvoir aux écoles du Collége romain, aux maisons religieuses par eux habitées et au soin de leurs biens et de leurs propriétés, en sorte que leur entretien soit ainsi spécialement assuré.

« Après cet exposé des choses, nous sommes autorisés à déclarer faux tout ce qui était publié hier dans un écrit anonyme. »

PROCLAMATION

DE N. T. S. P. LE PAPE PIE IX

AUX PEUPLES D'ITALIE.

(30 mars 1848.)

———

Gli avvenimenti che questi due mesi hanno veduto con sì rapida vicenda succedersi e incalzarsi, non sono opera umana. Guai a chi in questo vento che agita, schianta e spezza i cedri e le roveri, non ode la voce del Signore. Guai all' umano orgoglio se a colpa o a merito d' uomini qualunque riferisse queste mirabili mutazioni, invece di adorare gli arcani disegni della Provvidenza, sia che si manifestino nelle vie della giustizia o nelle vie della misericordia : di quella Provvidenza, nelle mani della quale sono tutti i confini della terra. E Noi, a cui la parola è data per interpretare la muta eloquenza delle opere di Dio, Noi non possiamo tacere in mezzo ai desiderii, ai timori, alle speranze, che agitano gli animi dei Figliuoli Nostri.

E prima dobbiamo manifestarvi che se il Nostro cuore fu commoso nell' udire com in una parte d'Italia si prevennero coi conforti della Religione i pericoli dei cimenti, e con gli atti della carità si fece palese la nobiltà degli animi, non potemmo peraltro nè possiamo non essere altamente dolenti par le offese in altri luoghi recate a' Ministri di questa Religione medesima. Le quali, quando pure Noi contro il dovere Nostro ne tacessimo, non però potrebbe fare il Nostro silenzio che non diminuissero l'efficacia delle Nostre benedizioni.

Non possiamo ancora non dirvi che il ben usare la vittoria è più grande e più difficile cosa che il vincere. Se il tempo presente ne ricorda un altro della storia vostra, giovino ai nipoti gli errori degli avi. Ricordatevi che ogni stabilità e ogni prosperità ha per prima ragion civile la concordia : che Dio solo è Quegli che rende unanimi gli abitatori di una casa medesima : che Dio concede questo premio solamente agli umili, ei mansueti, a coloro che rispettano le sue leggi nella libertà della sua Chiesa, nell'ordine della società, nella carità verso tutti gli uomini. Ricordatevi che la giustizia sola edifica : che le passioni distruggono : e Quegli che prende il nome di Re dei Re s'intitola ancora il dominatore de'popoli.

Possano le Nostre preghiere ascendere nel cospetto del Signore, e far discendere sopra di voi quello spirito di forza et di sapienza, di cui è principio il temere Iddio : affinchè gli occhi Nostri veggano la pace sopra tutta questa terra d'Italia, che se nella Nostra carità universale per tutto il mondo Cattolico non possiamo chiamare la più diletta, Dio volle però che fosse a Noi la più vicina.

Datum Romæ apud S. Mariam Majorem, die XXX Martii MDCCCXLVIII, Pontificatus Nostri anno secundo.

TRADUCTION.

PIE IX PAPE,

Aux peuples d'Italie, salut et bénédiction apostolique.

Les événements que ces deux mois ont vus se succéder et s'enchaîner avec tant de rapidité, ne sont pas une œuvre humaine. Malheur à qui n'entend pas la voix du Seigneur dans ce vent qui agite, renverse et brise les cèdres et les chênes! Malheur à l'orgueil humain s'il attribue aux fautes ou au mérite de quelque homme que ce soit ces merveilleuses révolutions, au lieu d'y adorer les secrets desseins de la Providence, soit qu'ils se manifestent par les voies de la justice ou par celles de la miséricorde; de cette Providence qui tient dans ses mains tous les empires de la terre! Et Nous, à qui la parole a été donnée pour interpréter la muette éloquence des œuvres de Dieu, Nous ne pouvons pas Nous taire au milieu des regrets, des craintes et des espérances qui agitent tous les cœurs de Nos enfants.

Et, d'abord, Nous devons vous dire que, si Notre âme fut émue en apprenant de quelle manière, dans une partie de l'Italie, l'intervention de la religion sut prévenir les dangers de ces changements, et comment la charité, par ses actes, fit éclater la noblesse des cœurs, Nous ne pûmes cependant ni ne pouvons ne pas être profondément affligé des insultes qu'en d'autres lieux les ministres de cette même religion eurent à souffrir. Quand même, oubliant Notre devoir, Nous passerions ces insultes sous silence, ce silence pourrait-il les empêcher de diminuer l'efficacité de Nos bénédictions ?

Nous ne pouvons Nous empêcher de vous dire encore que le bon usage de la victoire est chose plus grande et plus difficile que la victoire même. Si le temps présent rappelle une autre époque de votre histoire, que les enfants profitent des erreurs de leurs pères ! Souvenez-vous que toute stabilité et toute prospérité ont pour première raison civile la concorde ; que Dieu seul est Celui qui unit les habitants d'une même demeure ; que Dieu n'accorde ce bienfait qu'aux hommes d'humilité et de mansuétude, à ceux qui respectent ses lois dans la liberté de son Église, dans l'ordre de la société, dans la charité envers tous. Souvenez-vous que la justice seule édifie, que les passions ne savent que détruire, et que Celui qui prend le nom de Roi des rois s'appelle aussi le Dominateur des peuples.

Puissent Nos prières monter devant le Seigneur et faire descendre sur vous cet esprit de prudence, de force et de sagesse dont la crainte de Dieu est le principe ; afin que Nos regards contemplent la paix sur toute cette terre d'Italie, que, dans Notre charité universelle pour le monde catholique, Nous ne pouvons pas appeler la plus chère, mais que Dieu, dans sa bonté, a voulu du moins placer plus près de Nous.

Donné à Rome, près Sainte-Marie-Majeure, le 30 mars 1848, la deuxième année de Notre Pontificat.

PIE IX, Pape.

NOTE

EN RÉPONSE AU GÉNÉRAL DURANDO.

(Avril 1848.)

« Un ordre du jour adressé aux soldats, et daté de
« Bologne le 5 avril, exprime des idées et des senti-
« ments comme s'ils étaient émanés de la bouche de
« Sa Sainteté. Le Pape, quand il veut manifester ses
« sentiments, parle lui-même, et jamais par la bouche
« d'aucun subalterne. »

LA BANQUE ROMAINE.

(Avril 1848.)

La Consulte d'État entendue, le Conseil des ministres entendu, la volonté de Sa Sainteté connue, le
ministre des finances ordonne ce qui suit :

1° Pendant trois mois, à dater du jour de la publication du présent décret, les billets de la Banque

romaine seront reçus, comme monnaie légale, par les particuliers aussi bien que par les établissements publics ;

2° Pendant trois mois, à dater du jour de la présente publication, la Banque romaine est dispensée de rembourser les billets en espèces ;

3° En conséquence, le privilége de la Banque d'émettre des billets pour un million et demi de scudi est réduit à huit cent mille scudi, chiffre qu'en aucun cas elle ne pourra dépasser ;

4° Tant que les billets de la Banque seront considérés comme monnaie légale, la Banque limitera ses opérations exclusivement à l'escompte et au service public ;

5° La situation de la Banque établie chaque semaine par l'administrateur général, les membres du conseil d'administration et le commissaire, sera publiée dans la *Gazetta di Roma* ;

6° Une commission spéciale composée du commissaire du gouvernement, de trois membres nommés par la Chambre du commerce et de trois membres nommés par le Conseil municipal, veillera à ladite exécution des articles qui précèdent ;

7° Pour plus de garantie, les porteurs de billets, tant qu'ils seront considérés comme monnaie légale, pourront les changer en bons du trésor portant intérêts et hypothèques sur les biens-fonds des établissements ecclésiastiques, expressément assignés à cet objet, et remboursables à échéance au-comptant ; faute de payement à l'échéance, ils seront remboursés par les biens hypothéqués, dont la vente aux enchères publiques aura lieu immédiatement;

8° En attendant, il est décidé que les Conseils délibérants seront appelés à faire une loi générale sur les Banques de l'État.

Rome, le 11 avril 1848.

L. C., archevêque de Nisibe.

PROCLAMATION

DE SA SAINTETÉ LE PAPE PIE IX.

(1er mai 1848.)

Quando Iddio con una disposizione mirabile Ci chiamò a succedere, immeritamente, a tanti Sommi Pontefici illustri per santità, per dottrina, per prudenza, e per altre virtù, Noi conoscemmo all' istante l' importanza, il sommo peso e le difficoltà gravissime del grande incarico che dio ci affidava; e alzati a Lui gli sguardi della Nostra mente, lo diremo francamente, scorraggiati ed oppressi, Lo pregammo ad assisterci con un' abbondanza straordinaria di lumi, e di grazie di ogni maniera. Non igoravamo la posizione sotto tutti i rapporti difficile nella quale Ci trovavamo, per cui fu un vero prodigio del Signore, se nei primi mesi del Pontificato Noi non soccombemmo alla sola considerazione di tanti mali, che Ci pareva venisse logorandoci sensibilmente la vita. Non bastavano a calmare le Nostre apprensioni le dimostrazioni di affetto che Ci prodigava un Popolo, che avevamo tutta la ragione di credere affezionato al proprio Padre e Sovrano, per cui Ci volgemmo con maggiore efficacia ad implorare i soccorsi da Dio, per la intercessione della Sua Madre Santissima, dei SS. Apostolici Protettori di Roma, e degli altri beati Abitatori del Cielo. Con queste premesse esaminammo la rettitudine delle Nostre intenzioni, e quindi dopo aver preso i consigli di alcuni, e talvolta di tutti i Cardinali Nostri Fratelli, emanammo tutte quelle disposizioni relative all'ordinamento dello Stato, che a mano a mano sono comparse fin qui. Furono queste accolte con quel contentamento, et quel plauso che tutti conoscono, e che servivano di abbondante compenso al Nostro Cuore. Intanto sopravvenivano i grandi avvenimenti non solo d'Italia, ma di quasi tutta l'Europa, i quali riscaldando gli animi fecero concepire il disegno di formare dell'Italia una Nazione più unita e compatta, da potersi mettere al livello delle altre primarie. Questo sentimento, fece insorgere una parte d'Italia anelante di emanciparsi. Corsero i popoli alle armi, e colle armi si stanno ancora misurando i contendenti. Non si ristette una parte dei Nostri Sudditi dall'accorrere spontaneamente a formarsi in ordine di milizia; ma organizzati, e provveduti di Capi, ebbero istruzione di arrestarsi ai confini dello Stato. E a queste istruzioni concordavano le spiegazioni che demmo a' Rappresentanti di estere Nazioni, e persino le più calde essortazioni a que' militi stessi, che a Noi vollero presentarsi prima della loro sortita. Nessuno ignora le parole da Noi pronunziate nell' ultima Allocuzione, cioè che Noi siamo alieni dal dichiarare una guerra, ma nel tempo stesso Ci protestiamo incapaci d' infrenare l' ardore di quella parte di Sudditi che è animata dallo stesso spirito di nazionalita degli altri Italiani. E qui non vogliamo tacervi di non aver dimenticato anche in tal circostanza le cure di Padre e Sovrano provvedendo, ne' modi che reputammo più efficaci, 'alla maggiore incolumità possibile di que' figli e sudditi che già si trovano senza Nostro volere esposti alle vicende della guerra. Le Nostre parole di sopra accennate hanno destato una commozione che minaccia d' irrompere ad atti violenti, e non rispettando nemmen le Persone, calpestando ogni diritto, tenta (o Gran Dio Ci si gela il cuore nel pronunziarlo!) di tingere le vie della Capitale del Mondo Cattolico col sangue di venerande Persone, designate vittime innocenti per saziare le volontà sfrenate di Chi non vuol ragionare. E sarà questo il compenso che si attendeva un Pontefice Sovrano ai moltiplicati tratti dell' amor suo verso il Popolo? *Popule meus quid feci tibi?* Non si avveggono questi infelici, che oltre l' enorme eccesso del quale si macchierebbero, e lo scandalo incalcolabile che darebbero a tutto il mondo, non farebbero che oltraggiare la Causa che pretendono di trattare, riempiendo Roma, lo Stato, e l' Italia tutta di una scrie infinita di mali? E in questo o simili casi (che Dio tenga lontani) potrebbe mai rimanere ozioso nelle Nostre mani il potere spirituale che Dio ci ha dato? Conoscano tutti una volta che Noi sentiamo la grandezza della Nostra dignità e la forza del Nostro potere.

Salvate, o Signore, la Vostra Roma da tanti mali, illuminate coloro che non vogliono ascoltare la voce del Vostro Vicario, riconducete tutti a più sani consigli, sicchè obbedienti a Chi li governa, passino men tristi i loro giorni nell' esercizio dei doveri di buoni Cristiani, senza di che non si può essere nè buoni sudditi, nè buoni cittadini.

Datum Romæ apud S. Mariam Majorem, die prima Maii MDCCCXLVIII, Pontificatus Nostri anno secundo.

***

TRADUCTION.

PIE IX PAPE.

Lorsque Dieu, par un admirable dessein, Nous appela à succéder, malgré notre indignité, à tant de Souverains Pontifes, illustres par leur sainteté, leur science, leur sagesse et leurs autres vertus, Nous sentîmes aussitôt l'importance, l'immense poids et les très-graves difficultés de la grande charge qu'il Nous confiait; et élevant vers lui les regards de Notre âme, Nous le dirons tout haut, découragé et accablé,

Nous le suppliâmes de Nous assister par une abondance extraordinaire de lumières et de grâces de toute sorte. Nous n'ignorions pas la position, sous tous les rapports difficile, dans laquelle Nous nous trouvions, et qui Nous a fait croire à un véritable miracle du Seigneur, si dans les premiers mois de Notre Pontificat, Nous n'avons pas succombé à la seule pensée de tant de maux qui Nous semblaient devoir user sensiblement notre vie. Ce ne fut pas assez, pour calmer nos appréhensions, de toutes les démonstrations d'amour que Nous prodiguait un peuple que Nous avions toute raison de croire affectionné à son propre Père et souverain : et c'est pourquoi Nous Nous mîmes avec une plus grande ardeur à implorer le secours de Dieu par l'intercession de sa très-sainte Mère, des saints Apôtres protecteurs de Rome et des autres bienheureux habitants du ciel. Dans ces dispositions, Nous examinâmes la droiture de Nos intentions, et ensuite, après avoir pris conseil de quelques personnes, souvent de tous Nos Frères les Cardinaux, Nous prîmes toutes les mesures relatives à l'organisation de l'État qui ont été successivement appliquées jusqu'ici. Elles furent accueillies avec une joie, avec des applaudissements que tout le monde connaît, et qui furent une large récompense pour Notre cœur.

Cependant survenaient en Italie et dans presque toute l'Europe ces grands événements qui, ayant enflammé tous les esprits, firent concevoir le projet de faire de l'Italie une nation plus unie et plus compacte pour l'élever au niveau des puissances du premier ordre. Ce sentiment fit insurger une partie de l'Italie impatiente de s'affranchir. Les peuples coururent aux armes, et c'est encore par les armes que la lutte se poursuit entre les combattants. Il ne fut mis aucun obstacle à l'élan d'une partie de nos sujets, qui se formèrent spontanément en corps de milice. Organisés et commandés par des chefs, ils reçurent l'ordre de s'arrêter aux frontières de l'État. Ces instructions étaient conformes aux explications que Nous donnâmes aux représentants des nations étrangères, ainsi qu'aux vives exhortations que Nous adressâmes à ceux de ces militaires qui demandèrent à Nous être présentés avant leur départ. Personne n'ignore les paroles que Nous avons prononcées dans Notre dernière allocution, à savoir, que Nous sommes tout à fait éloigné de déclarer la guerre, mais qu'en même temps Nous sommes incapable d'enchaîner l'ardeur de cette partie de nos sujets qui est animée du même esprit de nationalité que les autres Italiens. Et ici Nous ne voulons pas vous laisser ignorer que, dans cette conjecture, Nous n'avons pas oublié les sollicitudes du Père et du Souverain : Nous avons eu soin de pourvoir, par les moyens que Nous avons jugés les plus efficaces, à la plus grande sûreté possible de ceux de Nos fils et de Nos sujets qui, sans Notre volonté, se trouvaient déjà exposés aux vicissitudes de la guerre. Les paroles de l'allocution que Nous venons de rappeler, ont produit une commotion qui menace d'éclater en actes de violence et qui, ne respectant pas même les personnes, foulant aux pieds toute espèce de droits, tente (grand Dieu! Notre cœur se glace à cette pensée!) de rougir les rues de la capitale du monde catholique du sang de vénérables personnages, victimes innocentes désignées à la fureur insensée de quelques malheureux qui ne veulent plus entendre la voix de la raison... Et ce sera là la récompense que devait attendre un Souverain Pontife pour les témoignages d'amour si multipliés qu'il a donnés à son peuple! *O mon peuple, que t'ai-je fait? Popule meus, quid feci tibi?* Les malheureux! ils ne s'aperçoivent pas qu'outre l'énorme crime dont ils se souilleraient, et le scandale incalculable qu'ils donneraient au monde, ils ne feraient que déshonorer la cause qu'ils prétendent soutenir, en remplissant Rome, l'État et l'Italie tout entière d'une suite infinie de malheurs! Et dans un cas pareil (que Dieu en éloigne la possibilité!) saurait-elle rester oisive dans Nos mains, la puissance spirituelle que Dieu Nous a donnée? Que tous le sachent bien une fois, que Nous sentons la grandeur de Notre dignité et la force de Notre pouvoir.

Seigneur, sauvez votre ville de Rome de tant de malheurs! Éclairez ceux qui ne veulent pas écouter la voix de votre Vicaire, ramenez-les tous à de plus sages pensées, afin que, soumis à Celui qui les gouverne, ils passent des jours moins malheureux dans l'exercice des devoirs de bons chrétiens, sans lesquels devoirs on ne peut être ni bon sujet ni bon citoyen.

Donné à Rome, près de Sainte-Marie-Majeure, le 1er mai 1848, la seconde année de Notre Pontificat.

PIE IX, Pape.

MINISTÈRE

DU COMTE MAMIANI.

(4 mai 1848.)

Sa Sainteté, sur la proposition de S. Exc. le comte Terenzio Mamiani, a daigné nommer :

« Président du conseil des ministres, S. Em. le cardinal Ciacchi, et par *interim* S. Ém. le cardinal Orioli;

S. Exc. le comte Jean Marchetti, ministre des affaires étrangères séculières ;

Son Exc. le comte Terenzio Mamiani, ministre de l'intérieur;

S. Exc. le consulteur Pascal de Rossi, ministre de grâce et justice ;

S. Exc. le consulteur Lunati, ministre des finances ;

S. Exc. le prince D.-Philippe Doria Pamphili, ministre de la guerre;

S. Exc. D.-Mario-Massimo, duc de Rignano, ministre du commerce et des travaux publics;

S. Exc. l'avocat Joseph Galetti, ministre de la police.

RÉPONSE

DE SA SAINTETÉ LE PAPE PIE IX

AU SÉNAT ROMAIN.

(Mai 1848.)

Le Sénat romain ayant présenté une adresse au Souverain Pontife, le Saint-Père répondit : «que la mission « du Sénat romain n'était pas de s'occuper de proposi- « tions de guerre ; que les désordres, les scandales, tous « les maux qu'on avait à déplorer venaient précisé- « ment de ce que chacun ne se renfermait pas dans les « limites de ses attributions ; qu'il maintenait iné- « branlable la déclaration qu'il avait faite, après l'a- « voir prudemment et mûrement pesée ; qu'il voyait « très-bien qu'on cherchait à se servir de lui comme « d'un instrument pour arriver aux fins que se pro- « posent les agitateurs de l'Italie, lesquels, après « avoir atteint leur but, n'auraient rien de plus pressé « que de le mettre de côté ; que depuis longtemps « on caressait l'idée d'enlever au Souverain Pontife « son domaine temporel ; que, si on avait l'audace de « le lui ravir, il jetterait au monde ses protestations « formelles et solennelles. Il ajouta qu'on incriminait « ses paroles comme condamnant implicitement la « guerre de l'indépendance italienne, mais qu'il pro- « testait contre une pareille interprétation, car il

« avait dit seulement qu'il ne voulait pas la faire et
« qu'il n'avait pas la puissance d'empêcher l'élan de
« ses sujets ; que déclarer la guerre est une préroga-
« tive spéciale de la souveraineté, et qu'il n'entendait
« pas la céder à personne, que par conséquent l'a-
« dresse qu'on lui présentait se réduisait à une pro-
« position d'abdication pure et simple à laquelle il ne
« consentirait jamais. »

LETTRE

DE SA SAINTETÉ LE PAPE PIE IX

A S. M. I. ET R. L'EMPEREUR D'AUTRICHE.

(3 mai 1848.)

Au milieu des guerres qui ensanglantaient le sol
chrétien, on vit toujours le Saint-Siége faire entendre
des paroles de paix, et dans Notre allocution du 29
avril dernier, quand Nous avons dit que Notre cœur
paternel a horreur de déclarer la guerre, Nous avons
expressément manifesté Notre ardent désir de contribuer à la paix. Que Votre Majesté ne trouve donc
pas mauvais que Nous Nous adressions à sa piété et à
sa religion, l'exhortant, avec une affection toute paternelle, à retirer ses armes d'une guerre qui, sans
pouvoir reconquérir à l'empire les cœurs des Lom-
bards et des Vénitiens, amène à sa suite la funeste
série de calamités, cortége ordinaire de la guerre, et

que très-certainement abhorre et déteste Votre Majesté. Que la généreuse nation allemande ne trouve pas mauvais que Nous l'invitions à étouffer tout sentiment de haine et à changer en utiles relations d'amical voisinage une domination sans grandeur, sans résultats heureux, puisqu'elle reposerait uniquement sur le fer.

Nous en avons donc la confiance, cette nation si légitimement fière de sa nationalité propre ne mettra pas son honneur dans de sanglantes tentatives contre la nation italienne; elle le mettra bien plutôt à la reconnaître noblement pour sœur : elles sont toutes deux Nos filles, bien chères à Notre cœur, et Nous aurons la joie de voir chacune d'elles, satisfaite de ses frontières naturelles, y demeurer en paix, méritant par des actes dignes d'elle la bénédiction du Seigneur.

Sur ce, Nous prions Celui qui donne toute lumière, qui est l'Auteur de tout bien, d'inspirer à Votre Majesté de saints conseils, pendant que du fond du cœur Nous donnons à Votre Majesté, à Sa Majesté l'Impératrice et à la famille impériale la bénédiction apostolique.

PIUS PAPA IX.

DISCOURS

PRONONCÉ A L'OUVERTURE DES DEUX CONSEILS PAR S. ÉM. LE CARDINAL ALTIERI.

(5 juin 1848.)

———

« Messieurs du Haut Conseil, Messieurs les dé-
« putés,

« Sa Sainteté m'envoie vers vous avec l'agréable
« et honorable mission d'ouvrir en son nom les deux
« Conseils législatifs.

« Le Saint-Père veut en même temps que je vous
« exprime combien un tel acte de sa souveraineté sa-
« tisfait son cœur par la confiance qu'il a de voir
« améliorer, avec votre concours, le système du gou-
« vernement public.

« Il se réjouit avec vous et il rend grâces à Dieu de
« ce qu'il a pu parvenir à introduire dans ses États
« ces formes politiques que réclamaient les exigences
« des temps et qui sont conciliables avec la nature
« de son gouvernement pontifical. Maintenant c'est à
« vous, Messieurs, qu'il appartient de faire ressortir
« des nouvelles institutions ces bienfaits que Sa
« Sainteté a désirés en nous les accordant.

« Le Saint-Père ne cessera de prier l'Auteur de
« toutes lumières pour qu'il répande dans vos esprits
« la vraie sagesse, et pour que les institutions et les

« lois auxquelles vous aurez à travailler, soient em-
« preintes de cet esprit de justice et de religion, so-
« lide et véritable fondement de toute liberté, de
« toute stabilité, de tout progrès.

« Le Saint-Père a chargé ses ministres de vous
« instruire et de vous mettre au courant de ce qui
« concerne principalement l'état de notre législation
« et de notre administration : il les a chargés d'une
« manière particulière de vous faire connaître la si-
« tuation du trésor public, afin de prendre les mesu-
« res les plus propres à l'améliorer, en imposant le
« moins de charges possibles à la population.

« Il a, en outre, ordonné à ses ministres de vous
« présenter prochainement les projets de lois que le
« STATUT FONDAMENTAL promet.

« Le Saint-Père recommande à votre fidélité et à
« vos sollicitudes incessantes l'ordre et la concorde
« intérieure. Avec elle, Messieurs, la liberté tournera
« à l'avantage de tous ; avec elle se développeront les
« bonnes lois, les larges réformes et les sages insti-
« tutions. Instruits par une longue et douloureuse ex-
« périence, défenseurs de la sainte religion qui a son
« siége dans cette cité, vous aurez lieu d'espérer
« qu'aucune sorte de biens ne vous sera refusée de
« Dieu pour que vous puissiez mieux rivaliser de
« gloire avec vos aïeux.

« De ce moment, les deux Conseils sont ouverts. »

MOTU PROPRIO

! DE SA SAINTETÉ LE PAPE PIE IX

SUR LA PRESSE.

(3 juin 1848.)

—

Essendoci Noi riservato all' articolo 64 dello Statuto fondamentale pel governo temporale degli Stati di S. Chiesa di regolare con apposita legge la libertà politica della stampa da Noi accordata colle altre libere istituzioni ai Nostri fedelissimi sudditi, di Nostro Motu-proprio ordiniama quanto segue.

TITOLO I.

Disposizioni generali.

1. La pubblicazione di opere, o scritti col mezzo della stampa esonerata dalla censura preventiva governativa, e politica coll' art. 11 dello Statuto fondamentale è libera, purchè si osservi quantò è ingiunto dalla presente legge.

2. Lo scritto stampato sia per tipographia, sia per litografia, o per calunque altro mezzo meccanico, dovrà indicare l'anno in cui fu impresso, il luogo, l'officina, ed il nome dello stampatore.

§ 1. Lo stampato, che non presenti le sovraespresse

indicazioni, sarà considerato come clandestino; e lo stampatore, o il distributore sarà punito colla multa dagli scudi dieci ai trenta.

3. Non potrà istituirsi alcuna stamperia, se quindici giorni innanzi non ne sia dato avviso alla Autorità governativa locale mediante denunzia scritta, in cui sia indicato il luogo, la strada, ed il numero dello stabile, ove vuolsi istituire.

§ 1. Ogni successiva traslocazione dovrà essere denunziata nel moddo sovraddetto.

§ 2. Il contravventore a tali dispositioni sarà punito colla multa dagli scudi trenta ai sessanta.

4. Chiunque non avente stamperia legittimamente istituita pubblicherà un' opera, o scritto qualunque coll' uso dei torchi a mano o di altro mezzo d'impressione, sarà punito colla detenzione da un giorno ad un mese, e colla multa dagli scudi trenta ai sessanta; e cederanno al Fisco gli esemplari stampati, i torchi, i caratteri ed ogni altro mezzo meccanico della impressione.

La pena della detenzione e della multa qui sopraespressa è comune anche al distributore.

5. Ogni stampatore dovrà presentare prima della pubblicazione una copia di qualsiasi stampato tanto all'Autorità ecclesiastica, quanto all' Autorità governativa, salvo quanto in appresso si dispone circa le pubblicazioni periodiche.

§ 1. Il contravventore a quest'obbligo è punito colla multa degli scudi dieci alli trenta.

6. Sono conservati in pieno vigore gli attuali rego-

lamenti intorno alla consegna degli altri esemplari alle pubbliche biblioteche.

TITOLO II.

Dei giornali ed altri scritti periodici.

7. Qualunque suddito pontificio, che gode il pieno esercizio dei diritti civili, come qualunque corpo morale legalmente costituito nello Stato, potrà pubblicare un giornale, o scritto periodico, osservate le prescrizioni seguenti.

8. Ogni giornale, o scritto periodico dovrà essere regolato da un direttore responsabile, il quale ne vigili da per se stesso la pubblicazione.

§ 1. Il direttore dovrà essere suddito pontificio avente il pieno esercizio dei diritti civili, non che la stabile dimora nel luogo della pubblicazione.

§ 2. Il proprietario del giornale, o dello scritto periodico potrà assumere l'incarico di direttore responsabile, purchè abbia le qualità prenunciate.

9. Prima di procedere alla pubblicazione di un giornale, od altro scritto periodico, dovrà essere presentata al Ministero dell'Interno una dichiarazione in iscritto corredata degli opportuni documenti comprovanti il concorso delle qualità suindicate nel direttore responsabile. Tale dichiarazione enuncierà inoltre il titolo del giornale, o dello scritto periodico, le materie che ivi si trattano, i giorni, o periodi della pubblicazione, la tipografia nella quale si stampa, la dimora del direttore responsabile.

§ 1. Qualunque mutazione avvenisse in alcuna delle suespresse condizioni dovrà notificarsi al Ministero dell' Interno dal direttore responsabile entro il termine di otto giorni successivi all' avvenuta mutazione.

§ 2. Il direttore che omette, o ritarda la dichiarazione dell' avvenuta mutazione, è punito con multa dagli scudi dieci ai trenta.

10. Quando il direttore risponsabile cessi di vivere, o si renda improvvisamente incapace di adempire quanto gl' incombe, l' erede, o il legittimo rappresentante, ove egli fosse il proprietario unico del giornale o scritto periodico, altrimenti i comproprietarii, o gl' interessati, dovranno darne al avviso Ministero dell' Interno, e frattanto presenteranno all' Autorità governativa locale un direttore provvisorio, il quale assuma l' adempimento di tutti gli obblighi inerenti; in difetto di che, il giornale, o lo scritto periodico sarà sospeso.

§ 1. Tale provvisoria incombenza non potrà protrarsi oltre i due mesi. Quindi se in questo termine non si sarà presentato al Ministero dell' Interno altro direttore responsabile, non potrà ulteriormente proseguirsi il giornale, o scritto periodico.

11. Chiunque senza avere denunciato al Ministero dell' Interno la pubblicazione del giornale o dello scritto periodico, siccome è prescrito nell' articolo 9, ovvero dopo la dichiarata sospensione, o cessazione di esso, ne procedesse alla pubblicazione, incorrerà

14.

nella pena della detenzione da un giorno ad un mese, e della multa dagli scudi trenta ai sessenta.

12. Il direttore responsabile sarà obligato sottoscrivere di proprio carattere, come minuta, il primo esemplare di ogni numero, o di ogni separato supplemento del giornale, o dello scritto periodico; e tutti gli altri esemplari dovranno riprodurre la stessa sottoscrizione in istampa.

Il contravventore all' uno od all' altro obbligo sarà punito colla multa dagli scudi dieci ai trenta.

13. Nell' atto della pubblicazione dovrà essere consegnato nell' uffizio dell' Autorità governativa il primo esemplare sottoscritto come minuta, di cui si lascerà ricevuta, et si farà annotamento in apposito registro. Contemporaneamente dovrà consegnarsi altro esemplare all' Autorità ecclesiastica.

Il contravventore sarà punito colla multa dagli scudi dieci ai trenta.

14. I direttori sarrano obbligati d' inserire non più tardi della seconda pubblicazione successiva al giorno, in cui ne sarà fatta loro richiesta deal governo o dalle pubbliche Autorità, qualunque rettificazione de' fatti esposti nel loro giornale, o scrito periodico, risguardanti le stesse Autorità, o il pubblico interesse.

15. Saranno egualmente obbligati i direttori d' inserire non più tardi della seconda pubblicazione successiva al giorno, in cui ne sarà fatta richiesta, le risposte et le dichiarazioni delle persone nominate, o indicate nelle loro pubblicazioni.

§ 1. L'inserzione tanto in questo, quanto nel caso contemplato nel precedente articolo, dovrà essere intiera, e gratuita. Ove per altro eccedesse il doppio dell'articolo, qui si referisce, l'eccedente sarà pagato al prezzo stabilito per gli annunzii; e se il Giornale non avrà stabilita il prezzo degli annunzii, sarà pagato quanto è imposto per gli avvisi, ed atti gudiziarii.

§ 2. Il rifiuto, e la tardanza in accettare, o pubblicare le sovrindicate rettificazioni e risposte si punirà colla multa dagli scudi dieci ai trenta; ed il giornale, o lo scritto periodico sarà sospeso fino a che siasi adempiuto all'obbligo suddetto.

16. Nel caso di condanna pronunciata contro i direttori de' giornali, o scritti periodici, dovranno essi, non più tardi della seconda pubblicazione successiva al dì della intimazione della sentenza posta in istato eseguibile, pubblicare nel loro giornale o scritto periodico il tenore della sentenza condannatoria.

L'inadempimento a quest'obligo sottopone il contravventore alla multa dagli scudi dieci ai trenta.

17. Se le multe imposte dalla presente legge non sarano pagate nel termine di giorni otto successivi all'intimazione della sentenza eseguibile, il giornale o lo scritto periodico sarà sospeso fino alla soddisfazione delle medesime.

18. Il diritto, che potesse in qualunque modo competere all'pubblico ministero, od al privato in ragione dell'articolo, cui si è risposto, non resta in alcun

modo pregiudicato colla pubblicazione delle rettificazioni, e risposte.

TITOLO III.

Dei delitti e delle contravvenzioni speciali.

19. Ogni oltraggio fatto col mezzo della stampa
alla Religione, al buon costume, alla Chiesa e suoi
Ministri sarà punito colla detenzione da sei mesi ad
un anno, e colla multa dagli scudi sessanta ai cento.

20. Sarà punito colla detenzione dai tre ai sei mesi
e colla multa dagli scudi trenta ai sessanta chiunque
col mezzo della stampa :

§ 1. Avrà impugnato l'autorità temporale del Sommo Pontefice, il modo della sua elezione, la forma
attuale del Governo ;

§ 2. Avrà fatto risalire alla sagra persona del Pontefice, e del Sagro Collegio il biasimo e la responsabilità degli atti del Governo ;

§ 3. Avrà oltraggiato i Sovrani, o Capi de' Governi
esteri, i loro Ambasciatori, Ministri, Inviati ed Agenti
diplomatici accreditati nello Stato ;

§ 4. Avrà oltraggiato l' Alto Consiglio, il Consiglio
de' Deputati, o i componenti i Consigli.

21. Chiunque col mezzo della stampa ecciti a disub-
bidire alle leggi, o al disprezzo delle medesime, sarà
punito colla detenzione da uno a tre mesi, et colla
multa dagli scudi trenta ai sessanta.

22. Alla stessa pena quì soprà espressa sarà sot-
toposto chiunque mediante la stampa attentasse o

provocasse contro il diritto di proprietà, facesse apologia de' fatti che la legge penale qualifica come delitti, eccitasse odio tra le diverse classi della società, ed il sovvertimento dell' ordine delle famiglie.

23. Le pene sovraindicate non esimono il colpevole dalle altre, in cui fosse specialmente incorso pel contenuto nella stampa.

24. Chiunque in un giornale, od altro scritto periodico, abbia dato con dolo contezza infedele delle discussioni dei Consigli, o delle udienze dei Tribunali, sarà punito colla multa dagli scudi dieci ai trenta, senza pregiudizio delle maggiori pene, cui si facesse luogo a senso del precedente articolo.

25. Chiunque nuovamente pubblicasse un' opera, od uno scritto qualunque di già condannato con decreto dell' Autorità ecclesiastica, od in forza della presente legge con sentenza della Curia laicale, sarà punito colla detenzione da sei mesi ad un anno, e colla multa dagli scudi sessanta ai cento, e saranno distrutti tutti gli esemplari stampati.

26. È vietato pubblicare i voti de' Giudici nelle cause de' delitti commessi mediante la stampa, pubblicare le discussioni e deliberazioni segrete dell' Alto Consiglio e del Consiglio de' Deputati, quando il Consiglio non ne abbia data facoltà: come pure è vietato pubblicare i dibattimenti delle cause tenute innanzi i Tribunali a porte chiuse, non che pubblicare gli atti del processo scritto, e dei dibattimenti nelle cause d' ingiurie e diffamazioni.

§ 1. Il contravventore alle prescrizioni del presente

articolo è punito colla multa d'agli scudi trenta ai sessanta.

27. La recidiva in alcuno dei delitti o contravvenzioni commesse mediante la stampa aumenta la pena a norma del Codice penale.

TITOLO IV.

Disposizioni transitorie.

28. Anologamente all'articolo 11 dello Statuto fondamentale rimane nel suo vigore la Censura Ecclesiatica preventiva, sulla quale si osserveranno le Costituzioni Apostoliche e le prescrizioni di già adottate coll'Enciclica del 2 giugno, corrente o che si adotteranno successivamente dalla S. Sede.

A termini di detta Enciclica sono soggette alla Censura Ecclesiastica preventiva le opere, gli scritti, ed articoli che trattano della Sagra Scrittura, Sagra Teologia, Istoria Ecclesiastica, Gius Canonico, Teologia Naturale, Etica ed in genere tutto ciò che ha rapporto speciale colla Religione e colla Morale.

29. Fino alle nuove disposizioni la procedura, e la competenza dei giudizi nelle cause dei delitti, o contravvenzioni contemplate nella presente legge sarà regolata secondo le norme del Regolamento di procedura criminale.

30. Le sentenze condannatorie dovranno inviarsi indilatamente in copia autentica a diligenza del Procuratore Fiscale al Ministro di Grazia e Giustizia, il quale le farà pubblicare nel giornale officiale.

31. Sarà provveduto con leggi e regolamenti speziali alla pubblicazione delle opere figurate per via di disegno, incisione, litografia, calcografia, ec., restando intanto in vigore gli attuali regolamenti.

32. Gli editori di giornali o scritto periodici attualmente in corso dovranno uniformarsi al dispoto degli articoli 8 e 9 nel termine di giorni venti dal dì della pubblicazione della presente legge ; altrimenti la pubblicazione del giornale o scritto periodico sarà considerata in contravvenzione alla lege, et soggetta alle pene relative.

Datum Romæ apud S. Mariam Majorem, die III Julii MDCCCXLVIII, Pontificatus Nostri anno secundo.

PIUS PP. IX.

Die 4 mensis et anni ut supra præsens Motus-Proprius affixus et publicatus fuit ad valvas Curiæ Innocentianæ, in acie Campi Floræ, et in aliis locis solitis e consuetis Urbis, per me Aloisium Pitori Apostolicum Cursorem.

Joseph Cherubini, magister Cursorum.

——••——

TRADUCTION.

Nous étant réservé, par l'article 64 du Statut fondamental pour le gouvernement temporel des États de la sainte Église, le droit de régler par une loi la liberté politique de la presse accordée par Nous à

Nos fidèles sujets, en même temps que les autres institutions libérales, Nous ordonnons de Notre propre mouvement ce qui suit :

TITRE I.

Dispositions générales.

1. La publication des œuvres ou écrits, par le moyen de la presse, affranchie de la censure préventive gouvernementale et politique, conformément à l'art. 11 du Statut fondamental, est libre, à la condition de se soumettre aux injonctions de la présente loi.

2. Tout écrit reproduit par la typographie ou la lithographie ou tout autre moyen mécanique, devra indiquer l'année et le lieu de son impression, le nom et l'atelier de l'imprimeur.

§ 1. Les imprimés qui ne présenteraient pas ces indications sont considérés comme clandestins : l'imprimeur et le distributeur seront punis d'une amende de 10 à 30 scudi.

3. Il ne pourra s'établir aucune imprimerie, si quinze jours à l'avance il n'en a été donné avis à l'autorité gouvernementale locale, par une déclaration écrite qui indiquera le lieu, la rue, le numéro où on veut l'établir.

§ 1. Tout changement ultérieur doit être déclaré de la même manière.

§ 2. Le contrevenant sera puni d'une amende de 30 à 60 écus.

4. Quiconque, n'ayant pas une imprimerie légalement établie, publiera un ouvrage ou écrit quelconque à l'aide de presse à main ou de tout autre moyen, sera puni d'un jour à un mois de prison, et d'une amende de 30 à 60 scudi ; seront saisis par le fisc les exemplaires imprimés, les presses, les caractères, et tous les objets mécaniques ayant servi à l'impression. La peine de la détention et de l'amende sera également appliquée au distributeur.

5. Tout imprimeur devra présenter, avant la publication, une copie de ce qu'il aura imprimé, tant à l'autorité ecclésiastique qu'à l'autorité gouvernementale, sauf ce qui sera dit ultérieurement pour les publications périodiques.

§ 1. Le contrevenant sera puni d'une amende de 10 à 30 scudi.

6. Sont conservés en pleine vigueur les règlements actuels qui regardent la remise des autres exemplaires aux bibliothèques publiques.

TITRE II.

Des journaux et écrits périodiques.

7. Tout sujet pontifical, jouissant du plein exercice de ses droits civils, et chaque corporation légalement constituée dans l'État, peut publier un journal ou écrit périodique, en observant les conditions suivantes :

8. Tout journal ou écrit périodique devra être di-

rigé par un directeur responsable, qui veille par lui-même à sa publication.

§ 1. Le directeur devra être sujet pontifical, jouir du plein exercice de ses droits civils, et avoir son domicile au lieu de la publication.

§ 2. Le propriétaire du journal ou de l'écrit périodique pourra prendre la charge de directeur responsable, pourvu qu'il réunisse les qualités susdites.

9. Avant de procéder à la publication d'un journal ou de tout autre écrit périodique, il faudra présenter au ministère de l'intérieur une déclaration par écrit avec les pièces à l'appui établissant les qualités exigées du directeur responsable. Cette déclaration énoncera en outre le titre du journal ou de l'écrit périodique, les matières qu'il traitera, les jours ou les époques périodiques de sa publication, la typographie où il s'imprimera, la demeure de son directeur responsable.

§ 1. Tout changement advenu dans les conditions ci-dessus exprimées devra être notifié au ministre de l'intérieur, par le directeur responsable, dans la huitaine qui suivra ce changement.

§ 2. Le directeur qui manquerait à cette déclaration, ou ne la ferait pas à temps, sera puni d'une amende de 10 à 30 scudi.

10. Si le directeur responsable meurt ou devient à l'improviste incapable de remplir ses obligations, son héritier ou son légitime représentant, s'il était le seul propriétaire du journal ou de l'écrit périodique, ou bien ses copropriétaires et autres intéressés devront en donner avis au ministère de l'intérieur et en même

temps présenter à l'autorité locale un directeur provisoire qui s'engage à remplir toutes les obligations légales; faute de quoi, le journal ou écrit périodique sera suspendu.

§ 1. Cette direction provisoire ne pourra durer plus de deux mois. Si, dans ce délai, il n'est pas présenté au ministère de l'intérieur un autre directeur responsable, le journal ou écrit périodique ne pourra être continué.

11. Quiconque, sans avoir déclaré au ministère de l'intérieur la publication du journal ou écrit périodique, conformément à l'art. 9, ou bien après avoir déclaré la suspension ou la cessation de la publication, la recommence, encourra la peine de un jour à un mois de prison et l'amende de 30 à 60 scudi.

12. Le directeur responsable sera obligé de signer de sa main, en minute, le premier exemplaire de tout numéro, ou de tout supplément du journal ou de l'écrit périodique; et tous les autres exemplaires devront reproduire imprimée ladite signature. La contravention à l'une ou à l'autre de ces prescriptions sera punie de 10 à 30 scudi.

13. Avant toute publication, ce premier exemplaire signé en minute devra être remis aux bureaux de l'autorité locale; il en sera donné un reçu, et on en tiendra note sur un registre. Au même moment, un autre exemplaire devra être remis à l'autorité ecclésiastique. Le contrevenant sera puni d'une amende de 10 à 30 scudi.

14. Les directeurs seront obligés d'insérer, dans la

publication qui suivra le jour où ils en seront requis par l'autorité publique ou le gouvernement, toute rectification de faits publiés dans leur journal et regardant les autorités ou l'intérêt public.

15. Seront également obligés les directeurs d'insérer dans leur prochain numéro, après le jour où ils en seront requis, ces réponses et déclarations des personnes nommées ou indiquées dans leur publication.

§ 1. Dans ce cas et dans celui que prévoit l'article précédent, l'insertion devra être entière et gratuite. Si elle excédait le double de l'article auquel elle se réfère, l'excédant sera payé au prix fixé pour les annonces : si le journal n'a pas établi le prix des annonces, il sera payé au tarif des avis et actes judiciaires.

§ 2. Le refus ou le retard, dans la publication des rectifications ou réponses, sera puni d'une amende de 10 à 30 scudi, et le journal ou écrit périodique sera suspendu jusqu'à ce qu'il ait accompli l'obligation imposée.

16. En cas de condamnation prononcée contre les directeurs de journaux ou écrits périodiques, ils devront, dans le plus prochain numéro qui suivra la notification de la sentence devenue exécutoire, publier dans le journal la teneur de la sentence de condamnation.

L'inaccomplissement de cette obligation soumet le contrevenant à une amende de 10 à 30 scudi.

17. Si les amendes infligées par la présente loi ne

sont pas payées dans la huitaine qui suivra la notification du jugement devenu définitif, le journal ou écrit périodique sera suspendu jusqu'à parfait payement.

18. Le droit de réponse qui appartient au ministère public ou à tout particulier, n'est, en aucune façon, altéré par la publication des rectifications ou réponses.

TITRE III.

Des délits et contraventions spéciales.

19. Tout outrage commis par le moyen de la presse contre la religion, les bonnes mœurs, l'Église et ses ministres, sera puni de six mois à un an de prison, et de 60 à 100 scudi d'amende.

20. Sera puni d'une détention de trois à six mois, et d'une amende de 30 à 60 écus, quiconque, par le moyen de la presse :

§ 1. Aura attaqué l'autorité temporelle du Souverain Pontife, le mode de son élection, la forme actuelle du Gouvernement ;

§ 2. Aura fait remonter à la personne sacrée du Pontife ou au Sacré Collége le blâme et la responsabilité des actes du Gouvernement ;

§ 3. Aura outragé les souverains ou chefs des gouvernements étrangers, leurs ambassades, ministres, envoyés et agents diplomatiques accrédités près l'État Pontifical ;

§ 4. Aura outragé le Haut Conseil, le Conseil des députés, ou les membres qui les composent.

21. Quiconque, par le moyen de la presse, aura excité à désobéir aux lois ou à les mépriser, sera puni d'une détention de un à trois mois et d'une amende de 30 à 60 scudi.

22. Sera atteint de la même peine quiconque, par le moyen de la presse, aura attenté ou provoqué à l'attentat contre les droits de propriété, aura fait l'apologie des faits qualifiés délits par les lois pénales, excité à la haine entre les classes diverses de la société et au renversement de l'ordre des familles.

23. Les peines susdites n'exemptent pas le coupable des autres qu'il aurait spécialement encourues pour le contenu du journal.

24. Quiconque, dans un journal ou écrit périodique, a donné, avec mauvaise intention, un compte rendu infidèle des discussions des Conseils, des audiences des tribunaux, sera puni d'une amende de 10 à 30 écus, sans préjudice des peines plus graves qui pourraient être prononcées en vertu du précédent article.

25. Quiconque aura publié de nouveau une œuvre ou un écrit quelconque déjà condamné par décret de l'autorité ecclésiastique, ou en vertu de la présente loi par sentence de la cour laïque, sera puni d'une détention de six mois à un an, et d'une amende de 80 à 100 scudi, et tous les exemplaires seront détruits.

26. Il est défendu de publier les votes des juges

dans les causes de délits de presse, de publier les discussions et délibérations secrètes du Haut Conseil et du Conseil des députés, quand le consistoire a pu donner la permission; comme aussi de publier les débats des affaires portées devant les tribunaux et jugées à huis clos, ainsi que les actes de procédure écrite et les débats des causes d'injure et de diffamation.

§ 1. Le contrevenant au présent article sera puni d'une amende de 30 à 60 scudi.

27. La récidive en tout délit ou contravention, en matière de presse, augmente la peine selon les peines du code pénal.

TITRE IV.

Dispositions transitoires.

28. Conformément à l'art. 11 du Statut fondamental, la censure ecclésiastique préventive reste en vigueur : on observera à cet égard les constitutions apostoliques et les prescriptions déjà adoptées par l'encyclique du 2 juin, et celles que le Saint-Siége adoptera successivement :

Aux termes de cette encyclique, sont soumis à la censure ecclésiastique préalable les œuvres, écrits et articles qui traitent de la sainte Écriture, de la théologie sacrée, de l'histoire ecclésiastique, du droit canonique, de la théologie naturelle, de l'éthique, et en général de tout ce qui a rapport spécial à la religion et à la morale.

29. Jusqu'à nouvel ordre, la procédure, la compé-

tence des juges dans les procès de délits ou de contraventions compris dans la présente loi, seront réglés selon les lois de la procédure criminelle.

30. Les sentences de condamnation devront être envoyées sans délai en copie authentique, à la diligence du procureur fiscal, au ministère de grâce et justice, lequel les fera publier dans le journal officiel.

31. Il sera pourvu, par des lois et règlements spéciaux, à ce qui touche la publication des œuvres reproduites par la voie du dessin, de la gravure, de la lithographie, etc.; les règlements actuels restent jusque-là en vigueur.

32. Les éditeurs des journaux ou écrits périodiques actuellement en cours devront se conformer aux dispositions des art. 8 et 9, sous le délai de vingt jours à partir de la publication de la présente loi ; autrement la publication du journal ou écrit périodique sera considérée comme faite en contravention à la loi et punie comme telle.

Donné à Rome, près Sainte-Marie-Majeure, le 3e jour de juillet de l'an 1848, de Notre Pontificat le second.

PIE IX, pape.

Le 4e jour de l'an et du mois que dessus, le présent *motu-proprio* a été publié et affiché aux portes du tribunal Innocentin, du Champ de Flore, et autres lieux accoutumés par moi, Louis Pitori, censeur pontifical.

Joseph Cherubini, maître des censeurs.

RÉPONSE

DE SA SAINTETÉ LE PAPE PIE IX

AU CONSEIL DES DÉPUTÉS.

(10 juillet 1848.)

Accettiamo le espressioni di gratitudine che il Consiglio Ci dirige, e riceviamo la riposta al discorso pronunciato a Nostro Nome dal Cardinale da Noi espressanamente delegato all'apertura dei due Consigli, dichiarando di accoglierla unicamente in quella parte che non si allontana da quanto è stato prescrito nello Statuo Fondamentale.

Se il Pontefice prega, benedice, e perdona, Egli è altresi in dovere di sciogliere e di legare. E se come Principe coll'intendimento di meglio tutelare et rafforzare la cosa pubblica chiama i due Consigli a cooperare con Lui, il Principe Sacerdote abbisogna di tutta quella libertà che non paralizzi la Sua azione in tutti gl'interessi della Religione e dello Stato, e questa libertà gli resta intatta, restando intatti, siccome devono, lo Statuto e la legge sul Consiglio dei Ministri che abbiamo spontaneamente conceduto.

Se i grandi desiderii si moltiplicano per la grandezza della Nazione Italiana, è necessario che il mondo intero nuovamente conosca che il mezzo per conseguirla non può essere per parte Nostra la Guerra. Il Nostro

Nome fu benedetto su tutta la terra per le prime parole di pace ch'escirono dal Nostro labbro : non potrebb' esserlo sicuramente se quelle uscissero della guerra. E fu per Noi grande sorpressa quando sentimmo chiamata la considerazione del Consiglio su questo argomento in opposizione alle Nostre pubbliche dichiarazioni, et nel momento nel quale abbiamo intrapre se trattative di pace. L'unione fra i Principi la buona armonia fra i Popoli della Penisola, possono sole conseguire la felicità sospirata. Questa concordia fa si che tutti Noi dobbiamo abbracciare egualmente i Principi d'Italia ; perchè da questo abbraccio paterno può nascere quell' armonia che conduce al compimento dei pubblici voti.

Il rispetto ai diritti ed alle leggi della Chiesa, e la persuazione dalla quale sarete per essere animati, che la grandezza specialmente di questo Stato dipende dalla indipendenza del Sovrano Pontefice, farà sì che nelle vostre deliberazioni rispetterete simpre i limiti da Noi segnati nello Statuto. In questo principalmente si palesi la gratitudine che Noi vi domandiamo per le ampie Institazioni concedute.

Nobie è il vero proposito di occuparvi degl' interni nostri negozi ; e Noi vi confortiamo con tutto l'animo all' intrapresa. Il Commercio, e l' Industria debbono essere ristorati, e principale Nostro desiderio, che siamo sicuri essere anche il vostro, quello è non di aggravare, ma di sollevare i sudditi. L'ordine pubblico reclama grandi provvedimenti, e ad ottenerli è indispensabile che il Ministero cominci a consecrarvi

e suoi pensieri e le sue cure. La pubblica amministrazione delle Finanze esige grandi e solleci provvedimenti. Dopo questi elementi vitali il Governo vi
proporrà per i Municipii quei miglioramenti che si
credono più utili e più conformi ai presenti bisogni.

Alla Chiesa e per essa ai suoi Apostoli concedette
il suo divin Fondatore il grande diritto e il debito
d' insegnare.

Siate concordi fra voi, coll' Alto Consiglie, con Noi
e coi Nostri Ministri. Rammentatevi spesso che Roma
è grande non pel domino suo temporale, ma principalmente perchè è la sede della Cattolica Religione
Questa verità la vorremmo scolpita non già sul mar-
mo, ma sul cuore di tutti quelli che partecipano alla
pubblica amministrazione, affinchè ognuno rispettando
questo Nostro Primato universale non dia luogo a
certe teorie limitate, e talvolta anche ai desiderii di
parte. Chi sente alto della Religione, non può pen-
sare diversamente. E se Voi, come crediamo, siete
animati da questa verità, Voi sarete nobili istrumenti
nelle mani di Dio per arrecare veri e solidi vantaggi
a Roma e allo Stato, primo de' quali sarà quello di
spegnere il seme della diffidenza e il terribile formite
dei partiti.

TRADUCTION.

Nous acceptons les expressions de gratitude que le
Conseil Nous adresse, et Nous recevons la réponse au

aiscours prononcé en Notre nom par le cardinal que Nous avions expressément délégué pour l'ouverture des deux Conseils, déclarant que Nous l'accueillons uniquement dans cette partie, qui ne s'écarte en rien de ce qui a été prescrit dans le Statut fondamental.

Si le Pontife prie, bénit et pardonne, il a aussi le devoir de délier et de lier. Et si, comme prince, dans l'intention de mieux protéger et de fortifier la chose publique, il appelle les deux Conseils à coopérer avec Lui, le Prince-Prêtre a besoin de toute la liberté nécessaire pour que son action ne soit pas paralysée en tout ce qui touche les intérêts de la religion et de l'État; cette liberté, il la garde intacte, tant que demeurent intacts, comme ils doivent l'être, le Statut et la loi sur le Conseil des ministres que Nous avons spontanément octroyés.

Si de grands désirs se multiplient pour la grandeur de la nation italienne, il est nécessaire que le monde entier sache de nouveau que pour Notre part la guerre ne peut être le moyen d'atteindre ce but. Notre nom a été béni sur toute la terre pour les premières paroles de paix qui sortirent de Notre bouche; il ne pourrait plus l'être, assurément, si les paroles de guerre en sortaient maintenant. Ce fut donc pour Nous une grande surprise, quand Nous apprîmes que cette question était soumise aux délibérations du Conseil, contrairement à Nos déclarations publiques, et au moment où Nous avions entrepris de négocier la paix. L'union entre les princes, la bonne harmonie entre les peuples de la Péninsule, peuvent seules réaliser la félicité après laquelle Nous soupirons. Ce besoin de la concorde est tel que Nous devons embrasser également tous les princes d'Italie, afin que de cet embrassement paternel puisse naître cette harmonie qui amènera l'accomplissement des vœux publics.

Le respect des droits et des lois de l'Église, et la persuasion dont vous devez être animés que la grandeur spéciale de cet État dépend de l'indépendance du Souverain Pontife, agiront sur vous de telle sorte que, dans vos délibérations, vous respecterez toujours les limites tracées par Nous dans le Statut. En ceci surtout se manifestera la gratitude que Nous vous demandons pour les amples institutions par Nous octroyées.

C'est une noble résolution que celle de vous occuper de Nos affaires intérieures, et Nous vous exhortons de toute Notre âme à cette entreprise. Le commerce et l'industrie doivent être rétablis, et Notre principal désir, qui, nous en sommes certain, est aussi le vôtre, serait de ne pas surcharger, mais, au contraire, de soulager le peuple. L'ordre public réclame de grandes ressources, et, pour les obtenir, il est indispensable que le ministère commence à y consacrer ses pensées et ses soins. L'administration publique des finances exige de grandes et minutieuses précautions. Après ces éléments vitaux, le Gouvernement vous proposera, pour les municipalités, les améliorations que l'on croit le plus utiles et le plus conformes aux besoins présents.

A l'Église, et par elle à ses Apôtres, son divin Fondateur a donné le grand droit et imposé le devoir d'enseigner.

Soyez d'accord entre vous, avec le Haut Conseil, avec Nous et avec Nos ministres. Rappelez-vous souvent que Rome est grande, non par son domaine temporel, mais principalement parce qu'elle est le Siége de la Religion catholique. Cette vérité, Nous voudrions qu'elle fût gravée non sur le marbre, mais dans le cœur de tous ceux qui participent à l'administration publique, afin que, chacun respectant Notre primauté universelle, personne ne donne carrière à certaines théories limitées, ou même quelquefois à des désirs de parti. Qui a des sentiments élevés de la Religion ne saurait penser autrement. Et si vous, comme Nous le croyons, vous êtes pénétrés de ces vérités, vous serez de nobles instruments dans les mains de Dieu, pour assurer à Rome et à l'État de véritables et solides avantages, dont le premier sera celui d'extirper la semence de la défiance et le désastreux levain des partis.

RÉPONSE

DE SA SAINTETÉ LE PAPE PIE IX

AU HAUT CONSEIL.

.(17 juillet 1848.)

TRADUCTION (1).

Il est toujours doux à Notre cœur de Nous voir entouré d'hommes qui, animés du désir du bien public, ont résolu d'aider le Souverain dans la difficile entreprise d'améliorer les affaires du pays. Nous vous témoignons Notre reconnaissance pour les sentiments que vous Nous avez exprimés au nom du Haut Conseil, et Nous avons la confiance que, parfaitement d'accord avec le Conseil des députés, et toujours appuyés sur les bases et sur les formes légales établies par Nous, vous parviendrez à atteindre le noble but que vous vous êtes proposé. Vous connaissez déjà Nos paternelles intentions. Quoique les temps soient plus que jamais difficiles, Nous Nous sentons fortifié quand Nous pouvons Nous voir soutenu par des personnes qui aiment leur pays et qui savent que, parmi les éléments qui le constituent, l'élément religieux est celui qui mérite, de préférence à tous les autres, leur

---

(1) Le texte nous manque.

amour et leurs graves réflexions. Nous avons aussi l'espoir de voir toujours fleurir de plus en plus l'ordre et la tranquillité qui sont les sources de la confiance publique et préparent tous les éléments du bien. Mais pour obtenir tous ces avantages, élevons vers le ciel Nos cœurs et Nos regards, car c'est de Dieu seul que Nous pourrons obtenir le fort appui, les lumières nécessaires, la constance et le courage pour toucher le but.

AFFAIRES DE FERRARE.

NOTE CIRCULAIRE AU CORPS DIPLOMATIQUE.
(18 juin 1848.)

Dopo che la SANTITA' DI NOSTRO SIGNORE, nell' immenso affetto col quale ha più volte dichiarato di abbracciare tutti i popoli cristiani, in mezzo al generale commovimento europeo, fra le gridà e gli atti di guerra di tutta Italia, infiammata da spiriti di nazionalità, non curando riguardi ed interessi temporali, aveva protestato di non volere far guerra in quei momenti ed in quelle circostanze; dopo che a fine degmo del Suo Supremo Sacerdozio aveva spedito un Lgato a Sua Maestà Sarda, ed alla Corte Austriaca; la SANTITA' SUA apriva il cuore a speranza di vicina pace.

Ma oggi, con grave sorpresa e profondo cordoglio, ha appreso come le truppe Austriache, dopo avere ai passati giorni posto impedimento alla navigazione ed ai transiti sul Po, attentato alla vita ed alla libertà di alcuni Battellieri pontificii, e sequestrati Battelli pontificii, abbiano passato il Po nella notte dei 13 a' 14 corrente; ed abbiano, senza verum preventivo officio, violato l'indipendenza del Territorio della Chiesa.

Alla quale manifesta lesione dei diritti di cui SUA SANTITA' è geloso custode, hanno tenuto dietro atti di aperta ostilità e nimicizia. Perchè agli abitanti di Lagoscuro è stato, dal Maggiore Austriaco del 4 Reggimento Dragoni, in nome del Principe General di Linchtestein, fatta minaccia d'incendio in quattro punti del paese, se avessero fatto prova di resistenza; perchè in ordinanza guerriera, da tre punti, le truppe Austriache hanno invaso lo Stato della Santa Sede, in numero dì sei in sette milla; occupati Pontelagoscuro e Francolino; ed in fine si sono avanzati, nelle ore pomeridiane del giorno 14, fino alla spianata posteriore della Pontificia Fortezza di Ferrara. Quivi giunti, gli atti di violenza hanno assunto gravità maggiore, essendo diretti contro il rappresentante Superiore del nostro Governo in quella Provincia; al quale il Principe di Lichtenstein, ha militarmente imposto di mandare vettovaglie, e di prepararsi a dare ogni altra cosa di cui si faccia richiesta; facendo intendere che se quel Preside crederse opporsi, come sarebbe del suo diritto, non si asterrebbe da ulteriori ostilità. Ed a qual segno sia giunta la violenza, ognuno può conoscerlo dai termini del presente paragrafo della lettera del Principe Linchtestein, trascritto testualmente.

A M. le comte de Lovalelli, prolégat de la ville de Ferrare.

« D'après le refus que vous m'avez fait de vous « prêter à me livrer l'approvisionnement des deux « mois pour la citadelle, je me vois dans la nécessité « de vous déclarer que j'attends incessamment la ré- « ponse décisive sur ce point, ayant disposé qu'en « cas de refus j'aurais recours aux mesures coerci- « tives pour obtenir mon but par tous les moyens qui « sont en mon pouvoir.

« Ferrare, 14 juillet, à minuit. »

Pei quali atti di flagrante violazione dei legittimi diritti della Santa Sede, SUA SANTITA' ha già ordinato, che nei modi e forme legali si faccia solenne protesta alla Corte Austriaca, da comunicarsi a tutti i Governi ; riserbandosi a prendere tutte quelle deliberazioni che secondo le circostanze stimerà opportune ed efficaci per tutela della conservazione e dell' indipendenza degli Stati Pontificii.

Dopo queste dichiarazioni che faccio a Vostra Eccellenza per ordine espresso della SANTITA' DI NOSTRO SIGNORE, sono persuaso che Ella ne renderà consapevole la Sua Corte.

Ed intanto con sentimenti di distinta considerazione, in i dichiaro
Di V. E.

Roma, 18 luglio 1848.

Firmato.

GIOVANNI CARD. SOGLIA.

TRADUCTION.

Après que notre Saint-Père le Pape, dans l'immense amour dont il a plus d'une fois déclaré vouloir embrasser tous les peuples chrétiens, au milieu du bouleversement général de l'Europe, parmi les cris et les actes de guerre de toute l'Italie enflammée de l'esprit de nationalité, sans se préoccuper des intérêts temporels, avait protesté ne vouloir point faire la guerre ni dans ces moments, ni dans ces circonstances; après que, dans un but digne de son suprême sacerdoce, il avait envoyé un légat à Sa Majesté Sarde et à la cour d'Autriche, Sa Sainteté ouvrait son cœur à l'espérance d'une paix prochaine.

Mais aujourd'hui elle apprend avec une extrême surprise et une profonde douleur que les troupes autrichiennes, après avoir dans ces derniers temps interdit la navigation et les passages du Pô, attenté à la vie et à la liberté de quelques bateliers pontificaux, séquestré des bateaux de l'État, ont passé le Pô dans la nuit du 13 au 14 courant, et sans aucune déclaration préalable, ont violé l'indépendance du territoire de l'Église.

Cette violation manifeste des droits dont le Souverain Pontife est le gardien jaloux, a été suivie d'acte d'hostilité et d'inimitié ouverte. Le major autrichien du 4ᵉ régiment de dragons, au nom du général-prince de Lichtenstein, a menacé les habitants de Lagoscuro de mettre le feu aux quatre coins du pays, s'ils faisaient mine de résistance. Les troupes autrichiennes, en ordre de bataille, ont envahi, par trois points différents les États du Saint-Siége, au nombre de six à sept mille : elles ont occupé Pontelagoscuro et Francolino, et enfin se sont avancées dans l'après-midi du 14 jusqu'à l'esplanade postérieure de la forteresse pontificale de Ferrare. Là les actes de violence ont pris un caractère de gravité plus grand, étant dirigés contre le représentant supérieur de notre gouvernement dans cette province, auquel le prince de Lichtenstein a militairement prescrit de lui envoyer des vivres et de se tenir prêt à lui fournir tout ce dont il serait encore requis, lui faisant entendre que s'il croyait devoir, lui gouverneur, s'y opposer, comme c'était son droit, il se porterait à de nouvelles hostilités. Chacun peut connaître à quel point la violence a été poussée, par les termes mêmes du présent paragraphe de la lettre du prince de Lichtenstein textuellement transcrit :

A Monsieur le comte de Lovatelli, prolégat de la ville de Ferrare.

« D'après le refus que vous m'avez fait de vous
« prêter à me livrer l'approvisionnement des deux
« mois pour la citadelle, je me vois dans la nécessité
« de vous déclarer que j'attends incessamment la ré-
« ponse décisive sur ce point, ayant disposé qu'en cas
« de refus j'aurais recours aux mesures coercitives
« pour obtenir mon but, par tous les moyens qui sont
« en mon pouvoir.

« Ferrare, 14 juillet, à minuit. »

En raison de ces actes de violation flagrante des
droits légitimes du Saint-Siége, Sa Sainteté a déjà
ordonné qu'il soit fait, dans les formes légales, une
solennelle protestation à la cour d'Autriche, laquelle
devra être communiquée à tous les gouvernements,
se réservant de prendre toutes les résolutions que,
selon les circonstances, Elle croira opportunes et
efficaces pour la garantie de la conservation et de
l'indépendance des États pontificaux.

Après ces déclarations que je fais à Votre Excel-
lence, par ordre exprès de Sa Sainteté, je suis persuadé que vous voudrez bien en informer votre cour.

Je suis, etc.

Signé : Card. JEAN SOGLIA.

Rome, 18 juillet 1848.

RÉPONSE

DE SA SAINTETÉ LE PAPE PIE IX

AU HAUT CONSEIL.

(18 juillet 1848.)

La Deputazione dell'Alto Consiglio, preseduta da Monsig. Muzzarelli ha havuto l'onore di presentare questa matina a SUA SANTITA' un indirizzo.

La SANTITA' SUA si è degnata replicare nel modo seguente :

Gli avvenimenti poco fa avvenuti in Ferrara hanno richiamata la Nostra attenzione per addotare le misure reclamate dal dovere di garantire i Dominj temporali di questa Santa Sede. Voi nell' encomiare la giustizia di quest' atto, e nelle parole che adoperate per manifestarne la gratitudine date un conforto al Nostro Cuore. La difesa di questi temporali Dominj in qualunque maniera violati sarà sempre un diritto, che noi protestiamo solennemente di volere nei debiti modi esercitare, ed accettiamo con animo riconoscente le offerte, che voi ci fate per meglio poterli garantire. Anche in quest' occasione preghiamo per la prosperità dell' Italiaandoo cnv da Dio le sue Benedizioni, perchè la preservi da ogni sciagura, è perchè prosegua a prediligerla mantenendo nel suo centro la Cattedra delle eterne sue verità, e in tutti i suoi confini la prattica delle medesime.

La Commissione del Consiglio dei Deputati ancora, con a capo il presidente sig. Avvocato Sereni, ha presentato a SUA BEATITUDINE questa mattina istessa un altro indirrizzo:

Il SANTO PADRE si è degnato replicare in questa guisa:

Fu sempre a cuore di questa Santa Sede difendere i diritti de' suoi temporali Dominj, e gli Augusti Pontefici, ai quali siamo immeritamente succeduti dettero prove replicate su ciò della loro fermezza. È per questo che Noi ci siamo fatti un dovere di emulare i loro esempi ed è questa la seconda volta che abbiamo fatto palesi li nostri sentimenti per i fatti di Ferrara. Alla prima protesta Ci si fece piena ragione; tutto rimettendosi allo *statu quo*: et Ci lusinghiamo ci sarà fatta anche nel caso presente, quantunque assai diverse siano le circostanze. Le notizie però, che sopraggiungono ci fanno certi, che le Truppe Austriache anno già sgombrata Ferrara.

I ogni caso ci è gratto di assicurarvi di essere disposti a dare tutti quegli ordini, che sono necessarj per garantire il diritto di difesa, al quale diritto non abbiamo giammai inteso di rinunziare, che anzi Ci protestiamo di mantenerlo e di volerlo inviolabile. Riceviamo in questa nuova occasione con gratitudine

i sentimenti, che ci manifestate non che le offerte
che ci proponete et che tendono a meglio garantire
gli accennati diritti. Noi intanto ripetiamo a Dio le
umili Nostre preghiere, affinchè preservi l' Italia da
ogni sciagura e rendendo uniti gli animi sui veri interessi suoi, vi faccia fiorire come in suolo privile-
giato la Religione e la Pace unici fonti della vera felicità.

*Dopo letta la surriferita risposta il SANTO PA-
DRE ha soggiunto:*

« Due cose potete dire, cioè, che il Papa ammette
« di pieno diritto la difesa dei proprj Stati, e che la
« Lega da Lui iniziata coi Principi d'Italia sarà pro-
« seguita quando non si frappongono ostacoli o con-
« dizioni non ammissibili. »

TRADUCTION.

*Le 18 juillet 1848, une députation du Haut Con-
seil, présidée par Mgr Muzzarelli, a eu l'honneur
de présenter au Saint-Père une adresse à laquelle
Sa Sainteté a répondu en ces termes :*

Les événements qui viennent d'avoir lieu à Ferrare
ont attiré Notre attention, pour prendre les mesures
que réclame le devoir de garantir les domaines temporels de ce Saint-Siége. Les louanges que vous donnez
à la justice de cet acte, et les paroles par lesquelles

vous exprimez la reconnaissance qu'il vous inspire, sont une consolation pour Notre cœur. La défense de ces domaines temporels, de quelque façon qu'ils soient violés, sera toujours un droit, et Nous protestons solennellement que Nous sommes résolu à exercer ce droit de la manière convenable : Nous acceptons, avec un cœur reconnaissant, les offres que vous Nous faites pour que Nous puissions les mieux garantir. Dans cette occasion encore Nous prions pour la prospérité de l'Italie, demandant à Dieu ses bénédictions pour qu'Il la préserve de tout malheur et pour qu'Il continue à l'aimer d'un amour de prédilection, en maintenant dans son centre la chaire de ses vérités éternelles, et jusqu'aux extrémités de ses frontières la pratique de ces mêmes vérités.

Le Conseil des députés ayant également présenté une adresse, et la Commission présidée par l'avocat Serini ayant été admise à la remettre au Saint-Père, Sa Sainteté a répondu :

Ce Saint-Siége eut toujours à cœur de défendre les droits de ses domaines temporels, et les augustes pontifes dont Nous sommes le successeur indigne ont donné sur ce point des preuves réitérées de leur fermeté. C'est pour cela que Nous Nous sommes fait un devoir d'imiter avec émulation leurs exemples, et voilà la seconde fois que Nous avons manifesté Nos sentiments à l'occasion des faits de Ferrare. Pleine satisfaction Nous a été donnée à la suite de la première protestation, puisque toutes choses furent remises dans le *statu quo* ; Nous espérons qu'il en sera de même dans le cas présent, quoique les circonstances soient bien différentes. Cependant les nouvelles qui surviennent Nous donnent la certitude que les troupes autrichiennes ont déjà évacué Ferrare.

En tout cas, il Nous est agréable de vous donner l'assurance que Nous sommes disposé à donner tous les ordres nécessaires pour garantir le droit de défense : Nous n'avons jamais entendu renoncer à ce droit ; loin de là, Nous protestons que Nous le maintenons et que Nous le voulons inviolable. Nous recevons, en cette nouvelle occasion, avec reconnaissance les sentiments que vous Nous exprimez, ainsi que les offres que vous nous faites, et qui tendent à mieux garantir les droits dont Nous venons de parler. Nous, cependant, Nous renouvelons à Dieu Nos humbles prières, afin qu'Il préserve l'Italie de tout malheur, et que, rendant les âmes unies sur leurs véritables intérêts, Il y fasse fleurir comme en un sol privilégié la religion et la paix, uniques sources de la vraie félicité.

Après avoir lu la précédente réponse, le Saint-Père a ajouté :

Vous pouvez dire deux choses, savoir, que le Pape admet de plein droit la défense de ses propres États, et que la Ligue avec les princes d'Italie, dont Lui, Pape, a eu l'initiative, sera poursuivie quand on n'y mettra pas des obstacles et des conditions inadmissibles.

RÉPONSE

DE SA SAINTETÉ PIE IX

AU CONSEIL DES DEPUTÉS.

(2 août 1848.)

TRADUCTION (1).

Le Conseil ayant présenté au Saint-Père, à l'occasion de la défaite de l'armée piémontaise, une adresse qui demandait la guerre, Sa Sainteté a répondu :

` J'ai aimé à vous entendre prononcer le nom du Statut fondamental : j'en appelle moi-même à ce Statut, et c'est lui qui suggère ma réponse à vos demandes. Vous réclamez de grandes et extraordinaires mesures qui doivent être soumises d'abord à l'examen du Haut Conseil avant que je puisse vous faire ma réponse. En attendant, je dois vous prévenir, Messieurs, que les armées ne s'improvisent pas. Le grand capitaine de notre siècle qui vivait encore au temps·

(1) Le texte manque.

de ma jeunesse, et que tous vous avez connu, sinon en personne, au moins par l'histoire, même dans les extrémités les plus pressantes ne se hasarda jamais à conduire sur le champ de bataille des hommes ramassés à la hâte et non formés à la discipline militaire. Vous parlez de faire appel à des légions étrangères : mais cet appel exige du temps pour les négociations, pour les voyages, et d'un autre côté vous parlez de dangers imminents. Espérons que la Providence de Dieu remédiera aux besoins de l'État et de l'Italie, en employant des moyens que nous ne connaissons pas, et que nous devons adorer.

Il y a parmi vous un grand nombre de conseillers qui, ne se laissant pas emporter par l'impétuosité des passions, connaissent les vrais besoins du pays, parmi lesquels le plus nécessaire, le plus urgent est de rétablir l'ordre aussi troublé et foulé aux pieds. Mon affection et ma bénédiction vous accompagnent !

PROCLAMATION.

(2 août 1848.)

L' agitazione, che presentemente si è impadronita degli animi per la diversità degli avvenimenti che vanno succedendo, richiede instantemente che per quanto è da Noi venga calmata, richiamando la fiducia e la confidenza. Il Ministero da lungo tempo dimissionario, a oggi ripetute le sue istanze pel definitivo ritiro. Non potendosi così rimanere, abbiamo chiamato ed è giunto in Roma il Pro-Legato di Urbino e Pesaro Conte Odoardo Fabri che formerà parte della nuova combinazione ministeriale. Queste Nostre premure debbono risvegliare negli animi di tutti i buoni la confidenza, che meglio verrà a confermarsi per le provvidenze che il Governo stesso giudicherà opportuno di adottare.

Intanto si mena lamento da alcuni, perchè circa i fatti succeduti nel Ferrarese non siansi adottate le misure opportune per ripararli ; laddove Noi non ab biamo indugiato a far conoscere i Nostri sentimenti già pubblicati dal Nostro Cardinale Segretario di Stato, e ripetuti anche in Vienna. Abbiamo già detto, e lo ripetiamo anche adesso, essere Nostra volontà che si difendano i Confini dello Stato, al quale effetto avevamo autorizzato il testè cessato Ministero a provvedervi opportunamente.

Del resto è vero pur troppo che in tutti i tempi, e in tutti i Governi, i pericoli esterni si mettono a profitto dai nemici dell' ordine e della pubblica tranquillità per turbare le menti e i cuori de' cittadini, che Noi sempre bramiamo, ma più particolarmente in questi momenti, uniti e concordi. Dio però veglia a custodia della Italia, dello Stato della Chiesa, e di questa Città, et ne commette la immediata tutela alla grande Protettrice di Roma MARIA SANTIS-SIMA, ed ai Principi degli Apostoli : e quantunque più di un sacrilegio abbia funestato la Capitale del

16.

Mondo Cattolico, non per questo vien meno in Noi la fiducia, che le preghiere della Chiesa ascenderanno al cospetto del Signore per far discendere le benedizioni, che confermino i buoni, e richiamino i suoi nemici nelle vie dell' onore e della giustizia.

Datum Romæ apud Sanctam Mariam Majorem, sub annulo Piscatoris, die II Augusti MDCCCXLVIII, Pontificatus Nostri anno tertio.

PIUS PP. IX.

TRADUCTION.

PIE IX, PAPE.

L'agitation qui s'est emparée des esprits, par suite des événements qui s'accomplissent successivement, demande vivement à être calmée autant qu'il dépend de Nous, et veut que Nous ranimions la confiance. Le ministère, depuis longtemps démissionnaire, a renouvelé aujourd'hui ses instances pour sa retraite définitive. Ne pouvant demeurer ainsi, Nous avons appelé et fait venir à Rome le prolégat d'Urbino et Pesaro comte Fabri, qui fera partie de la nouvelle combinaison ministérielle. Ces soins que Nous avons pris doivent ranimer dans l'esprit de tous les bons la confiance qui sera encore mieux rassurée par les mesures que le Gouvernement jugera opportun d'adopter.

Quelques-uns se plaignent qu'on n'ait pas pris des mesures pour remédier aux choses de Férrare ; pourtant Nous n'avons pas hésité à faire connaître nos sentiments, qui ont été déjà exprimés par notre cardinal secrétaire d'État, et qui ont été manifestés aussi à Vienne. Nous avons déjà dit, et Nous répétons encore, que notre volonté est qu'on défende les frontières de l'État, et que Nous avions à cet effet autorisé le précédent ministère à prendre les moyens opportuns.

Du reste, il n'est que trop vrai que, dans tous les temps et dans tous les gouvernements, les périls extérieurs sont mis à profit par les ennemis de l'ordre et de la tranquillité publique, pour troubler les esprits et les cœurs des citoyens, que Nous désirons toujours, mais plus particulièrement en ces moments, être unis de concert. Que Dieu veille à la garde de l'Italie, de l'État de l'Église et de cette ville ; qu'il en confie la protection immédiate à la grande protectrice de Rome, Marie très-sainte, et au prince des Apôtres ; et quoique plus d'un sacrilége ait affligé la capitale du monde catholique, nous conservons la confiance que les prières de l'Église monteront en présence du Seigneur pour faire descendre les bénédictions qui confirment les bons et ramènent ses ennemis dans les voies de l'honneur et de la justice.

Donné à Rome, près Sainte-Marie-Majeure, sous le sceau du Pêcheur, le 2 août 1848, troisième année de Notre Pontificat.

PIUS PP. IX.

PROTESTATION

DE N. T. S. P. LE PAPE PIE IX

CONTRE L'OCCUPATION DE FERRARE.

(6 et 8 août 1848.)

Fino dal principio del suo Pontificato la Santità di Nostro Signore osservando la condizione dello Stato Pontificio, non che quella degli altri Stati d'Italia, come Padre comune dei Principi e dei Popoli, alieno egualmente dalle guerre esteriori che dalle discordie intestine, per procurare la vera felicità dell'Italia, immaginò ed intraprese le negoziazioni di una lega fra i Principi della Penisola, essendo questo l'unico mezzo atto ad appagare le brame de' suoi abitanti, senza punto ledere i diritti dei Principi, nè contrariare le tendenze dei Popoli ad una ben intesa libertà. Queste negoziazioni furono in parte secondate, ed in parte tornarono infruttuose.

Sopravvennero quindi le grandi vicende di Europa, alle quali tennero dietro i fatti e la guerra d'Italia. Il Santo Padre, sempre coerente a se stesso, con grave suo sacrifizio si mostrò alieno dal prender parte alla guerra, senza però trascurare tutti i mezzi pacifici per ottenere il primo intento che si era prefisso. Ma questa condotta ispirata dalla prudenza e mansuetudine non ha impedito con sua grande sorpresa l'ingresso nei Suoi Stati ad un' Armata Austriaca, la quale non ha dubitato di occupare alcuni Territorii, col dichiarare che l' occupazione era in via temporanea. È dunque necessario di far conoscere a tutti come il dominio della Santa Sede venga violato da questa occupazione, la quale, con calunque intendimento sia stata intrapresa, non poteva mai giustamente eseguirsi senza preventivo avviso e necessario consenso.

In si dura necessità, nella quale si vuole mettere dalla forza de' nemici esterni, e dalle insidie dei nemici interni, il Santo Padre si abbandonna nelle mani della Divina Giustizia che benedirà l'uso dei mezzi da adoprarsi secondo che le circostanze richiedono; e mentre per mezzo del suo Cardinale Segretario di Stato protesta altamente contro un simile atto, fa appello a tutte le amiche Potenze affinchè vogliano assumere la protezione di questi Stati per la conservazione della loro libertà e integrità, per la tutela dei Sudditi Pontefici, e soprattuto per la indipendenza della Chiesa.

Dato dalla Segreteria di Stato questo di 6 Agosto 1848.

G. Card. SOGLIA.

—◦◦◦—

TRADUCTION.

Dès le commencement de son Pontificat, N. S. P. le Pape, considérant la situation de l'État pontifical ainsi que celle des autres États de l'Italie, comme père commun des princes et des peuples, également éloigné des guerres extérieures et des discordes intestines, pour procurer le véritable bonheur de l'Italie, imagina et entreprit des négociations ayant pour objet une ligue entre les princes de la Péninsule, comme unique moyen de satisfaire aux vœux de ses habitants, sans blesser en rien les droits des souverains ni contrarier les tendances des peuples vers une liberté bien entendue. Ces négociations réussirent en partie, et en partie demeurèrent sans succès.

Survinrent ensuite les grandes révolutions de l'Europe, que suivirent de près les événements et la guerre d'Italie. Le Saint-Père, toujours conséquent avec lui-même, refusa, au prix de graves sacrifices, de prendre part à la guerre, sans toutefois négliger aucun des moyens pacifiques pour atteindre le premier but qu'il s'était proposé. Mais cette conduite, inspirée par la prudence et l'amour de la paix, n'a pas empêché, à sa grande surprise, l'entrée dans ses États d'une armée autrichienne, qui n'a pas hésité à occuper quelques points du territoire, en déclarant que cette occupation n'était que temporaire. Il est donc nécessaire de faire connaître à tous comment les États du Saint-Siége sont violés par cette occupation, laquelle, dans quelque intention qu'elle ait été entreprise, ne pouvait jamais être justement exécutée sans avis préalable et sans le consentement indispensable du Saint-Siége.

Dans cette extrémité si dure où tendent à le placer

la force des ennemis du dehors et les machinations des ennemis du dedans, le Saint-Père s'abandonne aux mains de la divine Justice qui bénira l'usage des moyens à employer selon que les circonstances l'exigent ; et en même temps que par l'organe de son cardinal secrétaire d'État il proteste hautement contre un pareil acte, il fait appel à toutes les puissances amies, afin qu'elles veuillent bien prendre ces États sous leur protection pour la conservation de leur liberté et de leur intégrité, pour la sûreté des sujets pontificaux, et par-dessus tout pour l'indépendance de l'Église.

De la secrétairerie d'État, ce 6 août 1848.

Card. SOGLIA.

FORMATION D'UN MINISTÈRE.

(8 août 1848.)

Sa Sainteté, par billet de la secrétairerie d'État du 6 courant, a décidé que M. le comte Édouard Fabri prend le ministère de l'intérieur.

M. l'avocat Pascal de Rossi demeure comme par le passé au ministère de grâce et justice.

M. le comte Lauro Lauri prend le ministère des finances.

M. le comte Pierre Guarini prend le ministère des travaux publics et est chargé en même temps de l'intérim du ministère de l'agriculture, de l'industrie, des arts et du commerce.

M. F. Perfetti, assesseur général, prend par intérim, et pendant l'absence du ministre, le portefeuille de la police.

Est ensuite nommé directeur provisoire du ministère des armes, M. Gaëtan Cagiotti, Sa Sainteté ayant accepté la démission du comte P. de Campello.

CONSEIL DES MINISTRES.

(8 août 1848.)

Sa Sainteté est dans la ferme résolution de défendre ses États contre l'invasion autrichienne par tous les moyens que l'État et l'enthousiasme bien réglé de ses peuples peuvent lui fournir. Sa Sainteté *donne un solennel démenti*, par notre organe, aux paroles de M. le maréchal Welden (1), protestant contre toutes les mauvaises interprétations qui pourraient leur être données, et déclarant que la conduite de M. Welden lui-même est tenue par Sa Sainteté pour *hostile* au Saint-Siége et au Saint-Père, lequel ne peut entendre *et n'entend nullement* séparer la cause de ses peuples de la sienne propre, et tient pour faits à lui-même toute insulte et tout dommage faits à son peuple. Sa Sainteté a déjà fait cette déclaration par la solennité de ses actes et avec toute l'autorité de sa suprême

(1) Le maréchal Welden, dans une de ses proclamations, avait déclaré qu'il venait délivrer le Souverain Pontife.

dignité de prince et de Pontife, comme l'établit du reste la dépêche suivante.

Signé : card. SOGLIA, *président du Conseil des ministres ;*

P. Édouard FABRI, P. DE ROSSI, L. LAURI, P. GUARINI, F. PERFETTI.

A Son Éminence le cardinal Marini, légat de Forli.

Éminence Révérendissime,

Votre Éminence sait parfaitement comment, en toute rencontre, Notre Saint-Père a protesté de sa ferme volonté de défendre l'intégrité et l'indépendance des États de la sainte Église. La parole du Saint-Père est sacrée et ne peut faillir. Il a appris, contre toute attente et avec une extrême affliction, qu'une armée autrichienne a osé occuper les provinces septentrionales de l'État pontifical, s'avançant d'une manière *hostile,* exigeant l'entretien des troupes, menaçant de supplices et d'incendie, ce qui a donné lieu à un conflit entre les partis et à tous les faits lamentables qui en sont la conséquence.

C'est pourquoi Sa Sainteté m'a ordonné de charger Votre Éminence, au reçu de la présente dépêche et sans aucun retard, de se rendre avec le prince Corsini, sénateur de Rome, et le prince Annibal Simonetti, le premier membre du Haut Conseil, le second membre du Conseil des députés, auprès du général Welden, et lui demander raison des motifs qui l'ont porté à cette démarche violente ; de plus, le sommer par de fermes et énergiques paroles de se retirer et de laisser entièrement libres lesdites provinces : lui signifiant que, dans le cas contraire, Sa Sainteté fera usage de *tous* les moyens qui sont en son pouvoir pour repousser l'injuste occupation.

J'attendrai avec anxiété vos dépêches, que vous m'expédierez par une estafette extraordinaire. Je suis, en attendant, plein d'estime et de respect pour Votre Éminence.

8 août.

Card. Soglia.

MINISTÈRE DU COMTE ROSSI.

(16 septembre 1848.)

Le cardinal Soglia, secrétaire d'État, ministre des affaires étrangères, président du conseil ;

Le comte Rossi, ministre de l'intérieur et par intérim des finances ;

Le cardinal Vizzardelli, ministre de l'instruction publique ;

L'avocat Cicognani, ministre de grâce et justice ;

Le professeur Montanari, ministre du commerce ;

Le duc de Rignano, ministre des travaux publics et par intérim de la guerre ;

Le comte Guarini, ministre sans portefeuille ;

M. Righetti, substitut pour les finances.

DON GRATUIT

DU CLERGÉ ROMAIN.

(29 octobre 1848.)

Sperava la SANTITA' DI NOSTRO SIGNORE che, fattasi migliore la condizione del pubblico Erario, potesse questo supplire colle proprie sue forze all' ammortizzazione di due millioni di boni, che straordi- narie ed imperiose circostanze Lo avevano indotto fin dallo scorso aprile a permetterne la emissione sulla garanzia ed ipoteca di altrettanti beni di alcune Corpo- razioni Religiose : ma le vicende che si sono di giorno in giorno succedute hanno tolto la speranza che si era concepita. Trovandosi pertanto impotente l' Era- rio a soddisfare la prima rata di scudi dugento mila che si dovrebbe nel primo del prossimo gennajo 1849 versare all' estinzione della corrispondente porzione di boni, sarebbe costretto il SANTO PADRE a ve- dere con somma amarezza dell' animo suo esposti a vendita i beni ecclesiastici ipotecati, et non potrebbe non conoscerne le amarissime conseguenze. In tale situazione pertanto ha creduto SUA SANTITA' di fare un appello al Clero Secolare e Regolare, persuaso che, penetrato dalla necessità delle circonstanze, voglia accorrere con una grave contribuzione al pagamento della prima rata di scudi dugento mila. Il virtuoso disinteresse, ed il divoto attaccamento del Clero Romano alla Sagra Persona di SUA SANTITA' non fa dubitare che si sottoporrà con prontezza a questo sagrifizio, che tende a salvare le proprietà della Chiesa ; e vi si ridurrà con minor difficoltà anchè sul riflesso, che i Luoghi pii contribuenti dovranno avere il compenso sulle rendite consolidate dello Stato, e che perciò la contribuzione si riduce ad un vero prestito.

Nei seguenti articoli sono notate le disposizioni del SANTO PADRE, emanate per organo della Sagra Congregazione de' Vescovi e Regolari a tutti gli Ordinarii dello Stato Ecclesiastico.

Art. 1. S'impone la tassa di *bajocchi ottanta* per ogni cento scudi del valore censuario di tutti i beni sì rustici che urbani intestati nel Censimento generale alle Corporazioni Religiose dell'uno e dell'altro sesso, compresi i beni degli Ordini Gerosolimitano, e di S. Giovanni di Dio, e degl'Istituti di Oblati e di Oblate, e dei Conservatorii, come pure quelli intestati al Clero Secolare spettanti alle Chiese e Sagrestie, alle Mense Arcivescovili, Vescovili, alle Abbazie Nullius, e ad altre Abbazie, alle Commende, ai Capitoli delle Cattedrali e Collegiate, ai Collegii di Beneficiati, e di Cappellani, ai Beneficii o Cappellanie Ecclesiastiche, siano residenziali o semplici, anche di diritto patronato Laicale, alle Confraternite, a tutti i Luoghi pii, ed istituzioni pie, erette con Autorità Ecclesiastica, come altresì al Patrimonio degli Studj, senza avere ragione de' pesi annessi , come si pratica nel pagamento delle tasse governative. Sono esclusi soltanto da questa tassa gli estimi che si riferiscono tanto alle località delle Chiese, e di ogni altro Luogo Sagro , quanto ai beni delle Parrocchie, degli Ospedali , dei Monti di Pietà, o Frumentarii, degli Orfanotrofii , degli Asili di mendicità, e dei Luoghi pii Nazionali esteri; così anche gli estimi relativi ai locali e clausure appartenenti ai Cappuccini , agli Osservanti , ai Riformati, agli Alcantarini, agli Scalzetti, ed ai Passionisti.

Art. 2. Ciascun' Ordinario è incaricato della imposizione ed esazione della tassa per i beni esistenti dentro i limiti della sua Diocesi, sebbene le Corporazioni ed i Luoghi pii esistano in altre Diocesi.

Art. 3. Il riparto sarà formato dai respettivi Cancellieri del Censo, i quali compileranno le occorrenti Note sulle basi indicate nell' Art. 1, e che loro saranno contemporaneamente communicate dall' Eccellentissimo e Reverendissimo Cardinale Presidente. Gli Ordinarii si metteranno di concerto con i medesimi Cancellieri, et da essi riceveranno le Note dei Contribuenti, et della respettiva tassa da pagarsi.

Art. 4. Ciascun' Ordinario deputerà in suo ajuto una Commissione composta di due Canonici, di due Sacerdoti simplici, e di due Regolari. La medesima avrà in Presidente l' Ordinario, o Suo Rappresentante, e prescriverà il modo per la sollecita riscossione della tassa , sottoscrivera le Note dei Contribuenti, invigilerà sulla riscossione, e deciderà i dubbj che potessero insorgere, inerendo sempre alle presenti istruzioni. Nelle Diocesi ove non potesse una sola Commissione adempiere alle sue attribuzioni, l'Ordinario ne potrà deputare altre subalterne, che saranno peraltro dipendenti dalla prima.

Art. 5. La nota dei Contribuenti si dovrà trascrivere in apposito Libro, il quale sarà firmato parimenti dai componenti la Commissione.

Art. 6. La Commissione formerà la Nota di quelli che hanno contribuito con tutti i respettivi titoli ed indicazioni, e la somma pagata, e tale Nota, dopochè sarà stata trascritta nell' indicato libro nel modo accennato all' art. 5 e sottoscritta dall' Ordinario e dai Membri della Commissione in forma autentica, sarà trasmessa a suo tempo alla Sagra Congregazione, affinchè possa la medesima servire per intestare il compenso sopra le rendite consolidate.

Art. 7. Le somme che si riscuoteranno dovranno essere subito depositate in luogo sicuro da destinarsi dall' Ordinario e sua Commissione colle opportune cautele.

Art. 8. Il pagamento della Contribuzione dev' essere compito pel giorno primo del prossimo dicembre 1848.

Art. 9. In seguito sarà indicato il modo di trasmettere le somme in Roma.

Art. 10. Sebbene SUA SANTITA' ritenga per certo che ciascuno si affretterà a pagare la prescritta contribuzione, pure in caso di morosità gli Ordinarii sono specialmente autorizzati ad usare tutti i mezzi di diritto, e di fatto, anche di mano regia, contro i morosi.

Annotazione. — La mercede di bajocchi sessanta dovuti ai Cancellieri del Censo per ogni cento articoli del riparto a forma della Circolare della Prefettura del Censo è a carico dei contribuenti, ma deve farsi esigere dagli Ordinarii per passarla ai Cancellieri medesimi.

Commessa a Noi l' esecuzione di tali disposizioni anche colla qualifica di Delegato Apostolico per tutti i Luoghi pii di Roma, *niuno eccettuato,* a Noi unicamente appartiene prescrivere e far esigere l' imposta tassa. Quindi è che in forza dell' art. 4 la Commissione stabilita all' oggetto è composta dei seguenti soggetti.

Illustrissimo e Reverendissimo Monsig. D. Giuseppe Ferrari, Canonico della Patriarcale Basilica di S. Pietro.

Molto Reverendissimo Sig. D. Luigi Gaggiotti, Canonico della perinsigne Basilica di S. Lorenzo, e Damaso.

Monsignor D. Filippo Frassinelli.

Reverendissimo Signor D. Michelangelo del Medico.

Reverendissimo P. Abb. D. Paolo Theodoli, dell' Ordine de' Cassinesi.

Reverendissimo P. Salvatore Cali, Proc. Gen. dei Minori Conventuali.

La somma dovuta dai singoli contribuenti risultante dagli Stati che verrano trasmessi a forma delle precedenti disposizioni dalla Cancelleria del Censo si renderà pubblica colla stampa, affinchè ciascuno possa conoscerne l'importare.

L'originale degli Stati suddetti sarà conservata a pubblico comodo nella Nostra Segreteria particolare, situata nel Palazzo di Nostra Residenza.

Il pagamento delle respettive tangenti dovrà farsi nel Banco di S. Spirito, ritirandosi dai contribuenti la corrispondente fede di deposito, la quale si esibirà nella detta Nostra Segretaria particolare, dove verrà rilasciato all'esibitore il rincontro per giustificazione del pagamento.

La suddetta Segreteria sarà aperta dalle ore 9 antimeridiane fino alle due dopo il mezzo giorno, tranne le feste.

La presente affissa nella Segreteria, e negli Officii del Nostro Tribunale, come altresì in tutte le Sagrestie, s'intenderà come a ciascuno personalmente intimata.

Data dalla Nostra Residenza, li 6 Ottobre 1848.

C. CARD. VICARIO.

GIUSEPPE, Canonico; TARNASSI, Segretario.

TRADUCTION.

S. S. espérait que, l'état du Trésor public s'améliorant, il pourrait suffire par ses propres ressources à l'amortissement des deux millions de bons dont les circonstances extraordinaires et impérieuses avaient obligé le S. P. à permettre l'émission vers la fin d'avril, sous la garantie et l'hypothèque de certains biens appartenant à certaines corporations religieuses; mais les événements qui se sont succédé de jour en jour Lui ont enlevé tout l'espoir qu'Il avait conçu. Le Trésor se trouvant dans l'impossibilité de satisfaire au premier payement de 200,000 scudi qui devrait se faire au 1ᵉʳ janvier 1849 pour éteindre une somme égale de bons, le S. P. serait contraint de voir, dans la plus cruelle amertume de son cœur, les biens ecclésiastiques hypothéqués exposés à être vendus, et Il ne peut se dissimuler les tristes conséquences de cette vente. En cet état de choses, S. S. a cru devoir faire un appel au clergé séculier et régulier, persuadé que, pénétré de la gravité des circonstances, ce clergé voudra concourir par une forte contribution au payement de la première échéance de 200,000 scudi. Le vertueux désintéressement et l'attachement dévoué du clergé romain à la personne sacrée de S. S. ne permettent pas de douter qu'il ne se soumette avec promptitude à ce sacrifice qui tend à sauver les biens de l'Église, et il s'y résoudra avec d'autant moins de difficulté que les lieux pies qui contribueront devront avoir une compensation sur les notes consolidées de l'État; ce qui réduit la présente contribution à un véritable prêt.

Les articles suivants donnent les dispositions résolues par le Saint-Père et adressées par l'organe de la S. congrégation des évêques et réguliers à tous les ordinaires des États de l'Église...

(Le détail des articles intéressant exclusivement les
États de l'Église, il nous a semblé inutile d'en donner
la traduction.)

ADRESSE DU CLERGÉ ROMAIN

AU SAINT-PÈRE.

I Vescovi ed i Superiori degli Ordini Religiosi esistenti nello Stato Pontificio, nel desiderio di concorrere a sollevare il credito finanziero dello Stato per le attuali vicende decaduto, ed a liberare la Santità Vostra dall' amarezza che dovrebbe provare nel vedere esposi a vendita i Beni Ecclesiastici ipotecati in garanzia dei due millioni di Boni del Tesoro, gratuitamente offrono alla Santità Vostra per lo Stato, a nome dell' uno e dell' altro Clero, e degli Amministratori de' Luoghi pii, la somma di quattro millioni da pagari, in 15 rate annuali nel mese di dicembre di ciascun anno incominciando dal 1849, cioè dieci di scudi 300 mila all' anno, e cinque di dugento mila per gli ultimi cinque anni, compresa nella prima rata del 1849 quella di scudi 200 mila già imposta con Circolare della S. C. de' Vescovi, e Regolari del 23 settembre 1858, all' oggetto di ammortizzare la prima rata dei Boni del Tesoro nel gennajo 1849.

Tale offerta si fa dal Clero secolare e regolare, a condizione di ottenere l' immediato svincolo dei Beni già ipotecati a garanzia dei Boni del Tesoro, e di non essere in alcun modo ritenuti responsabili per l'ammortizzazione de' Boni stessi.

Il Clero, sebbene ristretto nelle sue rendite, gravato di molti pesi, e soggetto ai comuni Contributi, si sottopone a questo non tenue sacrifizio. Per altro ritiene per certo che questo sia il limite de' suoi aggravj, che la sua proprietà sia inviolabile anche a forma dell'art. 9 dello Statuto, e che i suoi beni non siano gravati più di quelli de' Laici, contro l'art. 8 dello stesso Statuto, col quale si dispone che « Tutte le pro-« prietà sia de' privati, sia de' corpi moreli, sia delle « altre pie o pubbliche Istituzioni, contribuiscono ed « egualmente agli aggravj dello Stato, chiunque ne « sia il possessore ». Ed è perciò che lo stesso Clero, mentre da un lato si fa carico delle imperiose circostanze che pesano su la Società per cui associandosi alle pene che la Santità Vostra soffre, concorre volenteroso a sollevarle, è sicuro dall'altra che la stessa S. V. voglia tutelare e difendere le proprietà della pietà de' Fedeli, o portate in retaggio da quelli che hanno abbraciato lo stato religioso, o acquistate ed aumentate colla parsimonia, e con industriosa cura, servono al culto divino, al mantenimento de' Sacri Ministri, e a conservare l'indipendenza e la libertà del Clero nell'esercizio del suo sacro Ministero, per tacere del sollievo che deriva ai doveri dalle rendite del Clero stesso.

Il Card. Prefetto della S. C. de' Vescovi, e Regolari ha l'onore d'umiliare a V. S. colla presente relazione i sentimenti de' Vescovi, e de' Superiori degli Ordini regolari, come interpreti di quelli del Clero.

Roma, 27 ottobre 1848.

Um° Dev^{mo} Obbl^{mo} Servitore

FR. ANTON FRANCESCO CARD. ORIOLI, PREFETTO.

D. ARCIV. DI DAMASCO, *Segretario*.

TRADUCTION.

Les Évêques et les Supérieurs des ordres religieux existant dans l'État pontifical, désirant concourir à relever le crédit financier de l'État, et d'épargner à V. S. la douleur qu'elle éprouverait à voir mis en vente les biens ecclésiastiques hypothéqués à la garantie des deux millions de bons du Trésor, offrent gratuitement à V. S., pour l'État et au nom de l'un et l'autre clergé et des administrateurs des établissements pieux, de payer la somme de 4 millions en quinze annuités, à partir de décembre 1849 ; à la seule condition d'obtenir le dégrèvement immédiat de l'hypothèque qui les frappe, et de ne pas rester responsables de l'amortissement des bons du Trésor.

Le clergé a à cœur, dans les impérieuses circonstances qui pèsent sur la société, de s'associer aux peines que souffre V. S., et il concourt volontiers à les alléger ; étant certain d'ailleurs que V. S. voudra

défendre et protéger les propriétés de l'Église, lesquelles, soit qu'elles proviennent de la piété des
fidèles ou de l'apport de ceux qui ont embrassé l'état
religieux, soit qu'elles aient été acquises par l'éco-
nomie et des soins intelligents, servent au culte divin,
à l'entretien des ministres sacrés, au maintien de la
liberté et de l'indépendance du clergé, sans parler du
soulagement que reçoivent les pauvres du produit de
ces mêmes biens.

Le card. préfet de la S. congr. des évêques et réguliers a l'honneur de présenter à V. S., avec le présent rapport, les sentiments des Évêques et des Supérieurs des ordres réguliers comme interprètes de ceux
de tout le clergé.

Rome, 27 octobre 1848.

Votre très-humbre et dévoué serviteur,
FRANÇOIS CARD. ORIOLI.

D. Arch. de Damas, *secrétaire.*

RÉPONSE

DE SA SAINTETÉ LE PAPE PIE IX

AU CLERGÉ ROMAIN.

Quantunque per le regole immutabili della giustizia
sanzionate dalle leggi du tutti i tempi e di tutti i
luoghi, et confortate recentemente dall' art. **VIII**

dello Statuto fondamentale, gl' istituti pii e le corporazioni ecclesiastiche o religiose non debbano concorrere ai pubblici pesi che nella stessa misura con la quale vi concorrono gli altri possidenti : nondimeno il benemerito Clero secolare e regolare, dando una prova oltre ogni credere luminosa di patria carità, si è mostrato sollecito di sovvenire con un sussidio straordinario agli urgenti e straordinari bisogni dello Stato. Imperrochè, siccome Voi Ci avete riferito con grande compiacenza dell' animo Nostro, ha dichiarato di voler fare gratuita offerta al pubblico erario della somma di quattro millioni di scudi, somministrandoli in quindici rate annali da pagarsi nel mese di dicembri di ciascun anno, e da aver principio nel 1849 ; cioè le prime dieci rate di scudi trecentomila, e le ultime cinque di duecentomila scudi, compresa nella prima rata pel 1849, quella di scudi duecentomila già imposta con la vostra circolare del 28 settembere 1848 all' oggetto di ammortizzare la prima rata dei boni del Tesoro; e ciò con lo scopo e con la condizione che sia tolto il vincolo dei beni ecclesiastici sottoposti alla ipoteca per l' importo di due millioni a garanzìa degli stessi boni, e di non essere in alcun modo responsabile per la loro ammortizzazione prescritta dalla ordinanza ministeriale del 29 aprile del medesimo anno.

Avendo Voi in nome del suddetto Clero richiesto il Nostro beneplacito, onde rendere valida, efficace ed obbligatoria tale offerta, secondo il disposto nelle leggi della Chiesa ; Noi presso gli esempj di varj

Pontefici Nostri predecessorio, e segnatamente di Pio VI, che in simili circostanze non dubitò di permettere, col suo Breve del 31 luglio 1797, che l'uno e l'altro Clero si obbligasse ad un generoso sussidio verso lo Stato, abbiamo considerato ciò che appunto Egli saggiamente considerava, nel grave pericolo della cosa pubblica essere conforme alla equità ed alla giustizia che la Chiesa presti alla civile società uno straordinario soccorso. Quindi col presente Nostro chirografo nel quale vogliamo che si abbia per espresso e testualmente inserito il tenore della enunciata offerta, della ordinanza ministeriale del 29 aprile 1848, e quanto altro sia o potesse essere in qualunque modo e per qualunque motivo necessario ad esprimersi, di Nostro moto proprio, certa scienza e con la pienezza della Nostra apostolica potestà, diamo e concediamo a Voi tutte le facoltà necessarie ed opportune affinchè possiate in nome Nostro accettare ed approvare la offerta di quattro millioni di scudi romani da somministrarsi al pubblico erario dal Clero secolare e regolare, in quindici rate annuali, come sopra, e dichiararla valida, efficace ed obbligatoria, a condizione che dal Governo venga assicurata in favor dello stesso Clero li liberazione dal vincollo dell' ipoteca a cui furono sottoposti i beni ecclesiastici, come pure dagli altri effetti della ordinanza ministeriale del 29 aprile 1848, non che la cessazione dell affrancamento dei canoni, livelli ad altre prestazioni autorizzate dalla notificazione del Tesoriere generale ministro delle finanze del 9 marzo 1848, e prorogato con la ordinanza di quel ministero del 7 settembre successivo, e non altrimenti.

In conseguenza Vi autorizziamo a fare i riparti delle rate annue non solo sui beni descritti nei registri censuarj, ma inoltre sopra il consolidato e sopra i censi e crediti fruttiferi dell' uno et dell' altro Clero, e degli altri Luoghi pii designati nelle disposizioni annesse alla vostra circolare del 28 settembre, con quella proporzione che nella vostra saviezza crederete più giusta e più opportuna, curandone il versamento nella cassa del pubblico erario alle scadenze rispettive.

E finalmente affidiamo alla conosciuta vostra prudenza la esecuzione del presente Nostro chirografo, con facoltà di permettere, qualora lo reputiate necessario, a tutti quelli che dovranno come sopra contribuire, avuto riguardo alle particolari loro circostanze, di contrarre debiti anche fruttiferi, obbligando a tale uopo i beni corrispondeni per sicurezza del sovvenitore, e con quella ancora di risolvere economicamente e definitivamente con simplici rescritti ogni cersia che potesse insorgere tanto sul riparto o contributo, quanto sul modo di eseguirlo, e generalmente sulla interpretazione di tutte le cose in esso contenute ed espresse; tale essendo la Nostra volontà.

Volendo e decretando ecc.(*Segue il decreto irritante con la clausola SUBLATA e con le altre clausole derogatorie*).

Dato dal Nostro Palazzo Apostolico Quirinale, il

giorno 28 ottobre del mille ottocento quarantotto, del Nostro Pontificato l'anno terzo.

PIUS PP. IX.

⁂

TRADUCTION.

Bien que, selon les règles immuables de la justice, sanctionnées par les lois de tous les temps et de tous les lieux, et récemment confirmées par l'art. 8 du Statut fondamental, les instituts pieux et les corporations ecclésiastiques ou religieuses ne doivent concourir aux charges publiques que dans la même mesure que les autres propriétaires ; néanmoins le clergé séculier et régulier, en donnant une preuve éclatante et au-dessus de toute croyance de sa patriotique charité, s'est montré jaloux de subvenir, par un subside extraordinaire, aux urgents et extraordinaires besoins de l'État. C'est pourquoi, comme vous le rappelez ici, il a déclaré, à la grande satisfaction de Notre cœur, qu'il voulait faire au Trésor public une offrande gratuite de 4 millions d'écus. (Le Saint-Père répète ici les termes et les conditions de ce don gratuit.)

Vous avez réclamé, au nom de ce clergé, Notre *placet* pour rendre valide, efficace et obligatoire cette offrande, selon que disposent les lois de l'Église : et Nous, à l'exemple de plusieurs Pontifes nos prédécesseurs, et notamment de Pie VI qui, dans une semblable circonstance, n'a pas hésité à permettre, par son Bref du 31 juillet 1797, que l'un et l'autre clergé s'imposassent de généreux subsides envers l'État, Nous avons considéré comme lui que, dans le grave péril de la chose publique, il est conforme à l'équité et à la justice que l'Église prête à la société civile un secours extraordinaire. Aussi, en vertu de notre présent acte, de Notre propre mouvement, science certaine et pleine puissance apostolique, Nous vous donnons et concédons tous les pouvoirs nécessaires et opportuns, afin que vous puissiez en Notre nom accepter et approuver ce don gratuit de 4 millions. (Suivent la reproduction des termes de payements et conditions, puis les autorisations nécessaires pour la répartition et l'exécution, et enfin les formules de chancellerie.)

Donné en Notre palais apostolique du Quirinal, le 29 octobre 1848, de Notre Pontificat l'an IIIe:

PIUS PP. IX.

NOTE

DE S. ÉM. LE CARDINAL SOGLIA

SUR LES AFFAIRES DE SUISSE.

(10 novembre 1848.)

DE LA SECRÉTAIRERIE D'ÉTAT DE SA SAINTETÉ.

MM. les bourgmestres et conseil d'État de l'honorable canton de Berne. Directoire fédéral.

« Dans le moment même où le Saint-Père, avec une juste confiance, s'attendait à voir arriver une réponse satisfaisante à la note que le soussigné, cardinal secrétaire d'État, avait eu l'honneur d'adresser à Vos Seigneuries Excellentissimes, sous la date du 30 septembre dernier, un fâcheux événement est venu renouveler sa douleur. Les autorités fribourgeoises ont procédé à des voies de fait contre la personne même du vénérable évêque de Lausanne-et-Genève.

Une circulaire où le prélat rappelait aux fidèles les obligations relatives à l'acte religieux du serment ; une circulaire où il ne prononçait aucun jugement, où il ne faisait aucune réflexion sur les lois cantonales, mais où il avertissait seulement les fidèles d'examiner dans leur conscience si la promesse qu'on exigeait d'eux était conforme aux lois de Dieu et de l'Église, avant de la donner sans restriction ; une circulaire enfin, à laquelle il défendait aux curés d'ajouter aucun commentaire, a été considérée par les autorités fribourgeoises comme une déclaration que la constitution du canton était hérétique. Et, sur ce motif, elles ont fait intimer à l'évêque que cette même circulaire, si elle n'était pas révoquée, ou toute autre publication faite sans autorisation préalable du gouvernement, serait regardée et punie comme un acte de révolte et de provocation à la désobéissance aux lois.

Le gouvernement de Fribourg a trouvé aussi un grief contre l'évêque, dans le refus de celui-ci de se soumettre aux lois qui font·entièrement dépendre de l'autorité civile la collature des bénéfices ecclésiastiques, et qui prétendent régler l'enseignement même théologique.

La constance avec laquelle, dans ces deux questions, l'évêque a sauvegardé un droit qui n'était pas son droit, mais celui de l'Église, a paru un motif suffisant à un seul des cinq cantons, dont les populations catholiques composent le diocèse de Lausanne-et-Genève, non-seulement de l'enlever violemment de sa résidence, mais encore de le garder en prison comme un coupable d'État.

Le soussigné, cardinal secrétaire d'État, croit inutile d'expliquer ici les raisons qui empêchaient Monseigneur Marilley d'agir dans ces deux occasions autrement qu'il ne l'a fait. Il est de toute évidence que les catholiques se trouvent dans l'impossibilité de prêter un serment civil sans aucune réserve pour l'obéissance qui est due aux lois de Dieu et de l'Église. D'ailleurs, ce point, aussi bien que celui de la liberté que l'Église doit avoir dans son enseignement et dans le choix de ses pasteurs, se trouve assez développé dans la note précitée du 30 septembre.

Le Saint-Père ne peut donc ni refuser, ni même faire attendre l'appui de sa voix apostolique à un évêque innocent. Et, en réclamant la liberté du prélat et son prompt retour à son siége, il croit agir non-seulement d'après la justice, mais dans l'intérêt même du gouvernement : parmi les catholiques, un certain nombre, sans doute, en levant leurs regards au-dessus de la terre, béniront le Seigneur d'avoir donné à la Suisse un de ces exemples qui raniment la foi dans les peuples ; mais d'autres, peut-être, si aucune voix ne s'élevait pour la défense de la justice, pourraient se croire autorisés par la nécessité à opposer la violence contre la violence ; et le cœur paternel de Sa Sainteté aurait encore la douleur de voir s'aigrir cette malheureuse plaie que les haines politiques ont ouverte dans le sein de la Suisse.

Le soussigné n'en doute pas, Vos Seigneuries Excellentissimes reconnaîtront la justice de cette réclamation, et voudront bien en faire communication le plus tôt possible aux autorités du canton de Fribourg, en y ajoutant leurs bons offices. Il profite de cette occasion pour vous renouveler l'expression de sa plus haute considération.

J. CARDINAL SOGLIA.

TROISIÈME PARTIE.

—

AFFAIRES PARTICULIÈRES.

—

RELIGION ET POLITIQUE.

—

BREF

DE SA SAINTETÉ LE PAPE PIE IX

A S. G. MONSEIGNEUR L'ÉVÊQUE DE VANNES.

(19 janvier 1848.)

—

Vénérable Frère, salut et bénédiction apostolique.

Nous avons été comblé de joie, Vénérable Frère, par votre lettre si respectueuse du 13 décembre dernier, dans laquelle Nous avons appris que déjà vous aviez résolu de rétablir dans votre diocèse la sainte liturgie de l'Église romaine, et que les chanoines de votre cathédrale l'ont adoptée avec le plus vif empressement.

Nous ne pouvons que donner les plus grands éloges au zèle qui vous a porté à rappeler votre diocèse aux rites de l'Église mère et maîtresse de toutes les autres ; et Nous félicitons vivement les chanoines d'avoir, par leur conduite, montré clairement à tous de quelle vénération profonde ils sont pénétrés pour l'Église romaine.

Vous apprendrez, par le rescrit de la Sacrée Congrégation des Rites, que nous avons fait adresser à Votre Fraternité, de quelle manière Nous Nous sommes rendu à vos désirs en ce qui concerne le Propre des saints de votre diocèse.

Ne cessez jamais, Vénérable Frère, de montrer un zèle toujours plus grand à soutenir et à défendre chez vous la doctrine, les droits, la discipline de l'Église catholique, à travailler au salut de votre troupeau bien-aimé ; ne négligez rien pour l'éloigner des pâturages empoisonnés et le conduire à ceux où il trouvera le salut.

Enfin, recevez comme gage de notre amour tout spécial pour vous la bénédiction apostolique que Nous vous donnons de toute l'affection de notre cœur, et avec toute l'effusion de notre tendresse, à vous, Vénérable Frère, aux chanoines, et à tous les fidèles, tant clercs que laïques, qui vous sont confiés.

Donné à Rome, près Sainte-Marie-Majeure, le 19 janvier 1848, la 2ᵉ année de Notre Pontificat.

PIE IX.

BREF

DE SA SAINTETÉ LE PAPE PIE IX

A S. G. MONSEIGNEUR L'ÉVÊQUE DE SAINT-BRIEUC.

(8 mai 1847.)

PIE PAPE, NEUVIÈME DU NOM.

Vénérable Frère, salut et bénédiction apostolique.

Rien ne pouvait Nous être plus agréable que la lettre très-soumise dictée par un sentiment profond de piété et d'amour envers la chaire de Pierre, dans laquelle, Vénérable Frère, vous exprimez l'extrême désir de conserver la liturgie de l'Église romaine dans tout votre diocèse, pour resserrer de plus en plus le lien qui attache votre clergé et votre peuple à ce Siége apostolique. Oui, Nous avons été rempli de joie par l'expression de ces sentiments admirables et si religieux de votre cœur, sentiments vraiment dignes d'un évêque catholique, et que Nous comblons d'éloges mérités dans le Seigneur. Le rescrit de la Sacrée Congrégation des Rites, annexé à notre lettre, vous dira comment Nous avons acquiescé à vos désirs.

Continuez donc, Vénérable Frère, de remplir avec un zèle toujours croissant tous les devoirs d'un bon pasteur, afin que le troupeau confié à vos soins fasse chaque jour des progrès dans la science de Dieu, évite le mal, fasse le bien et avance dans le chemin qui conduit à la vie. Du reste, croyez à la bienveillance particulière que Nous avons pour vous, et dont Nous vous accordons le gage dans la bénédiction apostolique que Nous donnons à vous, Vénérable Frère, à tous les clercs et laïques fidèles de votre Église, avec effusion d'amour, du fond du cœur, en vous souhaitant de plus toute sorte de vraie prospérité.

Donné à Rome, près de Sainte-Marie-Majeure, le 8ᵉ jour de mai 1847, la première année de Notre Pontificat.

Signé : PIE IX, PAPE. »

BREF

DE SA SAINTETÉ LE PAPE PIE IX

A M. ARTAUD DE MONTOR.

(10 février 1848.)

A notre Cher Fils, noble homme, chevalier-commandeur, Artaud de Montor, à Paris.

Cher Fils, salut et bénédiction apostolique.

Vos lettres, Cher Fils, par lesquelles vous avez voulu Nous complimenter à l'occasion du retour des fêtes solennelles célébrées pour la naissance de Jésus-Christ, Nous ont été douces et agréables. En effet, dans ces lettres, les sentiments de respect et de piété filiale dont vous êtes animé à notre égard et envers le Siége apostolique sont manifestés nettement, comme on devait l'attendre d'un homme éminent, qui, déjà, auparavant avait vu accueillir avec de grandes louanges beaucoup de commentaires qu'il avait publiés sur la vie de plusieurs Pontifes romains, nos prédécesseurs.

Nous avons reçu volontiers le don que vous Nous avez fait d'un exemplaire de cet ouvrage, et pour cela, comme il convient, Nous vous rendons beaucoup de grâces. Quant à ce que vous Nous écrivez, que de notre ministère apostolique il résultera de grands avantages pour l'Église et pour le peuple confié à notre autorité temporelle, Nous regardons en cela votre jugement comme trop bienveillant : car Nous ne possédons pas les singulières vertus par lesquelles fleurirent particulièrement les très-saints Pontifes rappelés dans vos lettres. Cependant Nous ne perdons pas courage ; bien au contraire, pour la plus grande gloire du nom divin, pour l'accroissement de l'université du troupeau chrétien, pour le bien le plus étendu des peuples qui Nous sont soumis, Nous espérons obtenir, par le souffle du Seigneur, l'heureuse issue des projets de notre charge et des travaux que Nous avons entrepris. Aussi Nous prions avec ardeur Dieu, qu'on voit appeler les choses qui ne sont pas aussi bien que les choses qui sont, de corroborer par sa force toute-puissante notre faiblesse, pour que Nous puissions continuellement attester devant lui notre soumission reconnaissante. Maintenant, Cher Fils, Nous vous accordons avec amour, à vous-même et du fond de notre cœur, la bénédiction apostolique, augure de toutes les récompenses célestes, et gage de notre tendre et paternelle affection pour vous.

Donné près de Sainte-Marie-Majeure, le 10 février 1848, de Notre Pontificat le second.

PIUS PP. IX.

BREF

DE SA SAINTETÉ LE PAPE PIE IX

A M. LE COMTE DE MONTALEMBERT.

(16 mars 1848.)

Cher Fils, salut et bénédiction apostolique. Pendant que Nous Nous disposions à vous exprimer notre satisfaction de l'hommage par lequel vous avez voulu témoigner votre dévotion à ce Siége apostolique, des événements considérables et imprévus ont changé la face de la France. Nous remercions vivement le Seigneur, dans l'humilité de notre cœur, de ce que dans ce grand changement aucune injure n'ait été faite à la religion ou à ses ministres. Nous Nous complaisons dans la pensée que cette modération est due en partie à votre éloquence et à celle des autres orateurs catholiques qui ont rendu notre nom cher à ce peuple généreux. Étranger, par la grâce de Dieu et l'élévation de notre ministère, à toute ambition humaine, cette popularité ne peut être une consolation pour Nous que que quand nos actes enfantent l'amour et la vénération de notre très-sainte religion, dont le triomphe est l'unique vœu de notre cœur. En vous confirmant l'expression de notre considération spéciale, Nous vous accordons avec effusion de cœur la bénédiction apostolique.

Donné à Rome, près Sainte-Marie-Majeure, le 16 mars de l'an 1848, et de Notre Pontificat le deuxième.

« PIE IX, PAPE.

A notre Cher Fils le comte de Montalembert, à Paris.

BREF

DE SA SAINTETÉ LE PAPE PIE IX

A M. LE BARON CHARLES DUPIN.

(16 mars 1848.)

A notre Bien-aimé, salut et bénédiction apostolique.

L'éloquence avec laquelle vous et d'autres orateurs célèbres avez rendu dans notre humble personne hommage au Saint-Siége a certainement contribué, il nous est doux de le penser, à imprimer dans les âmes du généreux peuple français ces sentiments

18.

de respect et de vénération pour la religion et pour ses ministres, dont il a donné les preuves même au milieu des grandes passions politiques d'où sont sortis les événements les plus récents. Nous rendons, d'un tel résultat, les plus vives actions de grâces au Seigneur, dont la miséricorde et la gloire sont l'objet unique et constant de toutes nos pensées et de toute notre existence. En même temps, Nous bénissons paternellement ceux de nos fils qui font servir les dons reçus de Dieu à cultiver sur le peuple ces affections qui, par des voies plus ou moins directes, concourent au salut des âmes; Nous leur confirmons ici l'expression de notre spéciale considération, et Nous vous accordons, dans l'effusion de notre cœur, notre bénédiction apostolique.

Donné à Rome, près Sainte-Marie-Majeure, le 16 de mars 1848, seconde année de Notre Pontificat.

« PIE IX, PAPE. »

BREF

DE SA SAINTETÉ LE PAPE PIE IX

A M. L'ABBÉ TRESVAUX.

(23 mars 1848.)

Cher Fils, salut et bénédiction apostolique.

Nous avons reçu l'hommage de l'Histoire de Bretagne, composée et publiée par vous, il y a peu d'années; et Nous avons vu avec plaisir, dans la lettre que vous Nous avez adressée à cette occasion, le dévouement et le respect que vous y professez pour notre personne et l'auguste chaire de saint Pierre. Nous Nous sommes réjoui que vous ayez cherché, par votre histoire, à conserver dans la mémoire des hommes et à leur faire admirer les illustres exemples de vertu et de sainteté que cette province, si célèbre et si pieuse, a donnés à la fin du siècle dernier. Nos graves occupations ne Nous ont laissé jusqu'ici aucun moment de loisir que Nous ayons pu employer à la lecture de cet ouvrage. Nous vous en remercions néanmoins, et Nous prions Dieu que, par le secours de sa grâce, il vous conserve et vous protége. C'est pourquoi Nous vous accordons de grand cœur la bénédiction apostolique, comme l'augure de cette grâce, et le gage de notre affection paternelle envers vous.

Donné à Rome, à Sainte-Marie-Majeure, le 23 mars 1848, la seconde année de Notre Pontificat.

PIE IX, PAPE.

BREF

DE SA SAINTETÉ LE PAPE PIE IX

A S. G. MONSEIGNEUR L'ÉVÊQUE DE MARSEILLE.

(27 juillet 1848.)

---

*A notre Vénérable Frère, Charles-Joseph-Eugène,
Évêque de Marseille.*

PIE IX, PAPE.

Vénérable Frère, salut et bénédiction apostolique,

Au milieu des cruelles angoisses qui Nous assiégent de toutes parts dans ces temps si orageux et si difficiles, il est bien grand le soulagement qu'apportent à notre âme les prières que Nous savons être adressées pour Nous au Dieu très-bon et très-grand, par nos Vénérables Frères et par les peuples fidèles qui leur sont soumis. Vous pouvez donc comprendre, Vénérable Frère, combien Nous a été agréable la lettre que vous Nous avez fait parvenir, et qui était dictée par un sentiment profond de haute piété, d'amour et de dévouement. Nous avons appris avec bonheur qu'uni à votre clergé et à votre peuple fidèle, par vos prières assidues et ferventes, vous demandiez au Père des miséricordes de venir en aide, dans sa clémence, dans sa vertu toute-puissante, à la personne de Notre humilité, de Nous assister, de Nous fortifier. Puisse-t-il, ce Dieu si riche en miséricordes, exaucer ces vœux si pieux ! Puisse-t-il aussi prêter une oreille favorable à ceux que Nous lui adressons pour qu'il répande toujours sur vous, dans sa bonté, les dons les plus abondants de sa tendresse, et qu'il fasse descendre aussi ses dons avec profusion sur les brebis qui sont confiées à vos soins et qui Nous sont bien chères ! Comme prémice de ce secours céleste et comme gage de notre bienveillance toute particulière envers vous, Nous vous accordons avec amour notre bénédiction apostolique, à vous, Vénérable Frère, à tout le clergé et à tous les fidèles de votre Église. Cette bénédiction, Nous vous la donnons du fond de notre cœur, en faisant toutes sortes de vœux pour votre félicité.

Donné à Rome, à Sainte-Marie-Majeure, le 27 juillet 1848.

De Notre Pontificat la troisième année.

Signé : PIE IX, PAPE.

BREF

DE SA SAINTETÉ LE PAPE PIE IX

A S. EXC. MONSEIGNEUR L'ARCHEVÊQUE DE VIENNE.

(31 août 1848.)

PIE IX, PAPE.

Vénérable Frère, salut et bénédiction apostolique.

Au milieu des graves inquiétudes qui nous surviennent de toutes parts, Nous avons récemment éprouvé la plus vive douleur en apprenant que les hommes de perdition, affiliés à la section germano-catholique, ainsi qu'ils la nomment sans pudeur, emploient des artifices, répandent des écrits dangereux pour combattre la doctrine catholique de la sainte Église du Christ; qu'ils attaquent l'autorité de ce Siége apostolique, le célibat sacré, s'efforcent de disséminer dans le peuple des doctrines depuis long-temps condamnées par l'Église, et de se faire des adeptes. Nous Nous affligeons surtout qu'il n'y a pas eu seulement quelques laïques, mais aussi un ou deux membres du clergé qui se sont laissé égarer par les piéges et les mensonges des novateurs, n'ont pas craint de favoriser cette détestable secte et de s'y engager. Puisque « notre sollicitude s'étend à toutes « les Églises, selon le devoir qui Nous a été imposé

« par le Seigneur, qui a confié au B. apôtre Pierre,
« en récompense de sa foi, la primauté de la dignité
« apostolique » (S. Léon, Ep. 5 ad Metr. Illyr.), notre apostolat suprême ne nous permet pas de Nous
dispenser d'exciter vivement dans le Seigneur, Vénérable Frère, votre piété, votre religion, votre zèle ;
dans un si grand danger que courent cette ville et ce
diocèse, ne cessez pas de veiller avec zèle et sollicitude pour arracher aux bêtes le troupeau qui vous
est confié. Vénérable Frère, agissez avec courage pour
éloigner la contagion ; remplissez votre ministère ;
défendez avec vigueur la religion catholique et la discipline ecclésiastique ; ne vous lassez pas d'élever
votre voix ; faites entendre vos avertissements de
pasteur, dévoilez à votre peuple le caractère dangereux de cette secte et les piéges tendus par ces
hommes perfides. Par vous-même, par l'entremise
du clergé et surtout des pasteurs des paroisses, ne
cessez pas d'avertir, d'exhorter les fidèles qui vous
sont confiés de fuir la société de ces hommes, d'éviter
avec le plus grand soin leurs discours, de demeurer
fermes, immuables dans la profession de la foi catholique et dans l'obéissance envers cette chaire de
Pierre. Comme vous êtes un représentant du Christ
qui est venu appeler, non les justes, mais les pé-
cheurs, efforcez-vous spécialement de ramener ceux
de votre diocèse, lesquels ont été déjà égarés, ainsi
que tous ceux qui sont attachés à d'autres sectes de
perdition ; par vos avertissements, vos conseils, vos
exhortations, reprenez-les et les ramenez dans la

voie du salut, au troupeau unique du Christ. Nous ne doutons pas, Vénérable Frère, que vous ne fassiez bien au delà de nos désirs et que vous ne mettiez vos soins, vos pensées et votre zèle à défendre la cause, la doctrine de l'Église catholique et procurer le salut du troupeau confié. Saint Léon, notre prédécesseur, écrivait : « Celui qui aura accompli avec courage les « choses aptes à procurer le salut du troupeau, re- « cevra de Dieu la récompense méritée ; mais de « même, devant le tribunal de Dieu, celui-là ne « pourra s'excuser du crime de négligence, qui n'aura « pas prémuni son peuple contre les instigateurs de « persuasions sacriléges. » (Saint Léon, Epist. 7 ad Episc. per Ital.) Dans l'humilité de notre cœur, Nous n'omettrons pas de supplier Dieu très-bon et très-grand, afin qu'il bénisse vos soins et vos travaux de Pasteur ; qu'il vous accorde le secours d'en haut pour que les efforts des hommes ennemis soient paralysés ; qu'il regarde avec bonté ce peuple. qu'il multiplie sur lui sa miséricorde. Comme gage de ce secours d'en haut, comme témoignage de notre charité à votre égard, Nous vous accordons avec affection, ainsi qu'aux ecclésiastiques et fidèles de ce diocèse, notre bénédiction apostolique, accompagnée du souhait de toute félicité véritable.

Donné à Rome, près Sainte-Marie-Majeure, le 31 août 1848, troisième année de Notre Pontificat.

PIE IX.

BREF

DE N. T. S. P. LE PAPE PIE IX

A M. L'ABBÉ DUPANLOUP.

(28 octobre 1848.)

PIUS PP. IX.

Dilecte Fili, salutem et apostolicam benedictionem.

Non mediocre solatium Litteræ tuæ datæ V hujus mensis die Nobis de Catholicæ Religionis incolumitate atque incremento sollicitis attulerunt. Dolebamus sane gravissima damna quæ ex evulgatis in dies improborum hominum libellis oriuntur, idque vehementer expetebamus ut insignes undique viri ex adverso editis scriptis proculcatæ veritatis patrocinium libere susciperent. Hinc tuum, Dilecte Fili, sociorumque tuorum consilium, Ephemerides scilicet quibus Amicus Religionis est titulus, ad pristinam famam dignitatemque revocandi Nobis summopere placuit. Grates, ut æquum erat omnipotenti Deo, qui talem vobis animum indidit, persolvimus, suppliciter postulantes, ut opus quod estis suscepturi, eodem favente, alacriter exsequamini. Hoc autem eo fidentius auguramur quod vestrum erga hanc, B. Petri Sedem Nosque ipsos obsequii studium, cujus præclarum et nunc specimen exhibuistis, benignissimus ipse

Deus superna ope rependere procul dubio non dedignabitur. Ea itaque sententia, quam vestris ad Nos Litteris significastis, laborem suscipite, ut non impugnatores in aciem prodeatis, sed propugnatores, modum in rebus ac præcipue caritatem erga proximum servaturi. Quodquidem institutum magno Rei christianæ universæ emolumento futurum esse ex hoc ipso vel in primis confidimus, quod illi vos, egregii pietate ac doctrina viri domi forisque clarissimi, flagrantissimo Catholicæ Religionis studio devovistis. Vobis idcirco, aliisque quotquot in eodem stadio vestro decurrent scriptoribus, illustre ad imitandum proponemus exemplum, Augustinum scilicet, qui in refellendis sui temporis erroribus, « mentem rogabat « pacatam atque tranquillam, et magis; de hostium « correctione quam de subversione cogitantem. Quam- « quam enim Dominus per suos servos regna subver- « tat erroris, ipsos tamen homines, in quantum homi- « nes sunt, emendandos esse potius quam perdendos « esse jubet. » Denique cœlestis hujus ac veri cujusque boni auspicem, et singularis erga vos paternæ caritatis testem, apostolicam benedictionem tibi, Dilecte Fili, sociisque tuis amanter impertimur.

Datum Romæ apud S. Mariam Majorem, die 23 octobris 1848, Pontificatus Nostri anno tertio.

PIUS PP. IX.

TRADUCTION.

PIUS PP. IX.

Très-cher Fils,

Salut et bénédiction apostolique.

Au milieu de Nos sollicitudes pour le salut et l'accroissement de la Religion Catholique, ce n'a pas été une médiocre consolation pour Nous que de recevoir votre lettre, en date du 5 de ce mois. Nous sentions avec douleur les très-graves dommages qui résultent des écrits publiés chaque jour par les méchants, et Nous souhaitions ardemment que des hommes distingués, se réunissant de toutes parts, répondissent par des écrits contraires, et prissent avec liberté la défense de la vérité foulée aux pieds. Aussi le dessein que vous et vos amis, Très-cher Fils, avez formé de rendre au Recueil périodique intitulé *l'Ami de la Religion* son ancien crédit et son ancienne dignité, Nous a été grandement agréable. Nous en avons, comme il était juste, rendu Nos actions de grâces au Dieu tout-puissant, qui vous a inspiré une telle pensée, le suppliant humblement de vous faire accomplir, par sa grâce, avec joie et courage, l'œuvre que vous allez entreprendre. Et Nous l'espérons avec d'autant plus de confiance, que sans aucun doute Dieu lui-même, dans sa bonté, ne dédaignera pas de récompenser par son assistance divine le zèle de votre respectueuse obéissance envers ce Siége du bienheureux Pierre, et envers Nous-même, zèle dont vous avez donné, dans cette circonstance même, un éclatant témoignage. Mettez donc la main à l'œuvre, fidèles à la pensée que vous Nous exprimez vous-mêmes dans votre lettre, vous présentant dans la lice non comme des agresseurs, mais comme des défenseurs, voulant observer la mesure dans les choses, et surtout la charité envers les personnes. Et ce qui, par-dessus tout, Nous assure que cette entreprise sera d'une grande utilité pour tous les intérêts de la Chrétienté, c'est que vous, hommes distingués par la piété et par la doctrine, renommés, tant dans votre pays qu'à l'étranger, par le zèle le plus ardent pour la Religion Catholique, vous lui avez consacré votre dévouement. C'est pourquoi Nous proposerons à votre imitation, à vous et à tous les écrivains qui parcourront avec vous la même carrière, le glorieux exemple d'Augustin qui, en réfutant les erreurs de son temps, demandait « un esprit pacifique et tranquille, plus occupé de la pensée de convertir ses ennemis que de les vaincre. Car, bien que le Seigneur emploie ses serviteurs pour renverser le règne de l'erreur, il veut pourtant, quant aux hommes, en tant qu'ils sont hommes, qu'on s'applique à les corriger plutôt qu'à les perdre. » Enfin, comme gage des biens célestes et de tous les vrais biens, et en témoignage de Notre singulière affection paternelle pour vous, Nous vous donnons avec amour, Très-cher

Fils, à vous et à vos collaborateurs , Notre bénédiction apostolique.

Donné à Rome, près Sainte-Marie-Majeure , le 23 octobre 1848 , de Notre Pontificat la troisième annéé.

Signé : PIUS PP. IX.
(*Propria manu.*)

FIN DE LA TROISIÈME ET DERNIÈRE PARTIE.

TABLE DES MATIÈRES

DU SECOND VOLUME

— 352 —

DEUXIÈME PARTIE.

AFFAIRES POLITIQUES DES ÉTATS ROMAINS.

TROISIÈME PARTIE.

AFFAIRES PARTICULIÈRES.

RELIGION ET POLITIQUE.

FIN DE LA TABLE.

www.ingramcontent.com/pod-product-compliance
Ingram Content Group UK Ltd.
Pitfield, Milton Keynes, MK11 3LW, UK
UKHW022058120726
13694UKWH00001B/215